インドなんてもう絶対に行くかボケ!

……なんでまた行っちゃったんだろう。

さくら 剛

幻冬舎文庫

インドなんてもう絶対に行くかボケ!

……なんでまた行っちゃったんだろう。

はじめに

はじめまして。

突然ですがみなさんは、**いったいインドのことをどれくらい知っている**
というのですかっっ(号泣)!!!!

いいですか、このリストを見てください。

・日本のＯＬが選んだ「行ってみたい国」5年連続第1位
・ミシュランガイドが選ぶ「食事の美味《おい》しい国」10年連続第1位
・世界の旅行者が選んだ「ボッタくりにあわない国」20年連続第1位
・道端にゴミを投げ捨てる国民が1人もいない
・ノラ犬やノラ牛、ノラヤギなどのノラ動物が1匹もいない
・海岸や線路上でトイレ代わりに用を足す国民が1人もいない
・町を歩いていて絡んでくる子供を全然殴りたくならない

………………。

どうですかみなさん？

これらの項目は、ひとつの例外も無く、全て僕が**「インドにこうなって欲しい」と強く願っていること**です。

もちろん現実というのは厳しいもので、実際にインドに当てはまっている項目というのは、右のリストの中には**無いです（涙）。**

でも、どうして僕が特に自分と関わりの無い、遠い国のインドに対してこんなにたくさんの願いを持っているのか。

それはもちろん、**遠いから許されるというレベルを超えて現状がひど過ぎるからです。**

これだけじゃないですよ。他にも「インドにこんな国になって欲しい」という僕の願いは色々ありますよ。例えば、

・道案内するフリをして極悪土産物屋《みやげものや》に連れて行くのはやめて欲しい
・極悪土産物屋で旅行者を**監禁するのはやめて欲しい**
・町の道端で平然と**排泄（大の方）**をするのはやめて欲しい

・ガンジス川に人間の死体を流さないで欲しい
・そして「あの死体をボートで見に行かないか?」と死体ツアーの勧誘をするのはやめて欲しい
・外国人旅行者を騙《だま》すことに命をかけないで欲しい
・首都の街なかや商店街にノラ牛がいないで欲しい
・とりあえずいったん国を解散して欲しい

などなどです。

………えっ? 「いくらなんでもそんな常識外れの国がこの地球上にあるわけないだろう」ですって??

たしかに。僕もそう思っていました。だって、こんな常識外れな国の存在は、**現代科学では説明がつかないですから。**

でも、これは事実なんです。この本に書かれている数々の出来事は、あの日あの時、たしかに僕の身に起こったことなんです。本当です。信じてください。お母さんですら信じてくれなかったですけど、でも全て本当のことなんです(号泣)。

ということでこの本は、根っからの旅嫌いの人間が旅嫌いの視点から綴《つづ》った、**書かれる側の気持ちを全く思いやらない赤裸々なインド旅行記**なのであります。

どうかこの本のことは、インドには内緒にしておいてください。告訴されるかもしれませんから（涙）。

でははじまりはじまり〜〜（号泣）。

目次

1. 引《ひ》き籠《こ》もりがちょっと パキスタンの山へ

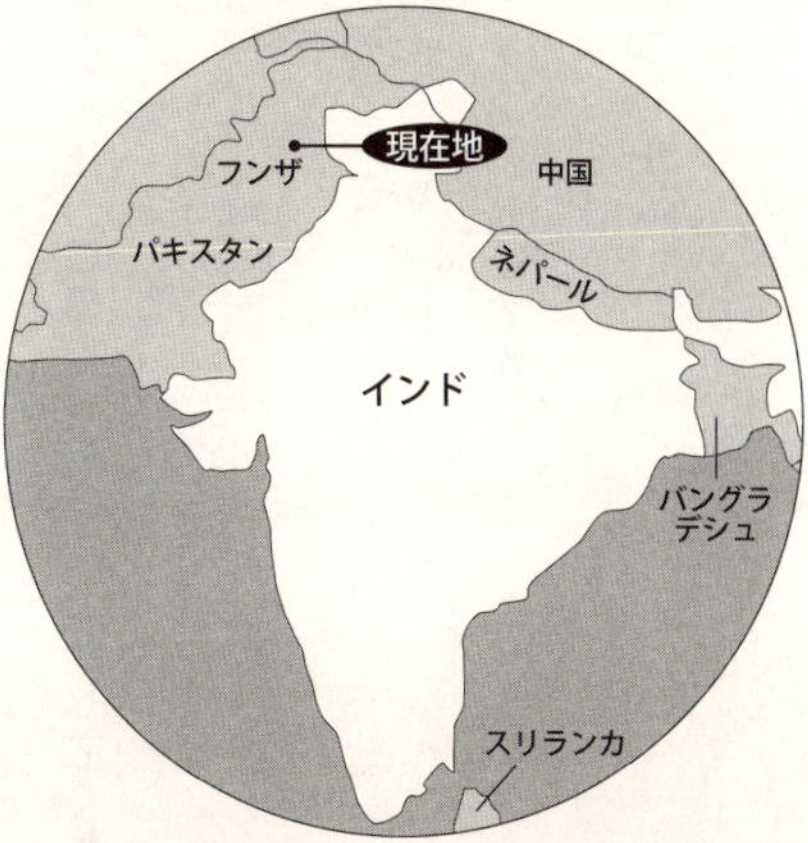

「助けて〜〜っ！　誰か助けて〜〜〜っ‼」

「オイ！　なに助けを呼んでるんだよ！　誰を呼んでるんだ！　そんで何の助けがいるんだ‼」

「疲れたんだ。**もう動けないんだ。登れないんだ。この疲れをなんとかしてくれる人を呼んでるんだっ**」

「リッスン、よく聞け。誰がおまえを助けてくれるか教えてやろうか？」

「おしえてーおしえてー」

「イッツ**ユー**。それは**おまえ自身だ。**周りを見てみろ。誰もいないだろう？　今おまえが頼れるのは自分だけ。おまえしか、おまえを助けられる奴はいないんだよ」

「そうか……たしかにそうだな……。助けて〜！　**助けてオレ〜！　ねえオレ、オレを助けて〜‼」**

「呼んで来るもんじゃないんだよっっ‼」

「なんだよっ。『辛い時に頼れるのは自分だけだ』とか、ちょっとした陸上部のコーチなら誰でも言いそうなこと言っちゃってさ。オリジナリティが無いんだよオリジナリティが」

「わかったから無駄口叩《たた》いてないで先に進めよな……」

ゼェ……ゼェ……。

死ぬっ。**死ぬう〜〜〜っ**（号泣）‼

というのはウソ。やっぱり**生きる。** だって、死ぬなんていう言葉を簡単に使ったら金八先生に怒られるから。

ともかくひたすら岩だらけの山を、オレは地元ガイドの山男・ジャンと一緒にかれこれ2時間以上も登り続けている。日本では1日の総移動距離が平均20メートルほど（布団とパソコンデスクの間の往復のみ）というオレにとって、ここまで山を登っただけでもう200年分くらいの体力は消耗している。もはやこの人生で使える体力だけでなく、**来世分の体力まで投入**しているのだ。残念ながら、このパキスタンの登山のおかげでオレの来世は**寝たきり確定**である。

ということは……、もしかして実家のムク（アホ柴犬）も、**前世でパキスタンの山を登ったのではないだろうか？** そう考えれば、番犬のくせに職場放棄して1日23時間は寝ているというあのていたらくぶりにも説明がつくな。……まあいいや。ムクのていたらくの原因については今じゃなくて山を下りてから考えよう。

だいたい、パキスタンの山なんかを登ることに、誰が興味あるんだ⁇　オレ興味ある？　**全然無い。** キミも無いよね？　**普通無いよね日本国民はパキスタンの山を**

登ることに興味は。ほら見てごらん、案の定この本の立ち読みを始めた人も、10人中9人は前のページを読んだ時点で既に興味を無くして棚に戻しているじゃないか。逆にここまで読んでいるキミの方が少数派だぜ？　でも……、ありがとう（涙）。

もうダメだ～～～っ（泣）！　もういやだこれ以上は～～～!!!　疲れた～死ぬ～～～っ、動けない～～～っ!!　あごあ～～～おおお～～～っっ（号泣）!!!


「お～いツヨシ。生きてるか？　なんか顔色悪いぞ」

「つかれだ～～～。もう限界。筋肉が痛い（泣）。骨も折れた（涙）」

「弱音を吐くんじゃない。おまえが氷河を見たいって言ったからガイドをしてやってるんじゃないか」

「氷河は見たいって言ったけど、**山を登りたいなんてひとことも言ってないだろうがっ!!　おまえもプロのガイドなら、山を登らずに山の上の氷河を見せてみろよっっ!!**」

「ほら、じゃあオレが荷物持ってやるから。リュックを貸しな」

「はふーはふー。すいません持ってください。でも、汗とか泥とかつけて汚さないでくださいね。僕、潔癖症だから」

「じゃあ持たない」

「ああすいません（涙）。あああああ（泣）。疲れだ〜〜持っで〜〜持っで下さいい〜〜（号泣）」

「まったくしょうがない男だな……」

地元ガイドのジャンはオレのリュックを背負うと、再び歩き始め岩を踏み越えどんどん進んで行った。

ちょちょちょっと、待ってくれよ〜。オレはそんなに早く歩けないんだからさ〜（涙）。なんか、どの岩もこの岩も上に乗ると崩れそうな気がしてならないんだよ。くそ〜、ちょっと待って！　オレも行くから！　そこで待っててく**れおあっ（号泣）！　あろっ!!!**

ガラガラガッシャーン!!　ズリズリズリズリ……（足をかけた石が崩れ、斜面をずり落ちるいじらしい私）。

あおおお……く、崩れた……やっぱり崩れた……（涙）。くうっ、**ぬおおお〜〜ちょわ〜〜っっ（四つんばいのまま手足をシャカシャカと激しく動かしなんとか停止）!!!**

ゼェ……ゼェ……ああ、しんどい……。痛い。**手が、足が〜〜（号泣）。**

くそ、**このボケの岩の野郎がっ‼**

死ねテメエッ‼　*ドグチアッ‼* ↑岩を殴った音

「おっと、大丈夫かツヨシ！　ケガしてないか？　絆創膏《ばんそうこう》ならあるから言えよ～」

「皮がムケた……。手の平の皮がべるりんとムケた（涙）。でも絆創膏貼ったってどうせすぐはがれちゃうよ……」

「そうだな。とりあえずあとひと登りすれば、しばらくは平らな道になるから。がんばれ」

「ほんとっ⁉　平らな道になるの！　本当だね？　信じていいんだねっ‼　たいら！　平らが一番‼」

「おまえ昨日は『平らは好きじゃない』って言ってなかったっけ？」

「それは女子のバストの話だろっっ‼　そっちは山盛りがよくても、本当の山は平らな方がいいんだよ‼‼」

「複雑なんだな」

「でも、女性の魅力は決して外見で決まるものではありませんよ。むしろ胸のある無しなんて、人間的な魅力には**一切関係ないのです**」

「そうだね」

前方を見上げると、たしかに目の前の斜面の数十メートル先に見えるのは、山肌ではなく空であった。

つまり、ジャンの言うとおりあと僅《わず》かで一旦は上りが途切れるということだ。オレは残り僅かな力を振り絞って四つ足で競走馬のように激しくいななきそして駆け、憧れの平面までとうとう上りきった。

ああ……やっとだ……。

「よし、よく頑張ったなツヨシ。やるじゃない」

「やるぜぇ……ぜぇ。やる男だぜぇオレは。ここからやっと角度の無い道なんだな……やっと少しは気を抜けるんだな……」

「何を言うんだ。この先の道も油断はするな。上り坂じゃあないが、滑ってコケたりしたら命取りにもなりかねないんだ。おまえは滑り易《やす》そうだから、ちゃんとオレが通った後を踏みしめて来るように。オレと違うところは決して歩くなよ！」

「あのなあ……、いくらオレが虚弱体質とはいえ、平らな道でコケただけで命取りになるわけないだろっ‼　しかも滑る滑るって、雪が積もってるわけでもあるまいし、そう簡単に滑るかっ‼　どんだけオレが運動神経鈍いと思ってんだ‼　オレを見くびるなよ！　なめんなよっ‼」

ってちょっと待てっっっっ!!!
どんな道を歩かせるんだよコラっ!!!

積もってる……道に雪が積もってる……もっこりと。

というか、**これは道か⁇**　右からは絶壁が迫り、左は1歩足を踏み外すと**数十メートル崖下へまっ逆さま**という深い谷。かろうじて通り道になっている中央、幅ほんの1メートルほどの部分には**もっこりと雪**。オレ、静岡育ちであまり雪にはなじみが無いけど、ニュースとかでは**雪は滑るって聞いたよ？**　たまに東京に雪が積もると、必ずドスンとコケて尻を打っているサラリーマンのおじさんの姿がニュース映像で出てくるよね。**あれって雪が滑るってことでしょう？**

東京ならたとえ滑っても尻を強打してはずみでちょっともらしてパンツを汚すだけで済むかもしれないが、ここでツルンといったら**直滑降**である。とてもニュースで放映できるようなコミカルな場面ではない。

これは、道じゃないだろ。**「道」の定義を明らかに逸脱してるだろ。**　犬だってここに差し掛かったら、「あれ？　もう道がないワン！」と言って引き返すに決まってる。ネコだってここに差し掛かったら「あれ？　もう道がないニャン！」と言って引き返すに決まってる。牛だってここに差し掛かったら「あれ？　もー道がないモー！」と言って引き返すに決まってる。さかなクンだってここに差し掛かったら**「ギョギョ！　もう道がないんですねー。おひぁ〜〜〜っっっ（歓喜）‼」**と言って引き返すに決まってる。**そうだろうがジャン‼**

まえは、ネコが躊躇《ちゅうちょ》する道でも進めると言うのかっ!!!　ネコを超えた存在かおまえはっっ!!!

「あのー。ジャンさん。さすがにこれ以上の前進は無理な気がします。だって細いだけでなく、雪が積もっているんですもの。怖いわ。ちょっともう、引き返した方がいいんじゃないかしら」

「でもおまえ、まだ氷河トレッキングのほんの触りだぜ？　いいか、こういう言葉があるんだ。『この道をゆけばどうなるものか、危ぶむなかれ。危ぶめば道はなし、踏み出せばそのひと足が道となる』」

「じゃかましいっっっ!!!　その格言はパキスタンの雪山以外で当てはまる格言なんだよ!!!」

さすがに、いくらなんでもこの道をホイホイついて行くのは、正常な感覚を持つ人間ならば誰しも思い留まるところであろう。少しでも理性があれば、このまま前進するのがどれだけ馬鹿げたことか気付くのは難しくない。しかし、オレは疲労と寒さと痛さと旅先の非日常感で**正常な感覚ではなかった。**

よ、よ〜し、ここは、ジャン（ネコ以上の存在）の歩いた跡、ジャンの足跡にオレの足を直接はめて進むんだ。新しい雪は絶対に踏んじゃいかん。全神経を足の裏に集中させるんだ。滑ったら旅と人生がポックリ終わりだ（それでも地球は何事もなかったかのように回り続けるのだろうけど）。

ふと崖下を覗《のぞ》くと、遠近法の影響で糸のようなサイズになった川がチョロチョロと流れているのが見える。いや、あれはもしかして遠くにある川ではなく、**近くにある糸なのだろうか⁇**　試しに手を伸ばして拾ってみるのは**やめておこう。**

ああ。

それにしても、なんでこんなことをしてるんだオレは……。

…………。

「いいか、フンザに行かずしてパキスタンに来たと言うなかれだ。フンザ is パキスタン、パキスタン is フンザなんだ！」

1週間前。オレにこう熱く語ったのは、パキスタン西部の町・ペシャワールの路上で**たまたますれ違ったパキスタン人Aさん**であった。イスラム教徒の人々というのはみんなぶったまげるほど親切で、彼も初対面のオレにいきなり夕食をご馳走《ちそう》してくれたのだが、その時に彼は自分の出身地フンザについて熱く語り、ぜひとも訪れるよう強く勧めて来たのである。その言葉を信じて、オレはバスを乗り継ぎトータル27時間かけ、パキスタン最北部の山岳地帯フンザまでやって来たのだ。

そもそもパキスタンなどになぜオレがいるのかというと、現在オレはトルコから**アジアを横断**してインドに向かっている途中なのである。その前は、アフリカにもいたよ。つまり、こうして日本を離れて何ヶ月も一人で旅しているオレというのは、旅を愛してやまない根っからの旅人なんだと思ったら**大間違いなんだよっ(涙)!!!**

いいかい、アジア横断をしているほどだからきっとこの人は旅が好きに違いないなどという短絡的な考えは、今すぐやめてもらいたい。じゃあ聞くけど、青梅街道の交差点を横断している人々は、みんな青梅街道が好きってことになるのかい? 違うでしょう。カルガモの親子だってよく道路を横断してはいるけれど、彼らは**決して道路を横断するのが好きだから道路を横断しているわけではない**んだよ。別になんとも思っていないのに、ただ横断しているだけで好きだなんだと騒がれてしまっては、オレもカルガモもたまったものじゃないよ。

自分で言うのもなんだが、オレはそんじょそこらの草食系男子と比べてもさらに輪をかけて軟弱である。肉食ではもちろんないし草食系ですらない、言ってみれば**流動食系男子**だ。子供時代からゲームとマンガと犬と庭の石の下のナメクジだけが友達という究極のインドア派であり、社会人になってからもたまの仕事以外は部屋に籠もってひたすらテレビゲームとインターネットにあけくれる毎日。あまりにも家から出ることが無いものだから、一部では**家との密着度でヤドカリを超えた男**と噂されたほどの人物である。

しかしそんなヤドカリ超えを果たしたほどのオレは、ある日好きだった萌え系女子にフラれてヤケになり、「もしかして、このままじゃオレと結婚してくれる女の子なんて誰もいないのかも……。くそ、**旅に出て自分を変えてやるっ‼**」と一時の勢い、一時のあやまちで長い旅に出てしまったのである。言ってみれば、この一人旅はオレなりの**婚活**であり、花嫁修業なのだ。

そして……、日本を出てはや数ヶ月。ここまで旅をして来た結果、オレは、**旅をしたくらいじゃ自分は変わらないということがよーくわかった。**

そりゃオレだって、たとえ日本で友達がいなくても外国に行けば現地の人たちと大げさに交流して家に招かれて時には家業を手伝い、ウルルンウルルンと国際化するはずさと思っていたよ。でもさあ、**結局日本で友達を作れない奴に、海外に来ていきなりコミュニケーション能力がつくはずが無いんだよ。**

たしかにあちこちで家に招かれたさ。**食事のおもてなしも受けたさ。**でも………、**話すことがなにも無いんだよっ!!　共通の話題が無いにもほどがあるっ!!　なつかしゲームとかプロレスの話も全然通じないし(涙)!!　それにオレ好き嫌い多いから、口にあわない食事ばっかりだしさっ(号泣)!!!**

………………。

今では自分を変えようと思い切って旅に出て来たことを、**とても後悔している。**

まあ、日本でダメな奴が今や**世界を股にかけてダメなことをしている**という点で、国際化については**成功している**という見方も出来なくは無いが……。

ちなみに、パキスタン人Aさんの話では、春のフンザは杏《あんず》の花が満開になり、どのホテルも日本人旅行者でいっぱいになるということであった。そして、フンザでも有名なこの「ウルタル氷河」という山頂の氷河を見るツアーには、**若い女性旅行者がたくさん参加する**という話であったのだ。

オレは女の子の参加者と一緒に山を登り、荷物を持ってあげたり岩場で手を取り合ったりついて来られない女の子のところまで戻って励ましてあげたり、テレビ番組で言うなら「あいのり」で見られるような、**自分たちは楽しいけど傍《はた》から見たら頭に来る勝ち組のコミュニケーション**を体験してみたかったんだ。あいのりだって登山のイベントがあるたびに恋が生まれまくっていたし、当然期待してしまうじゃないか。だからオレは氷河ツアーに参加することにしたんだ。それだけの理由なんだ。**決して氷河が見たいわけじゃないんだ。**

ところが、オレのただひとつのミスは、**来る季節を間違えた**ということである（涙）。春になれば杏も咲き旅行者も集まるらしいが、今は**2月上旬。**しかもほんの5日前まで豪雪によりフンザに来る道は閉ざされていたのだが、なぜかはりきっていたオレは**道の開通と同時にやって来てしまった**のである。他の旅行者などいるわけがない。案の定今朝氷河ツアーの集合場所へ行ってみると、参加メンバーはオレ1人だけ。地元の村に住むガイドのジャンくんとオレ、**男2人のタイマン勝負**で山を登ることになったのである。なんでも、オレが今年最初のツアー参加者らしい。

「ジャン！　ちょっと、ジャンちゃん!!」

「なんだ、どうした？　イエティが出た？」

「そんなに早く進まないでっていうのっ！　この人でなしっ!!」

「おまえが慎重に歩き過ぎなんだよ。いくらなんでもそんな怖がらなくたって……」

「しょうがないでしょっ。僕は慎重な性格なんだから。でも、**慎重にもなるわさっっ‼**

滑ったらまず地獄行き、良くても天国行きじゃないかここはっ!!!」

「春になればもっと人が通るから、クリーンな道になるんだけどな。なんといっても今年最初だし、この時期だから。とにかく気をつけろよ」

「もっと近くにいてくれっ！　落ちる時は道連れにするんだから！」

「**一緒に落ちる方じゃなくて、一緒に助かる方について考えろよっ!!!**　いいかツヨシ、危ない時は迷わずオレを摑《つか》めよ。オレはこれしきの雪じゃあ絶対に落ちないからな」

「た、頼もしい……。さすが雪山と共に生きて来た男。オレたちに出来ないことを平然と言ってのけるッ！　そこにシビれる！　あこがれるゥ！」

それから、慎重に数十分。壁にへばりつきながらソロソロと進んだ平らな道（Aカップ程度）は終了し、次には再び急斜面を上ることになった。目の前にはほぼ壁のように山肌が立ちはだかっている。しかもここからの上りは、今の道を引き継いで岩だらけの上に雪が積もっているではないか。

先を行くジャンは雪も斜面も全くお構いなしにホイホイと登っていくのだが、オレは当然必死の四つんばいである。普通の人間は2本足でここを登るのは無理だ。こんな危ない岩場を苦もなく登って行けるのは、せいぜい地元のガイドか**TBSの『SASUKE』に命をかけている人**くらいである。

オレはジャンの手をついた岩、踏み込んだ窪《くぼ》み、それら一つ一つを記憶してその通りに辿《たど》り、全身をタコのようにして斜面に貼り付いて進んだ。もはや、このトレッキングを続けることに意味があるのかとか、どこを目指しているのかとか、本当に氷河が見たいのかとか（**見たくないんだよ**）、帰った方がいいんじゃないかとか、そういう全体的なことは目の前の1つの危険を乗り切ることに集中し過ぎているため一切考えられなくなっている。

1歩ずつ、1歩ずつ必ず、ジャンの足跡を辿って崩れないところを……滑らないところを……。谷底に細く見えるのはフンザに流れる川などではない。**あれこそが三途《さんず》の川だ。**まさか、たかが氷河ツアーに参加するだけなのに命の心配をしなければならないとはな……。それが最初からわかっていたら、わざわざ命をここまで持って来ずに**宿のセキュリティーボックスに預けて来たのに（涙）**。

そのまま雪の岩場を登ること数十分。ここでまた景色が変わる。今まで雪化粧だった山肌が、今度は**氷化粧**になっているのだ。岩と土の上に積もった雪が見事に凍り、薄い氷になって斜面を覆っている。おいおい……。

「さあツヨシ、また気合入れて行くぞ！」
「ラジャー‼　ブラジャー‼」

キエエエエエエ〜〜〜〜〜ッ‼　バリーン

キエエエエエエ〜〜〜〜〜ッ‼　バリーン

1歩、また1歩。オレは持ちうる全ての力を足の裏に集約し、1歩進むごとに激しく地面を踏みしめ足元の氷を叩き割り、窪みを作って足を固定した。左右に足を動かし、キッチリはまっているのを確認してから次の1歩を踏み出す。

キエエエエエエ〜〜〜〜〜ッ‼　バリーン

キエエエエエエ〜〜〜〜〜ッ‼　ツルリ〜ンッ

おああだまずざ〜〜っ（涙）‼　すべった〜ずべっだ〜〜ああ〜〜

（号泣）!!

油断してキエエエエの力を少し弱めたところ、氷の破壊に失敗し見事にオレはキエエエの勢いのままま**ツルリンと滑った。**思わず手をついた岩は、オレの体重を支えられずに勢い良く転がり落ちる。そのまま斜面に這《は》いつくばり、差し出されたジャンの腕と近くの窪みに摑まり必死に重力への抵抗を試みるオレ。

おおのれっ!!　何の断りもなく滑りやがって氷テメエ!!　氷だから滑るのかよっ！　氷だから滑ればいいのかよ!!　じゃあなにかおまえ？　他の氷が万引きしてたらおまえだってするのかっ!!　違うだろうよ。みんなはみんな、おまえはおまえだろっっ!!!　もっと個性を大事にしろよっっ!!!　だいたい、なんでそんなに訪問者を歓迎しないんだっ!!　こっちははるばる日本から来てる客なんだぞ!!　お茶くらい出してよねっっ!!!　ツンツルリ〜ン　ほがはへへ――――っっ!!!　落ちるっ!!　落ちるうううううっっ（号泣）!!!

下方に目を向けると、オレが踏み崩した石が猛スピードで崖を転げ落ちているのが見えた。大丈夫だろうか。ちゃんと崖下には「落石注意」の看板があるだろうか？　あの岩が、たまに2ちゃんねるとかでオレの悪口を書いてる奴らに**当たればいいのに。**なんて**思ってるわけないでしょ〜〜冗談に決まってるじゃ〜んイヤーねえ。**

そこからオレはまたもハイハイの状態になり、生まれた直後に初めて立とうとするがいつまでも立ちきれない子鹿のようなヨレヨレの状態のままかろうじて前進を続けた。一方どうやってバランスを取っているのか知らないが、ジャンは岩も氷もまるで目に入っていないかのようにスイスイと進み、あっという間に彼方先に行ってしまった。おおいっ。**そういう重力を無視した進み方はやめんかっ！　中国のアクション映画のチョウ・ユンファかおまえはっ‼**

20メートルほど先の大岩で立ち止まり待っているジャンに、オレは数分後にヨレヨレと追いついた。

「おまっとさん〜〜（プルプル）」

「なあなあ、おまえもうちょっとまともな歩き方はできないか？　さすがにそれじゃあいつまでたっても山頂に着かないぞ？」

「そのように仰《おっしゃ》られましても、まともに歩いたら滑るんだからこうするしかないでしょう」

オレが口答えをすると、ジャンはオレを励ますためか急《せ》かすためか、本気でこのように言った。

「いいか、この程度の氷や雪はたいして滑るものじゃないんだ。大きな問題はユアマインド、おまえの**心の問題**なんだ。**おまえは滑る滑ると思って怖がっているから滑ってしまうんだよ。ここが氷や雪なんか無いノーマルな道だと思えば、オレみたいに普通に歩けるんだよ**」

「そういうもんですかねえ……。まあたしかに、他でもない雪山ツウのあなたが言うのならたしかに間違いなくその通りかもしれませんねって**そんなわけねーだろうがっっっ!!! 心の持ちようで滑らなくなるんだったら誰もこんな生後1分の子鹿のようにプルプルしないわっ!! あんたは自然を超越した存在かっっ!! 悟りを開いた人物かっ!!**」

「まったく仕方ないなあ。じゃあオレも、おまえみたいに驚異的な遅さで一緒に歩いてやるよ。それで安心だろ。滑ったらオレを摑めよ」

「すまんのう……わしがこんな体なばっかりに……。本気さえ出せば5分もあれば登頂できるんだけど。でも少なくともあと30年は本気は出さないから」

「もうちょっといろんなことを考え直した方がいいんじゃないかおまえ。登山っていうのは案外そいつの根性や生き方が見えちまうもんだ」

「黙って歩きやがれバカヤロー（号泣）」

…………。

………そして。

山の5合目、半分まで差し掛かると（まだそんなところだったのか）、オレたちは岩場で休憩を取った。

そこでオレは、**ふと我に返った。**

こんなことしてる場合じゃないよな。下山だ下山。見ろこのどんより雲に覆われた山頂を。これ以上進むのは危険過ぎる。だいたい、氷河を見たくないオレがどうして氷河を見るための登山をしてるんだ⁇　オレは、**ジャンにたぶらかされているんだっ‼　どれもこれも、全てジャンのせいだてめえジャンジャンっ‼!　氷河を見たくないオレを氷河ツアーなんかに参加させやがってジャンてめえジャンこの野郎てめえ‼!**　↑惨めな八つ当たり

オレは、ジャンに方向転換を命じた。

「ゴーバックだジャン。帰ろう」

「なんだとっ。山を降りるのか？」

「そうだ。もう帰りたいの」

「本当にいいのか？」

「ああ。もう十分だ。オレとジャン、一緒に半分まで来たんだから、2人の分を足せば全部登ったことになるだろう？」

「ならないけど、おまえがそれでいいんならば……」

「ああ、いいぜ。今回の氷河登山は、半分だ。**ガイド料も、半分だ**」

「じゃあオレはおまえを置いて一人で下山するからな。この辺はイエティとかヤマタノオロチとか出るけど命に気をつけろよ」

「**全部だ。ガイド料は全部だ。**だから……、ここで、フィニッシュ（涙）」

「よし、わかった。戻ろう！」


……そしてすぐに、オレたちはUターンした。

これでいいんだ。これが正解だ。命を粗末にしてはいかん。オレはこれからインド旅行記を書こうとしているのに、インドに入る前に命を散らしてどうするんだ。

氷雪の斜面を下り、雪の積もった幅1メートルの狭い通路を戻り、岩場を滑りまた2時間。

なんとか坂道を下りきり村の入り口が見えた時、オレはようやく自分が無事であることに確信を持った。疲労なのか恐怖なのか、安全な道に出た途端オレの両膝がブルンブルンに震え始め、止まらなくなった。なんだかオレの意思に反して膝が妙なパフォーマンスを見せている。いつもはオレの言う通りに動くのに、今日は珍しいなあ。反抗期かしら。

ガイド料を支払ってジャンと別れ、宿までの道を歩いているとチラホラと雪が落ちてきた。高地ではやはり天気が変わりやすいのだ。振り返ると、雪と霧で覆われて、山は完全に姿が見えなくなっていた。いや、早めに戻ってよかったな……(涙)。

こうして、なんとかインドに入る前に命を散らすことだけは免れたオレであるが、後々考えてみると**インドに来るくらいならあの時命を散らせていれば良かった**と思わず呟《つぶや》いてしまうような、そんな悲惨で惨めで頭の血管が切れるような混沌《こんとん》とした旅に、この後オレは突入して行くのであった(号泣)。

2. パキスタンから恐怖のインドへ

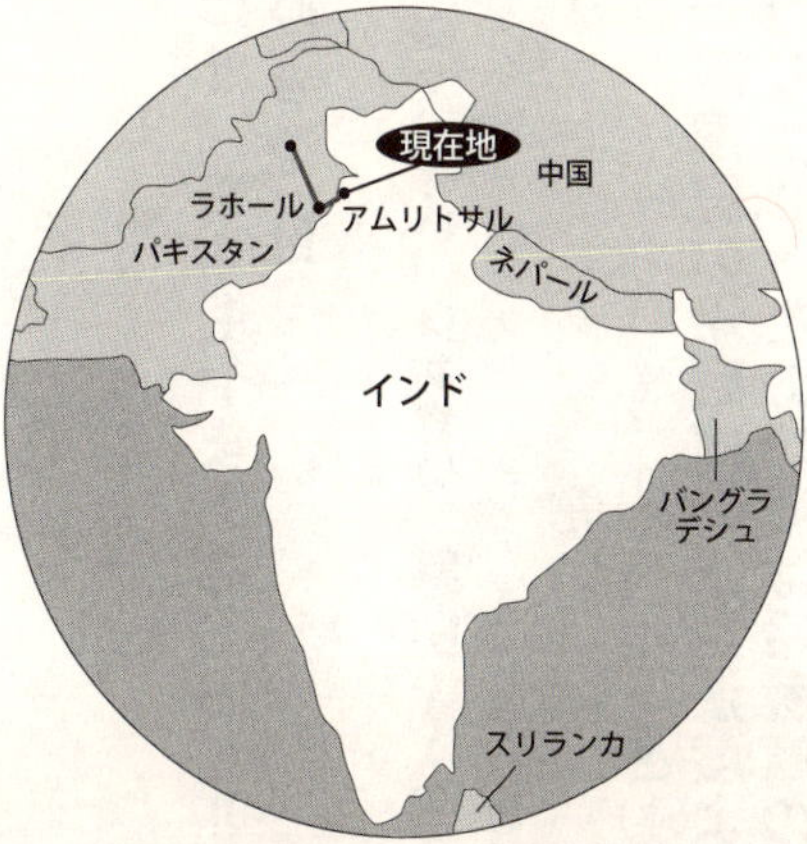

山を下りた、まだ翌朝。

よーし、そろそろ起きるぞ。出るぞ。寝袋から出るぞ。一気に行くからね。一度動き始めたら止まらないからね。

さあ出るぞ――せーの、**はいいっ！**

ウワシャーッ!! 寒いっ(号泣)!! ちょもやまあおおお!! ほおおおおっ、ほおおお゛お゛お(号泣)!!!

寒いぞ。あーさむい。**さむいさむい。うおっ、寒い。はあ寒い。寒い〜〜っ!!**

周囲360度余すことなく雪山に囲まれている2月のフンザ。オレの宿泊している、他の客が誰もいない安宿は、日本円換算で1泊150円なだけあって、**寒い。**

目覚まし時計にくっついている温度計で確認してみると、室温は**摂氏2・5度**であった。

なるほどお。2・5度ってそりゃあなた、**一般家庭の冷蔵庫の設定温度より低いじゃねえかよっ(涙)!!! おいコラっ!! この部屋は冷蔵庫の外なのに冷蔵庫の中より寒いのか!! じゃあむしろオレを冷蔵庫に入れてくれっ!!! 暖を取るために(泣)!!!**

まったく……なんてところだ。室温が冷蔵庫と差が無いとしたら、ここでは**赤ワインと白ワインを同じ温度で飲むハメになってしまう**ではないか。なんともグルメじゃない村だ。ああ寒い。

とりあえず、トイレにでも行くか。

パキスタンのトイレは、インドなど近隣諸国と同じく和式便器に近いアジアンスタイルで、済ませた後は紙ではなく小さなバケツに汲《く》んだ**水をかけて尻を洗う**というセルフウォシュレット形式である。

2・5度の気温の中で下半身をさらけ出すと、オレの股間のウィンナーはまるで**盛り塩に向かって投身自殺したナメクジのごとく**猛スピードで縮んで行った。縮むというより、これはどちらかというと**消滅**に近い。まるで質の良い手品でも見ているみたいだ。でも消えるのはいいけど、いったいどこに入って行ったんだろうか？　今まで気づかなかったけど、オレの体って実はそんな収納スペースがあったんだな。なんかもったいなくない？　そんないい収納がついてるんなら、普段から使えるようにすれば**小銭とかフリスクくらいは入れておけるじゃん**。パスポートが入れば貴重品入れとしてかなり重宝すると思うし。……なんてバカなことばっか書いてるから、オレの本はいつもＡｍａｚｏｎのレビューで「読んだ後に何も残らない本」とか書かれるんだよな。**ううう っ(号泣)**。

まあそれはいいとして、気合を入れて出すものを出すと、寒いので早く済ませようとオレはさっさとミニバケツに水を汲み、尻にビチャッとかけた。

ビチャッ

はがご～～～～～～～～～～～～～っっ(号泣)!!!!!!

氷っ!!! 氷水これっ(涙)!!! 冷だいっっ!!! うはうっっっ! シャキーーン(尻を力いっぱい引き締めた音)!

なんだこりゃ……ごおお……ここの水道は、雪解け水を引いて来てるのか……(涙)?

ふざけんなよコラッ!! もう少しで尻が心臓マヒになるところだったろうがっ!!! なんでこんな朝っぱらからデリケートな股間に氷水を浴びせなきゃいけないんだよっ!! オレの尻は冷しゃぶサラダかっっ!!!

オレの尻は冷しゃぶサラダじゃないよ。サラダじゃなくて、尻だよ。うう。寒い。はあ寒い。おお寒い。

これ以上冷水をかけると凍傷にかかって**尻が取れてしまうのではないか**と恐ろしくなったため、オレは尻を拭くのは諦めて早々にズボンをはいた。少々汚いが仕方ない。**大事の前の小事だ。寒さに比べたらウンチなんて小事だ。**

さて、氷河ツアーも終了した今フンザに用は無くなったので、オレは宿をチェックアウトするとターミナルから南へ向かう長距離バスに乗った。ああ、それにしても本当に寒いところだったな……。この村では、生ものも相当長持ちしそうだよな。しばらくフンザにいたおかげで、**オレの賞味期限も少し延びたもん。**

それから山間地を**30時間ほど**バスに揺られて、パキスタン第2の都市・ラホールへ。昨日の登山による全身の筋肉痛、そして30時間のバス移動の苦しみによりオレはラホールの宿に着いて10時間ほどはベッドから起き上がれなかった。もはや生半可な衰弱具合ではない。今のオレは、縄張り争いのため近所のノラネコと取っ組み合いのケンカをしてもあっさり負けるだろう。

そして、数日の休養の後。ラホールから東へ向かうとすぐに国境に差し掛かり、そのままオレは**インドへ入国した。**

…………………。

なにをコラっっ!!!　なにがインドだっっ!!!　インドてめーこの野郎!!　オレを入国させやがって!!　やるのかっ!?　やるのかおまえっ!!!　一度国境の一線を越えたらなあ、オレかインドどちらかが死ぬまで終わらねえぞっ!!!　その覚悟は出来てるんだろうなオイッ!!!

…………はぁ……はぁ。

い、いかん。取り乱してはいかん。大人なんだからもっと穏やかに入国しないと。でも、でも体が勝手に……心とは裏腹に、なぜか体が勝手にインドをなじるんだよう。いや、心とは裏腹にというのはウソで、本当は**心身ともにインドをなじるんだよう。心も体も自然にインドをなじっちゃうんだよう。**

説明しよう。

草食系男子が幅を利かせる昨今、流動食系男子もしくは**離乳食系男子**とも呼ばれているほどの軟弱で温厚な、**「人生で3回しか怒ってはならない」**という家訓を持っている**オレがその3回のうち1回を使ってこのようにいきなりインドに怒鳴り散らしているのはいったいなぜか**。

その「理由」と書いて「わけ」は……。

説明しよう。オレがこのようにインドと聞くと暴れずにいられない悲しい体になってしまった原因は、そもそもオレが初めてインドを訪れた3年前に由来する。3年前のあの時、インドとインド人に刻まれた傷、裏切られた信頼、巻き上げられた財産、**奪われたフィアンセ。引き裂かれた肉親の絆。**ちょっと最後は大げさに言ったけどそれらの悪夢のような体験が、このオレを悲しい体に変えてしまったのである。悲しい体と残念な顔に変えてしまったのである。

首都デリーの空港に降り立った3年前のあの日。空港タクシーにはいきなり悪徳旅行会社に連れて行かれ、駅にチケットを買いに行けば悪徳インド人に妨害され、リキシャに乗れば悪徳ドライバーに悪徳土産物屋で降ろされて金を出すまで**監禁され**。毎日毎日、騙される度ボッタくられる度に怒鳴り合いは繰り広げられ、「あれ？　**オレってこんなに人に対して激しく怒鳴ることができたんだなあ**」と、**自分の新たなる可能性を気付かせてくれた存在**、それがインドなのである。

だいたい、オレが誰かに対して怒鳴るなんて、日本でのオレを知る人からしたら信じられないことだと思う。日本でのオレを知る人なんて3人くらいしかいないけど(涙)。でもこの温厚なオレが感情を露《あらわ》にして激怒するというのは、例えば大喜利での歌丸さんの「山田くん、例のものをみなさんにお配りしてください」という指示に対して、山田くんが『例のもの』ってなんですか? **もっと具体的に言ってもらわないとわかりませんよ!!!」と激しく口答えするようなものである。**それくらい、普段絶対に怒らない人をも激怒させてしまう、人を怒らせるプロフェッショナルそれがインドなのだ。おそらくオレが死ぬ時に「今までの人生で頭に来たこと」を走馬灯のように思い出してみたら、**走馬灯に映るのはすべてインドでの思い出ではないだろうか。**そのようにオレの死に際の回想までも邪魔をして来そうな存在、それがインドだ。

…………。

おおっと! あらあら、なんだかついひどいことを言ってしまいましたが、よく考えたらなんだかんだ言ってこうしてまたインドに**来てるんですもんねえ。**もしかして、「嫌い嫌いも好きのうち」で本当はオレはインドのことが好きなんじゃないの? 実は来たくてしょうがなかったんじゃないの? **出来の悪い子ほどかわいいって言うし。**そうなんじゃないの本心では?

いや、**違うな**。決してそんなことはない。ただアジア横断の途中にある…………。からやむを得ず来ただけだ。

ということで今回は、3年前にオレを散々な目に遭わせた北の方のろくでもない都市は避けて、インドの南側だけを周遊することにしよう。噂では、南インドは北と違い断然良い人の割合が多いということである。こうなったら、デリーとかバラナシとかいう、**思い出すだけで殺意が湧くようなおぞましい都市**には立ち寄らず、南を中心に動くことにしよう。

幸いにもここ、国境の町アムリトサルはまだパキスタンからほとんど距離が無い。逆にデリーなどの極悪都市からは数百キロも離れているだけあって、ここはきっとまだどちらかというとパキスタン風の、まともで親切で良識ある町に違いない。この町から一気に南下し南インドを巡る予定の今回の旅では、嫌な思いをすることもなく、腹が立つこともなく、**ましてや地元の人々に対して怒り狂って怒鳴るなんていうはしたない行動は一切しないと断言出来る。**

この旅行記は、書店の棚に並ぶ他のガイドブックや紀行文のように、インドの人々や文化の素晴らしさを癒し系の言葉を紡いで紹介する、**良識ある文学作品**になるであろう。もうこれからオレは作家としてそっちの路線で行くから。現地の人々に対してきつくあたるなんて非常識なことは絶対にしないよオレは。だって良識ある大人なんだから。当たり前でしよ？　あなたと一緒にしないでくれる？

　国境を越えると、まずは宿泊場所を確保するため他の旅行者と一緒に乗り合いタクシーで町の中心部まで移動した。このアムリトサルは、町の中央にシーク教の総本山である黄金寺院、ゴールデンテンプルというお寺があり、巡礼者がインド各地から集まっているようだ。インド人といえばターバンを連想する人も多いと思うが、あのターバンはシーク教徒が髪の毛を隠すために巻いているものだそうだ。おそらく、入場時には必ずターバンを巻いていたプロレスラーの**タイガー・ジェット・シン**も、敬虔《けいけん》なシーク教徒なのだろう。しかし、シーク教ではサーベルで対戦相手のレスラーを血祭りにあげたり、**伊勢丹新宿店の入り口でアントニオ猪木・倍賞美津子夫妻を襲撃したり**することは許されているのだろうか？　プロの相手だけではなく、**観客のサラリーマンまで**襲って病院送りにしてたよタイガー・ジェット・シンは。なんかそう考えると、少し物騒な宗教という気がしないでもないよねシーク教……。

　この黄金寺院には、素晴らしいことに巡礼者と同じく旅行者も宿泊できる施設がある。いくらか寄付をする必要はあるのだが、手っ取り早いのでオレも泊めていただくことにした。ところで、この寺の敷地内では旅行者といえども男女共に頭髪を見せることが禁じられているらしい。よく見ると、他の外国人旅行者も全員オレンジ色のスカーフのようなもので頭を隠している。あれはどこでもらえるんだろう？　よし、そこの白人旅行者さんに聞いてみよーっと。

「エクスキューズミー！　その頭に巻いているスカーフはどこにあるんですか？」

「ああ、入り口出た路上に売店が並んでいるだろう。あそこで売ってるんだよ。10ルピーだよ」

「たったの10ルピーですね。サンキュー！」

「ユーアーウェルカム！」

ということで、早速オレは敷地の外にある屋台型の売店へ向かった。すると案の定、日本でなら中学生くらいだと思われるかわいい少女が店番をしている店に、白人がつけていたのと全く同じスカーフが大量に並んでいた。

「ナマステ（こんにちは）おじょうちゃん。そのスカーフをひとつ、この素敵なおにいさんにちょうだいね」

「ハーイ！　1枚20ルピーよ！」

「あっはっはー！　残念だけど、おにいさん値段知ってるんだよね。さっき他の人に聞いたら、10ルピーで買ったって言ってたよ？」

「あら、そうなんだ」

「もう1回聞くけど、このスカーフいくら？　このオレンジ色の、**全く同じ物をそこの白人旅行者さんが10ルピーで買ったって言ってる、この定価10ルピーのスカーフはおいくらかなあ？」**

「1枚20ルピーよ！」

「てめえおとなしくしてりゃ調子に乗りやがってこのガキがっっっ!!!　いつまでもオレがジャニーズ系の優しいおにいさんだと思うなよオイっっ!!」

「キャ──!!」

「もうおまえのところでは買わん!!　他の店に行くからなっ!!　あばよっ!!」

「ま、待って！　オーケー！　10ルピーよ！　本当は1枚10ルピーだから買ってよ！」

「**このガキャ〰〰**。……ねえ、おじょうちゃん、最初から素直に10ルピーって言ってれば今までのイライラするプロセスは必要ないでしょ？　お互いに時間も体力も無駄にならないでしょ？　なんで国境を越えた途端こうなるかなあ……。まあいいや。今後気をつけてくれたまえよ。はい、細かいのないから、50ルピー札で」

「ありがとう！　じゃあ5枚買うのね！」

「1枚買って40ルピーの釣りをよこせって意味だろうがっっ!!! 会話の流れからわかるだろ!! なんでわざわざ不自然な方向に話を持って行こうとするんだよ金のためにおまえはっ!!!」

「はーい。じゃあお釣り持ってくるから、1枚好きなのを取っていいわよ」

「好きなのっていっても、どれも同じでしょ……」

ということでオレは早速布を頭に巻いてみた。広げると四角ではなく三角形なので、スカーフというより三角巾だ。三角巾を着けるのなんて小学校の給食当番以来だな。やはりここは、先生がいなくなったら三角巾を取り外して、両端を持ってクルクルと細くして友達の腿《もも》めがけて**ピシッ！　ピシッ！**　とやって騒がねば。

給食当番スタイルで清潔に待っていると、少女が釣りを持って戻って来た。

「お待たせ。はい、お釣り！」

「サンキュー！」

「また来てね‼」

「もう来ないと思うけど、これからはもっと正直な商売をするんだよ。じゃあまたね！

ってておおいっ!!!　ちょっと普通に帰りかけたけど、30ルピーしかないやろがっ‼　あとの10ルピーどこ行ったんだよオイっっ‼」

「うーん、やっぱりスカーフ1枚20ルピーね！」

「はーい爆発しまーす!!　5秒前〜♪　よーん！　さーん！　にーー！　いーち♪」

「待って待ってっ！　ごめんなさい、間違えちゃったの！　1枚10ルピーでいいの。

はい、残り10ルピー」

「…………（鬼の形相）」

「ありがとうおにいちゃん！　じゃあねー!!」

インド売店少女はオレに残り10ルピーを渡すと、きな臭い空気を感じ取ったのか、店をほったらかしてインドの裏路地へピューー！　と逃げて行った。てめえこの〜〜〜〜。

なんなんだよ毎度このインドのいい加減さは。なんで「10ルピーの品物を50ルピー札で支払ってお釣りをもらう」というそれだけのやり取りを終わらせるために何度も怒鳴る必要があるんだよ。50－10なんて、小学生でも出来る簡単な計算だろっ。**おまえらはインド式計算術を使えるんじゃないのかっ!!　それとも、計算の正しさよりも観光客の金をいかに多くせしめるかというのがインド式計算術での正解かっっ!!!**

ああ、腹が立つ。子供だと思って調子に乗りやがって。もし今オレの頭が三角巾で隠れていなかったら、あのガキは**人間の頭髪が本当に怒りで逆立つ姿を目撃することになっていただろう。**

ああ、インドだよ………。

パキスタンとインドは元々は同じ国であり、実際にこうして隣り合っていて町の景色や人々の見た目もほとんど変わらない。しかし見た目はほとんど変わらないのに、実態はあまりにも違う。たとえて言えば、パキスタンがシンクロナイズドスイミングだとしたら、インドは**「犬神家の一族」に出て来る湖に刺さった死体**である。まあ、それは見た目も結構変わるけど……。

いったい、どれだけ旅行記の書き甲斐《がい》がある国なんだろうインドは。まだ国境を越えたばかり、入国して初めての買い物だというのに。

噂ではインドって、経済の発展著しい国なんでしょ？　むしろ、中国と並んで21世紀の世界経済を担う国なんでしょ⁇　じゃあそんなせこい商売するんじゃなくてさあ、もうちょっと頑張って、『インド経済の飛翔　～21世紀・世界を牽引《けんいん》するＢＲＩＣｓ～』みたいな、新書のテーマなんかになりそうなビジネスマンを唸《うな》らせる側面を見せてくれよ。実際にそういうインドを褒《ほ》め称《たた》えた本が、日本でもたくさん出版されているんだから。**場合によっちゃあこの本だってそうなるかもしれないんだよ？**　これからのそっちの態度次第じゃあ、この本がそういう**政治経済ジャンルの新書**になる可能性もあるんだからね。場合によっちゃあね。そのあたりをよくわきまえて行動してよねあんたたち。

この夜、オレはこれからのインドの旅のことを考えてベッドの中で絶望感に浸っていたら、体調を崩した（涙）。

ゴールデンテンプルはまあなんて美しいんでしょう。

3. ムンバイの攻防

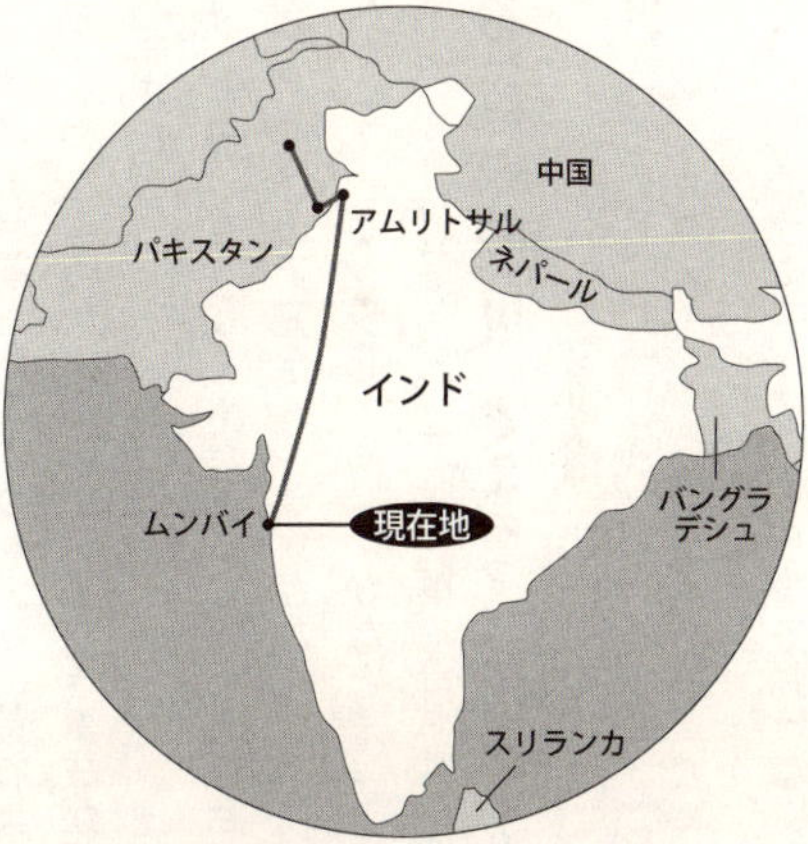

喉が……喉がいだ〝い〜**グゴガ〜〜（涙）**。

黄金寺院の質素な宿泊施設のベッドで目を覚ましてみると、オレの喉はツバを飲み込む度にきゅううううう〜〜〜〜と絞られるような、真冬の越前海岸のような激しい荒れ具合を見せていた。なんだか喉の空間がものすごく狭くなったような、喉の中で玉突き事故が起きて全面通行止めにでもなっているかのような窮屈さだ。

喉が荒れると、本当に何もかもやる気がなくなる。せっかく人が帰国したら真面目に就職活動をしようとしていたのに、もうこの喉の荒れのせいで完全にやる気がなくなった。野菜ソムリエやブライダルプランナーの検定なんかにチャレンジしてもいいかなと思っていたのに、**喉のせいで全てやる気がなくなった。**くそ、許せない。オレの喉、許せない!! **喉めっ!! おまえなんかこうしてやる（首絞め）!!! ぐええっ、助けて〜〜死んじゃう〜〜**

どうしよう……今夜の電車でアムリトサルを出て南下しようと思っていたのに、こんな喉では動くことが出来ないではないか。

まあおそらくこれを読んでいる人の中には、このように喉が痛いくらいで動けないと弱音を吐いているオレに対し**「なにを喉くらいで!」**と思われる方もいらっしゃるであろう。特に武道の先生や、後輩を指導する立場のベテランアナウンサー（あべちよさんクラス）の人などは厳しい目でオレを見るであろう。たしかにオレ自身、もし自分ではなく知り合いの誰かが「今ちょっと喉をこわしちゃって苦しくて、何もやる気が起きないんです」と言っていたら、形式的にはお見舞いの言葉をかけながらも心の中では**「なにを喉くらいで……」**と呟くと思う。なので、この際オレも自分に向かって「なにを喉くらいで！　そんな些細《ささい》なことは気にせずに、**夜行電車に乗って南インドまで長時間移動しちゃえよ!!**」と説教し、**移動を強行することにした。**

そして、その通り喉の痛みなど無視して21時発の夜行列車に乗り込んだオレは、**ほんの数時間後に発熱し全身を激しい倦怠感《けんたいかん》と関節の痛みに襲われ、寝台車で地獄を見ることになった。**

ああ、ぐぐ……ぐるじい……。やっぱり、やっぱり「なにを喉くらいで！」とか言ってる場合じゃなかった……（号泣）。

背中が、肩が……腰が……ああ～～痛い。なんも悪いことしてないのにどうして……むしろ日頃からオレは良い行いしかしていないのに……アキバの駅で「大宮にはどうやって行けばいいのかしら？」と聞いてきたおばさんには親切に京浜東北線を案内してあげたし……地震や災害があるといつも電話1本で援助が出来るドラえもん募金もしているのに……それなのにどうしてこんな目に……。これじゃあオレ、**ドラえもんのこと嫌いになっちゃうじ**

やないかっ!!

この電車の行き先は、南インドの入り口とも言えるムンバイ(旧名ボンベイ)である。今回は、首都のデリーは完全に**素通り**し、いきなり南インドへ向かうのだ。

なぜ通り道にもかかわらずデリーに一切立ち寄らず素通りしてしまうかというと、もちろんデリーには**ろくな思い出が無いから**だ。前の章でも述べた3年前のインドでの騙されボッタくられ人間の尊厳踏みにじられ体験は、その多くがデリーでのことだったのである。

行くかっ！　**北インドなんて二度と行ってたまるかっっ!!　万が一来世でもう一度人間をやれることになっても、デリー在住の両親からオレが産まれそうになったら誕生を拒否するからなっっ!!!**

……………。

ああっ、なんだか、つい言い過ぎてしまいました。でも今の僕は、体調不良のせいで頭が混乱していて**責任能力を問えない状態なんです。だから誰も僕を責めることは出来ないんです。起訴も出来ないんです**。

なにしろこの列車はもう数時間前にデリーを通過したのだが、思い出があまりにも邪悪過ぎて、デリー市内を走っている間は**ずっと病状が悪化していた**ほどである。隣の州に入った途端少しだけ熱が下がったからね。

そんなこんなで、もともと寝台車で絶対に寝られない神経質で虚弱体質のオレの体に、ダメージはどんどん蓄積されて行った。

翌朝、オレは寝台の上でインドの路上の死体のように微動だにせず、目と口だけをカッと見開いてただ転がって耐えていた。

昨日チケット売り場の係員にムンバイへの到着時間を聞いたところ、朝の7時頃だと言っていた。ところが現在の時刻はもう7時半。まだ停車する気配はない。たしかにインドの電車といえば高校時代隣の席だった荒木くんの1時間目のように**遅れるのが当たり前**、1時間や2時間の遅延は日常茶飯事なのだが、しかしオレの残り生命力もかなり際どい状態になっているこのマロニエの朝。自分を励ますためにも、念の為あとどのくらいで到着か聞いておこうよ。そうしようよ。

ちょうど車掌が通ったので、オレは宙を見つめたまま、通行止めの喉から細い声を絞り出した。

「しゃ、しゃしょうさん……そこゆく車掌しゃん……」

「なんだ？……おいおい、おまえ大丈夫か？　なんか路上の死体みたいな顔してるぞ？」

「あの……もうすぐムンバイに着きますでせうか……。ホテルのベッドの上で休まないと死んでしまうんです僕……到着時間はいつごろでせうか………」

「ムンバイは明日の朝到着予定だから、**あと24時間くらいだな**」

「あっそうですか……そんなもんですか……」

………。

オレは死んだ。

「ぼ、僕の遺言を両親に伝えてください……。インドに何度も旅行に来てるからって、**僕がインドのことを好きだと勘違いして遺灰をガンジス川に撒《ま》くような死人にムチ打つようなことだけは絶対にしないでください**って………。それではさようなら。ポックリ」

「おいっ!!　こんなところでポックリいかれたら迷惑なんだよっ!!!　薬とか持ってないのかよ!」

「………」

「しばらくすれば売り子ならぬ売りおっさんも通るから、チャイ（茶）でも飲んで力をつけたらどうだ」

「…………」

「おい！　お〜い！　大丈夫かよ‼……まあオレも忙しいから、じゃあな」

「…………」

そして、24時間後……。

早朝、電車はインド第一の商業都市、ムンバイへ到着した。

なんとかオレは、生きていた。

24時間……。おそらくたった24時間など、『24-TWENTY FOUR-』のDVDを見ながらならば、ジャック・バウアーの娘や大統領夫人に**「じっとしてろよコラっ！　おめーがチョロチョロと余計なことばっかするから事件が大きくなるんだろうが‼」**と**テレビの前で激しく罵っていれば**すぐ過ぎるだろうが、発熱と関節の痛みに耐えて**ただ空中を睨《にら》みながらの24時間**というのはとてつもない長さである。

結局乗車時間は体調を崩しながらのトータル**33時間**。ムンバイに着いたその日から翌朝までさらに30時間ほど、オレは引き続きホテルのベッドで**息をする変死体**となって、微動だにせず目と口だけをカッと開いて転がっていた。

……そしてまた迎えた朝。

到着から2日目、瘦《や》せさらばえてはいるが、なんとか体調は快復した。オレは鏡に向かって1人で「瘦せたな、ツヨシ」「フッ……だが、まだ生きている」と**ケンシロウとトキごっこ**をし、健康に感謝しながら2日ぶりにパンツをはいた。……え？　今まで裸だったのかって？　そうだよ。体調悪くて寝てるだけだったんだから別にいいだろ。裸になって何が悪いっ‼

それでは、初めてのムンバイ観光に出かけようではないか。

颯爽《さっそう》とホテルを出ると、すぐ前の道端でしゃがんでいる幼稚園くらいの歳の女の子が、オレを見て甲高く挨拶をしてきた。

「ハロー！」

「はーい、ハロー！」

いやー、おじょうちゃん、見知らぬ外国人に自分から挨拶をするなんて偉いねえ。でもねおじょうちゃん、ひとつだけ注意をすると、**大便をしながら人に話しかけるんじゃないっっ‼　どうしてそんな無邪気な笑顔で他人に排便シーン**

を見せられるんだっ!!!　この子供の親!!　娘に恥じらいというものを教えんかっっっ!!!

なんなんだろうこの彼女の堂々とした態度は。初対面の他人に排泄姿を見られているというのに微動だにしないこの度胸。ひょっとして、この子はあの習得が困難な幻のスキル「どこでも排泄」をマスターしているのではないだろうか？

さて、ガイドブックによると排泄中の少女を過ぎて2本目の角を曲がるとムンバイの観光ポイントであるインド門が見えて来るということだったので、ここらで一旦深呼吸をして気合を入れることにした。……いや、もうちょっと進んでから深呼吸をするか。ここはまだ排便少女のテリトリーだからな。

観光をするくらいでどうしていちいち気合を入れる必要があるのかと思うかもしれないが、否、このインドでは、観光地に向かう時には**激しい心の準備**が必要なのである。他の国と違い、インドの観光地で外国人観光客が行うことというのは**観光が1、口論が9くらいの割合**なのだ。昭和史に輝くヒーローである大魔神は悪行を目にした時だけ穏やかな顔を怒りの形相に変化させるが、**インドの観光地で大魔神を呼び出した場合だけは、登場した時から既に怒っているらしい**。それほどインドの観光地はタチが悪いのだ。一般的に「南インドは人が良い」と言われているが、ここムンバイはまだ北と南の境目。油断は即命取りである。

インド門の前は大きな広場になっており、すぐ隣には歴史ある高級ホテル「タージマハルホテル」がそびえている。また、ヒンズー教の寺院遺跡がある「エレファンタ島」という島へのフェリー乗り場もこの広場からだ。近隣から観光客旅行者が続々と集まるこの場所はまさに悪徳インド人がてぐすね引いて待ち構えるアリ地獄、オレたち旅行者は**観光というチーズに招かれネズミ捕りに向かうネズミ**である。

だがしかし、はっきり言ってオレは3年前のインド旅行でほぼあらゆるパターンのボッタくりやリトル詐欺、しつこい物乞いを経験しているわけで、そんじょそこらの初々しい観光客とは違うのだ。今回の旅は、むしろオレの方がインドに対してやり返す、**インドとインド人への復讐の旅**だと思っている。今日はそのウォーミングアップ。寄って来る悪人は軽やかにかわし、堂々と目的である観光を進めてやろうではないか。

オレは小道具として、パキスタンで使っていたが南下してもう必要なくなった防寒用の薄っぺらい毛布を持って広場へ向かった。人ごみに目をやると……いますいます。**人を騙すことが生業と思われる怪しい人たちがたくさんいます。**

さて、広場に入って1秒後に、20メートル先からくたびれたサリーを着た色黒の女性が、ササッとオレに標的を定めて忍び寄って来た。うーむ。早い。まるでワニの群れに鶏肉《とりにく》を投げ込んだ時のような、**完全な入れ食い状態**である。わしゃ鶏肉か。

女性は手にレイ……南国のダンサーが首にかけているような簡単な花の首飾りを持っている。なるほど……、**既に手は読めた。**

「ハロー！　旅人の方、これは私からのプレゼントです！　首にかけてあげるわ。**ノーマネー！　無料ですから！**」

「ハロー。レイをかけてくれてありがとうございます」

「まあ、とってもお似合いよ。ベリーナイス」

「お褒めにあずかり光栄です」

「あの……その毛布、ギブミー」

………………。

レイをかけられたら**1億パーセントの確率で何かをせびられることはわかっていた**ので別に何も驚かないが、案の定「ノーマネー！」と言いながらオレの首に花の飾りをかけて1秒後に、彼女はオレの持っている毛布をくれと言ってきた。

「ギブミー毛布……貧しくて毛布が買えないんです……どうかそれを私にください……」

「いいよ。はい、あげる」

「ええっ!!!」

オレはこのために毛布をわざわざ持って来ていたので、**「ください」と言われて1秒後に間髪いれずに毛布を彼女に渡した。**自分でくれと言ったくせに、まさかたった1秒でもらえるとは想定外だったらしく彼女は「マジで?」という表情をしている。

「本当にくれるの……?」

「本当にあげます」

「サ、サンキューサー! あの、ついでと言ってはなんですが、妹の子にミルクを買ってあげたいんです……**できれば少しマネーを……**」

「ダメ。毛布あげたじゃない毛布! それでいいでしょう!」

「うーん、それもそうね。じゃあありがとう! サンキュー!」

「さよならー」

一瞬お約束の「マネー」を言うだけ言ってみた彼女だったが、毛布あげただろーと指摘すると、あっさりと礼を言って去って行った。いやー、**「満足して帰って行くインドの物乞いの姿」というのもそうそう見られるものではないぞ。**なんだか得した気分だ。毛布にとっても、あのままバックパックの肥やしになって帰国後に捨てられるより、必要な人に使われる方が本望だろう。いつまでも現役で人を温められるなんて、毛布冥利に尽きるじゃないか。

だいたい今のような方式が、観光地で声をかけて来るインド人の典型的なパターンだ。まずは「ノーマネー！　これは無料だ！」と言いながら旅行者に物を渡したり何らかのサービスをし（アクセサリーをつけたり荷物を持ったりマッサージをしたりお祈りをしたりｅｔｃ．……）、その後でいきなり子供の養育費やら今夜の食事代やらお布施やらと結局**なんやかや理由をつけて**金や所持品を取ろうとするのである。その時点で旅行者は物やサービスを受けてしまっているので、要求をなんとなく断り辛くなってしまうのだ。そのあたり、人の心理につけ込んだ実にいやらしい作戦ではないか。

とりあえずオレはうまく物乞いのねーちゃんをやりこめたので、インド門の観光に行こうかと広場を進むと、10ｍほど歩いたところで今度は一見人の良さそうな、しかしよく見ると**やっぱり人の悪そうな**じいさんに摑まった。額にオレンジの塗料を塗ったインチキ祈とう師風の姿で、出会いしなに無理やりオレの手首にアクセサリー風のヒモを巻いている。例によって、「ノーマネー！」と発言しながら。もう面倒くさいな〜〜。まあいいや、好きにしてください。勝手に人の腕にアクセサリーを巻きたいのなら、巻いてください。**ただ、ノーマネーとたしかに言ったその言葉には責任を持ってもらいますがよろしいでしょうか。**

じいさんはヒモを巻き終えるとオレの手の平に自分の手を重ね、見た目が祈とう師だけに何やらブツブツと呪文を唱え始めた。なんだろう。ただの通りがかりの観光客のために、無償で旅の無事を祈ってくださるのでしょうか。素敵ではないですか。**ありがたいではないですか。**それも、普通はお布施とか寄付とかを請求するのに、**ノーマネーだなんて。**

ほんの1分ほどで呪文は終了し、じいさんはオレから手を離した。さあ、この1秒を制した者が勝つ。

「サンキューおじいさん！　このヒモありがとう！　じゃあまた!!」

オレは感謝を込めて礼を言うと、**じいさんが何か言葉を発する前にダッシュした。**このヒモはもらっておこう。お祈りも受けておこう。**あなたの言った通りノーマネーで。**

ノーマネーと最初に言わなければ交渉の余地もあるかもしれないが、**他ならぬあなた自身が申告してくださったのですから仰る通りノーマネーで全ていただいておきます。**

しばらく広場を駆けてから後ろを振り返ると、なぜか遠くで**お布施帳のようなものを振りかざして怒っているおじいさん**の姿が見えた。どうしたんだろう。なにか腹の立つことでもあったんだろうか。**金銭トラブルだろうか??**　お気の毒に……。

さあいよいよ、今度こそは観光をしよう、と再びインド門方向に向かって歩き始めると、次は2時の方向から10歳くらいのやんちゃなインド子供（男）・インド子供（女）が小走りで接近中であった。黙して語らずとも、**その目がすでにマネーと言っている。**オレはすぐさま方向転換をし、ダッシュをした。しばらく子らは追いかけてきたが、さすがにキミたちとは足の長さが違うんだよ、50メートルほど走ると距離が縮まないことで諦めてマネー子供どもは標的を変え、他の外国人に向かって駆けて行った。

いやー、それにしてもさすがインドの観光地だなあ、こんなに立て続けにてんやわんやとインド人がやって来て……。

観光できるかっっっ!!! !!!

オレは、ここにインド人の観光をしに来たのではない。ここに来たのは、あくまでタージマハルホテルやインド門を目指してのことである。ホテルと門、微動だにせず、時間制限も全く無い観光ポイントではないか。**なぜホテルと門を見に来てオレはこんなに無駄に走り回っているのか。まだ何も観光してないのに。**

こうなったらとりあえず目標を変えて、フェリーに乗って島の遺跡を見に行くことにしよう。フェリーチケットはどこで買うんだろう？　誰かに聞いてみようか。

とりあえず適当に埠頭《ふとう》の方向へ進むと、男性の若い日本人旅行者が1人真剣な表情で突っ立っているのに出くわした。ややっ。同朋ではないか。声をかけてみよう。

「こんにちはー！　何をやっているんですか？」

「あっ、日本人の方ですね。どうも。いや、エレファンタ島に行きたくてさっきから色々その辺のインド人に聞いてるんですけど、みんな言うことが違うしお金取ろうとするし、**誰を信じていいかわからないんですよ……**」

「そうでしたか……」

「そうなんです」

…………。

なんだそりゃ（涙）。

なあ、一介の外国人観光客にこんなことを言われるなんて、**情けなくないかインド？**　もうさあ、**ほんと情けなくて涙出てくるよオレは**。

もしここが出会う人ほとんどが超親切なパキスタンおよび近隣イスラム諸国だったとしたら、今頃彼は声をかけた1人目の通行人にチケット売り場まで連れて行ってもらい、下手したらチケットまで買ってもらい、島まで行って**観光を終えて既に帰って来ている**のではないだろうか。パキスタンやイランでは誰もが旅行者に手を差し伸べてくれたが、インドで

は誰もが旅行者の足を引っ張っている。……キミたちは、**人の邪魔をするのが趣味かっ!!　だったら履歴書の趣味の欄にちゃんと書けよっ!!!　2次面接でも「素直そうな外国人を見つけて邪魔をするのが趣味です」とちゃんと言えよっ!!　人事の採用担当者の前で!!!**

オレはその後、風の動きを読んでなんとか大学生の彼と一緒になんとか正規のチケット売り場を探し出し、なんとかフェリーに乗って寺院のある観光地、エレファンタ島へなんとか渡ることが出来た。

島では船着場から遺跡まで長い階段を上る必要があるのだが、麓には手作りの木組みの駕《か》籠《ご》があり、その脇に何人かのインド人がスタンバイしていた。料金を払えば、彼らが神輿《みこし》のように担いでエッホエッホと上まで運んでくれるそうだ。ほんと何でも商売にしますよねあなたたち……。たしかに階段を上るのは大変そうだけど、神輿で運ばれる恥ずかしさと比べたら自力で上る苦しさを選ぶぞオレは。

しばらく歩くと前方から、飲料水を運ぶ島民だろうか、頭の上に大きな水がめをバランスよく乗せたおばさん3人組がやって来た。そしてオレを見かけると、「フォトフォト～!」と自分たちの写真を撮ってもいいよと笑顔で愛想良く勧めて来る。なるほどこれはたしかにシャッターチャンスであるが、**怪しいなあ～**。もしかして、最初だけにこやかにしておいて、**写真撮ったら豹変《ひょうへん》して「マネー!!」とか叫ぶんじゃないの?** ちょっと警戒しとこうっと……。

心貧しく人を信じられないオレは、せっかくのおばさんたちの好意を敢《あ》えてお断りし、通り過ぎて様子を見ることにした。

ちょうど後ろからはタイミング良く白人女性のギャルグループが来ており、おばさんたちは今度は彼女たちに近寄ると、にこやかな顔と声で「フォトフォト~!」と促した。やはりこういう時に欧米人旅行者というのは偉いもので、「ワオ~! グレイト!」などと口々に叫びながら、彼女たちは水がめおばさんの写真をバシバシ撮っていた。……すると、**写真を撮られて1秒後、おばさんたちは豹変した。**

「マネー!! マネーマネー!!!」

「What、What?」

「マネーッ!! ユー!! フォト!! マネー――!!!」

…………。

ほらな(涙)。

まだカメラを構えたままの状態で、白人の彼女たちは**悪鬼のごとく迫り来る3人のババア**に恐れおののき、オタオタと財布からルピーを取り出していた。

ダメなんだってこの国は。**地球人としての一般常識に基づいて物事を考えたらダメなんだってこの国では（涙）**。

ちなみに遺跡への階段の途中には**コブラ使い**がおり、どうせまた金をせびられるんだろうなとは思ったが、物珍しかったためオレはパチリと1枚デジカメで激写した。それまでピ～ヒャララ～と笛など吹いて道化を演じていたヘビ使いは、オレのシャッター音を聞いた**1秒後にコブラをカゴにしまい、そのコブラの入ったカゴを持ってオレに迫ってきた。**

「マネーッ！　ヘイ！　ユーテイクフォト！　スネーク!!　マネ――ッッ!!!」

「わかったって!!　払うっ!!　払うから、頼むからそのカゴを近づけないでっ（涙）!!　やめてっっ!!　いやあスネークっ（泣）!!　アイドントライクスネークッッッ（号泣）!!!」

オレは10ルピーをコブラ使いに支払いながら、インド滅びろ……インド滅びろ……と怨念を込めて念じていた。

4. バルーンファイト in インド

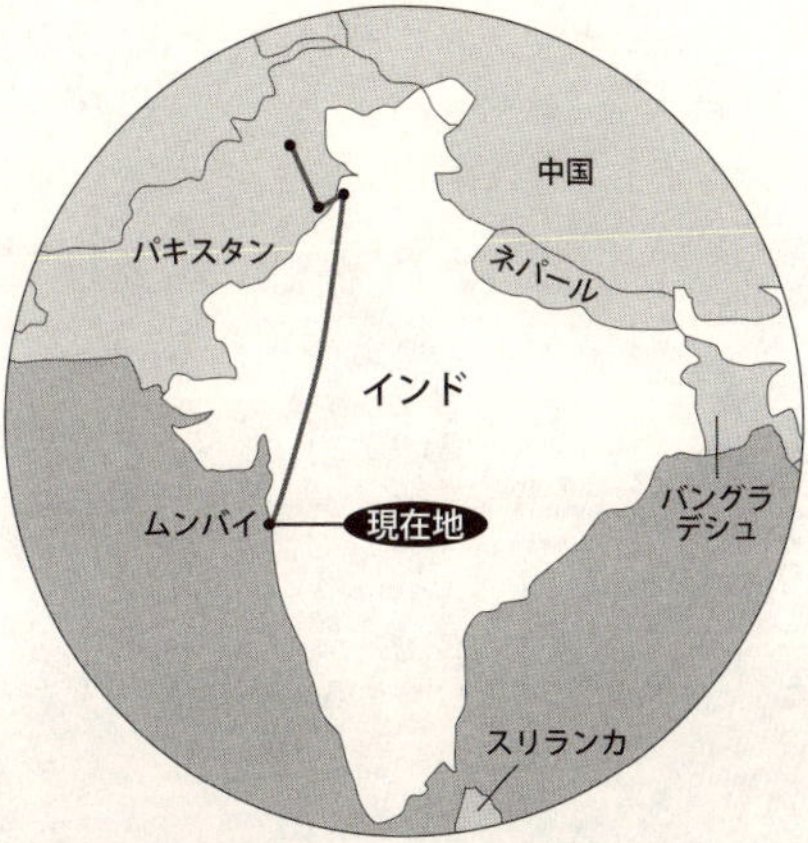

下の写真のように昼間からぐーたらと寝ている怠け者どもを尻目に、オレは再びムンバイはインド門前の広場にいる。「怠け者どもを尻目に」といっても、怠け者どもを**尻の目で見たという訳ではないよ。**なぜなら、オレの尻に目は無いから。ちなみに、グラビアアイドル「オシリーナ」こと秋山莉奈ちゃんの尻にも目が無いよ。オレの尻には目が無いし、オシリーナの美尻にも目が無いよオレは。

……………。

なんか文句あるかエーコラァ(蝶野風)!!!

ところで、このインド門付近には観光客相手に**巨大風船**を売っているおっさんがたくさんいる。いや、売っているといっても、そんなものを買う人がいるとは到底思えないので、**あわよくば売ろうとしている**という段階だと思うのだが。

そんなもの↓

だって、風船だぞ風船？　近くにある観光名所タージマハルホテルとも、インド門とも、インドそのものとも、**全然関係ない**じゃないか。アニメの「トムとジェリー」は毎回2話目がトムにもジェリーにも全然関係ない別の動物の話だったけど、**それくらいインドと風船も関係ない。**

正直言って、オレだったら海外旅行から帰って来た友人にお土産で風船をもらっても全然嬉しくないね。全然嬉しくないねそんなの。お土産で風船をもらうことなんかより、**ハッピーターンを食べていて偶然凄い塩辛いのに当たった時の方がよっぽど嬉しいね。**

あっ、あと、アロエヨーグルトのフタを開けてかき混ぜてみたら、アロエの果肉がいつもより妙にごろごろとたくさん入っていた時も嬉しいよね。いつもより余計に体が健康になりそうな気がして。

で、奇特なことは、その風船売りのおっさんが、1人ではなくそこかしこにいるということだ。この広場だけで限定しても、5、6人必ず常駐している。とにかくいつもいるのだ。日本でオレが通っていたスポーツジムにも、もう**ジムに住んでるんじゃないか**と思うくらいいつ行っても筋トレをしているマッスルおじさんがいたが、それと同じかそれ以上のしつこさで、このムンバイには風船売りがいるのだ。こんなもん一体誰が買うんだ？　アホだな。こんな風船を買う奴は、アホに決まっている。

たしかに、大きさは通常の風船とは違い、人間の背丈ほどもある代物だ。こんな大きなものを持っていれば段々親しみも湧いて、きっと一人旅も寂しくなくなるだろうさ。マジックで顔を描いて隣に置いておけば、ボッタくりインド人や強盗がやって来ても「あれ？　どっちが本物なんだろう⁇」というように**影武者としてうまく相手を惑わすことも出来る**だろう。その点では、たしかに便利だ。だが、その代わり宿に泊まる時にも電車に乗る時にも2人分の料金を払わなければいけないだろうし、よく考えたら

顔を描いたとしても体形がずいぶん違うので、強盗にもわりとすぐに見抜かれてしまうんじゃないか。体形で悟られずにうまく相手を欺けるのは、せいぜい**渡辺直美さんか柳原可奈子さんくらい**ではないだろうか。

というかそもそも、この風船は膨らませた物を売っているわけではなく、膨らませる前の**小さくしぼんだ状態**で販売しているのだ。ちょうどパキスタンの朝のオレの下半身みたいな状態で。

たしかに、もし風船が最初から膨らんだ状態で売られていたら、飛行機に預けて帰る時に低気圧で全部破裂してしまうだろう。ひどい時は、その弾みで飛行機が墜落してしまうこともあるかもしれない。となると、これはしぼんだ状態で正解だな。

まあ風船のことはもういいや。インド門近隣の観光は一通り終えたので、オレは広場を後にして少し先の博物館へお得意の学術研究をしに行くことにした。

博物館までは徒歩で20分ほどの距離であるが、肩で風を切りながらナウく歩いていると後ろから話しかけてきた奴がいる。

「ナマステー。どうだ日本人！　風船買わないか！」

「ぬおっ!!　こんなところにも風船売りがっ!!!　なんでそんなに至る所にいるんだ!!」

「どうだい、ベリーベリービッグで、しかも叩いてもビクともしないストロングな風船。ひとつたったの15ルピーだ！」

やはり等身大の特大バルーンを抱え、それを手の平でバンバン叩きながら風船売りのおっさんは得意気であった。一応、大きさと品質にはそれなりの自信を持っているらしい。

「いや、せっかくですがこの通り僕はもう大人なので、そういった**お遊戯的なもの**はとっくに卒業したのです」

「よーしわかった。そういうおまえには特別にお得なファミリーパックを用意してあるんだ。どうだ、おまえは使わなくても、家族への土産にこのお徳用10本セットを買わないか？　このパックなら特別価格50ルピーだぞ！」

「おおっ、1本15ルピーの風船が10本で50ルピーとは、なんてお得なんでしょう！　でも、**得かどうかの問題じゃないだろっ‼　なんで家族への土産にわざわざ風船を買って帰らなきゃならないんだよ‼**」

「だってただの風船じゃないんだぞ？　膨らますとこんなにビッグでストロングになるんだ」

「ビッグでストロングな風船だろうが、そんなもの家族は欲しがらないってんだよ」

「そんな言い方しなくたっていいじゃないか。おまえ一人旅なんだろう？　こんな奴でも、一緒に旅をすれば結構愛着が湧くもんだ。強がってるけど夜なんか毎晩部屋で1人で寂しい思いしてるんだろおまえ？　時々日本が恋しくて本気で泣いてるらしいじゃないかいい歳して」

「言わないでください。そういう明らかにされたくない事実を」

「まあそこまでイヤがるなら強くは勧めないけどな。この風船はムンバイでしか売ってないんだ。日本に帰ってから後悔しても知らないぞ。それじゃあな。オレはもう行くよ」

おっさんはインドの物売りにしては珍しく、大人しく引き下がり等身大風船くんと一緒に立ち去ろうとしている。

いいよ。立ち去ればいいよ。行けば？　さっさとどこへでも。べ、別に風船を買わなかったからって後悔なんてするわけないじゃん……。あんな大きいブヨンブヨンな物体と一緒に旅をしても、邪魔なだけで楽しくなんか……たしかに孤独の寂しさは少し紛れるかもしれないけど……涙の量も減るかもしれないけど……でもそんな、風船なんてこの歳で……恥ずかしいよそんなの……。で、でも……、本当に愛着が湧くのかな……寂しくなくなるのかな……。オレ、友達いないからさ……。

…………。

「あの、ちょっと待っておじさん」

「なんだ？」

「あのさー。それ、1本10ルピーにまかる？」

「ほらみろ！　やっぱり欲しいんじゃないか！」

「違うよ！　全然欲しくはないんだけど、おじさんがしつこく食い下がるから根負けしたんだよ‼　っていうか、同情したんだよ‼　不憫《ふびん》に思ったんだよっ‼　おじさんだって家庭があるだろうし‼　かわいそうだから親切心で買ってあげるんだよ！　どうせ僕はそんなもの買ったって膨らませもしないで、すぐにそのへんの子供にあげるつもりなんだから‼」

「そうか。子供にあげるなんて優しい奴だ。じゃあ定価15ルピーのところ特別におまえには10ルピーで売ってやろう」

「やった……」

「嬉しそうだな」

「全然嬉しくないぞっ‼　こんな風船なんてもの!!!」

「まあなんでもいいや。じゃあついでにこのお得なファミリーパックもどうだ？　1本だと

15ルピーなのに、このお徳用パックはなんと10本で50ルピー！」

「ファミリーパックはいらん!!　1本だけでいいの!!」

「そうか。ま、ともかく毎度ありー」

「はい、さようならおじさん」

…………。

か、**買ってしまった……**。

別にこの歳になって風船で遊んだりしたいわけではないのに……。でもなんか、風船がオレを呼んでいて……**なんだかたまには大きなものに寄りかかってみたくて……支えてくれる存在が欲しくて……**。

オレはそのましぼんだ風船を持って博物館方面へしばらく歩いていたのだが、なんかもう途中で**我慢できなくなって**、その場で風船を膨らませてみることにした。本当は、**すごく欲しかったんだよねこの風船……**。欲しかったけど、威厳ある大人の男としてこんなの買っちゃダメだって思ったから、わざと風船に茶々を入れることで自分の気持ちを誤魔化そうとしてたんだ。自分の心を偽っていたんだ。ごめんね、風船売りさん……。

あっても、「風船に茶々を入れる」といっても、風船の中に豊臣秀吉の側室の茶々(後の淀君《よどぎみ》である)をねじ込むというわけではないよ。そんなことをしたら息が出来なくなっちゃうからね茶々さんは。その辺は近くの大人が注意して見ていてあげなきゃダメだよ。危ないよ。

さて、硬派で売り出しているオレが風船で遊んでいるところを誰かに見られたら恥ずかしいので、オレはまず人通りの少ない裏道に避難した。そこで肺いっぱいにムンバイの排気ガスまみれの汚れた空気を吸い込んで、どんどん風船を膨らませていった。するとオレは硬派な男だけあって、そんなに時間をかけずに「もうこれ以上空気を入れたら割れる！ やめてえっ(涙)！」というところまで目いっぱい膨らませることが出来た。

いやー、等身大のたくましい風船、しばらくはこの超特大風船と旅をしてみるのもいいかな。よかった……。**風船に出会えてよかった。**

…………………。

あ、あれ??

小さい。

ちょ、ちょっと待てよ。さっきのおっさんどもが持っていたのは完全に人の背丈ほどもある巨大風船だったじゃないか。なんでこれは目いっぱい膨らませてもせいぜい**ノラ犬の等身大サイズ**なんだよ……。

……………。

なんか、**騙されちゃったみたいですね（笑）**。

アチャー‼ 見本と全然違うものを売りつけられてしまったよ！ あはは、やられた（笑）！ まったく、いつもひどいことするよなあインド人のおじさんたちって。あはっ。あははっ。

……………。

あのジジイどこ行ったあああああっっ‼‼ ジジイこらボケこらワレっ‼ おおおのれええジジイっ‼ 童心にかえったたいたいけな青年旅行者をおちょくりやがって‼‼

……オレは、ちょっとでも巨大風船に心をときめかせた自分を恥じた。おっさんは家族への土産にとお得なファミリーパックも勧めてきやがったが、もしもお得な気分になって10本パックを買って帰り、「ねえねえ、これ等身大の超巨大風船なんだよ！　インドのお土産なんだ！　ねえ、今から膨らませてみなよ！」とワクワクして家族で風船を囲み、みんなが期待して見守る中お父さんが代表して一生懸命膨らませてみたら結果**ごく一般的なサイズ**になった時の、その**取り返しのつかない深刻な空気**はどうすればいいんだ。その事件を境に家族の会話は減少し、下手をしたら責任を取って絶縁される可能性もある。これは騙された当人だけでなく、**家族や友人への2次災害も生む卑劣な行為**ではないか。

ゆ、許せん……。

「ワンワン（騙されたのか）！　ワンワン（おまえアホだなあ）！」

「じゃかましいこのノラ犬がっっ!!!　てめー今すぐ黙らねえと風船に結んでシベリアの永久凍土まで飛ばすぞコラっっ!!!」

「キャイーン（涙）！」

くそ〜、あのオヤジどこ行きやがったっ!!　クソジジイイ！　出て来いオラぁっ!!　この羊頭狗肉《ようとうくにく》！　あんたの老体を風船にくくりつけてシベリアの永久凍土まで飛ばし

てやるっ!!! ノラ犬も一緒につけてやるから安心しろっっ!!

オレは見せしめに近くにいたノラ犬をバリカンで虎刈りにするとすぐに大通りに戻りオヤジを探してみたのだが、客にまがい物を売りつけたインチキ野郎がその場に留まっているわけはなく、オレはただ人通りの多い歩道で風船をかかえてキョロキョロと挙動不審になるのみだった。きっと勝手知ったる通行人のムンバイ市民は、オレの持っているミニ風船を見て「あ、この東洋人旅行者、風船売りおっさんに騙されたな? アホだよなあ」と心の中で嘲《あざ》笑《わら》っていたことだろう。**ぬおーっ(怒)!!!**

オレは仕方なくインド名物道端に転がっていた裸の赤ん坊に風船をくれてやり、それから心を落ち着け風船のことは諦めて博物館に向かおうとしたのだが、**しかしどうにも気が収まらん。**あんなニセ風船売りが、インド門の広場には集団で出没し観光客を騙そうとしているのだ。**全員一致団結してニセ等身大風船を売りつけ、ファミリーパックで旅行者の家族を離散させようとしているのである。**くそ〜〜〜、悔しい……。

……………。

こうなったら、別の風船おっさんでもいいから**せめて一矢《いっし》報いないと気が済まん。**このまま何もせずにおめおめと引き下がるなんていやだ。インドに一杯食わされたまま終わるのは悔し過ぎる。

オレは予定を変更し、インド門の広場まで引き返した。広場にはさっきのおやじはいないが、同じように等身大風船を抱えてフラフラしているおっさんが何人もいる。**てめえら〜〜**。

オレは何も知らない無邪気な旅行者のフリをして、1人の風船おっさんの前をおどおどと通りかかった。もちろん、すぐに呼び止められる。

「ハロー！ ジャパニーズ旅行者！ 風船欲しくないか？ ベリーベリービッグでストロングな風船だぞ！ ほら、これを見てみろ！ でかいだろう!!」

「ハロー。えっ？ 風船ですか？ **まあすごく大きい！ なんだかとっても魅力的ですね！**」

「よしよし、じゃあキミには特別に、10本入りのお得なファミリーパックを80ルピーで売ってあげよう」

「ファミリーパックはいりません!!! 80ルピーってだいぶ高くなってるし!!」

「なんだ、1本だけでいいのか。まあいいや、15ルピーな」

「風船は欲しいけれど、10ルピーにまけてもらえますか？ ね、おじさま、いいでしょう

♡」

「仕方ないなあ。じゃあ10ルピーな。それじゃ、おまえのために一番大きいのを選んでやろう。これだ！　日本に帰ってから膨らませるといいぞ」

「ありがとうおじさん！」

「どういたしまして」

「さーて……、**じゃあさっそく今この場で風船を膨らませてみるとするか。今すぐに楽しみたいから**」

オレは金を払っておっさんからビッグでストロングな巨大風船とやらを受け取ると、**即座にその場で空気を入れ始めた。**善は急げだ。**そんなに大きな風船なら、早く遊びたいもの。**

ところが、オレが全力で息を吹き込んでいると、**なぜか風船売りのおっさんは回れ右をして、コソコソと逃げるように歩き始めたではありませんか。**

あれ、ちょっと、どこへ行くのおじさん？　せっかくだから、お客さんが風船で楽しく遊ぶ姿を見て行けばいいのに。そんなに急いでどうしたの？

…………。

逃がさないよおじさん。

オレは風船を最大の大きさまで膨らませ、やはり**犬の等身大サイズ**にしかならないことを確認すると、すぐにおっさんを追いかけた。

「おじさんっ‼　ちょっと待っておじさん‼」

「な、なんだよ……、なにか用かよう……オレあっちに行かなきゃいけないんだよう……」

「あっそう。それはいいけどねえ、**なんじゃこの風船の大きさは〜〜〜〜っっ!!!　あんたの持ってるのと全くサイズが違うだろうがっ!!!　おいっ!!!　どこがビッグだ‼　どこがストロングだテメーこらああっっっ!!!**」

「の、ノーノー……」

「**なにがノーだっ‼　なんに対してのノーだっっ!!!　おっさんがビッグだストロングだって言って売りつけたんじゃねーのかワレっ!!!**」

「い、イエスイエス……」

「**イエスかノーかどっちだっ!!!　おまえよくもいたいけな旅人の風船に対する夢を奪うような不埒《ふらち》な悪行を働きやがったな!!!　このウソつき‼　極悪人!!!　人でなしっ!!!**」

「ウェイト、ウェイトウェイト……」

おっさんは、**タジタジしていた。** 彼は所詮《しょせん》10ルピー20ルピーという細かい悪さで稼いでいるだけあって、いざとなったら開き直ることのできない、気の小さい小悪人らしい。

この人たちはたいてい何人かでつるんで行動しているので、こんなふうにおっさんの不埒な悪行を激しく追及したらもしかして仲間が助けに来たり、下手したらなんらかの反撃を受けるのかなあと警戒していたが、実際周りを見てみると仲間の風船売りたちは、オレとおっさんのやり取りを見て**爆笑していた。** **おまえら〜〜。**

「ダメだろこういうことしちゃ!! まだこうやってその場でダマされるならいいよ、でも、**ファミリーパックを買って帰国してから知人に配って回る人のことを考えろよっ!!! 家族や友人10人から『インドで小悪人な風船売りに騙された奴』の烙印《らくいん》を押されてこれからの人生を生きていかなきゃいけないんだぞ!!!**」

「ははは、ソーリーソーリー……」

けっ、全然反省してないなこいつ……。

まああまりしつこく追及しても落としどころが難しくなるので、とりあえず風船を並べて証拠写真だけ押さえた後、仕方ないのでおっさんは許してあげることにした。

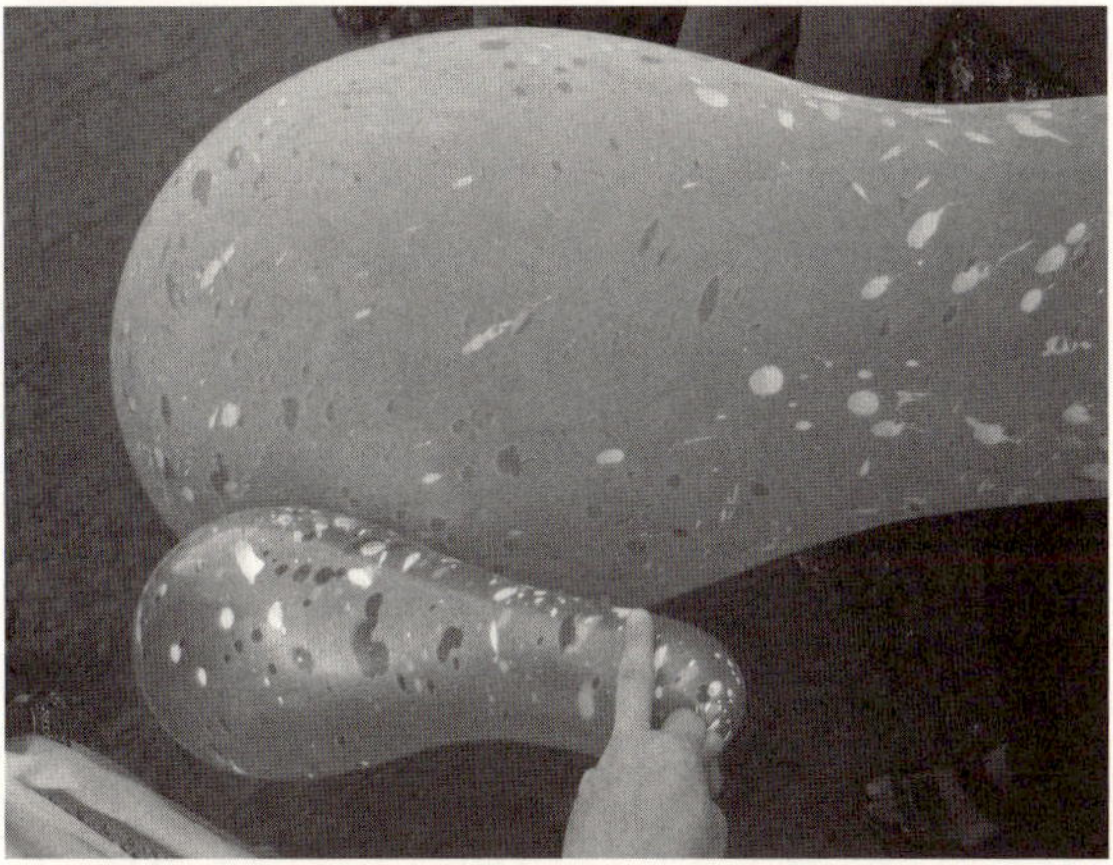

見ろこの見本と実物の差。上がおっさんの見本。下が買ったの。**全然違いますがな。**

このやろ〜〜。

でもこんなこと言うのもなんだけどさあ、土産物で騙そうとするんなら、**もっと旅行者が欲しくなりそうな商品で騙したらどうなんだ？** 少なくとも、オレ以外に誰か旅行者が風船を買っているシーンは数日間で一度も目撃しなかったぞ。

誰も欲しがらない風船をがんばって客引きをして売りつけて、結果稼ぎは10ルピー（約20円）程度である。ファミリーパックで大きく稼ぐことに期待をかけているのだろうが、**「お得なファミリーパック」というものをこのおっさんたちが一生懸命考え出したという事実がなんだか微笑《ほほえ》ましい。** みんなでチャイを飲みながら会議でもしたんだろうか。「通常のものよりお値打ち感のある、お徳用ファミリーパックを作ろうぜ！」「お、それいいねえ。ファミリーパックいい考え！　やろうやろう！」とか言って。

その後オレは風船を持ったまま移動してようやくプリンスオブウェールズ博物館というところへ行くことが出来たのだが、そこは荷物持込禁止であり、膨らませた風船をクロークに預ける時と受け取る時が、ものすごく恥ずかしかった。

5. ビーチでアウトドアライフをエンジョイするぜ

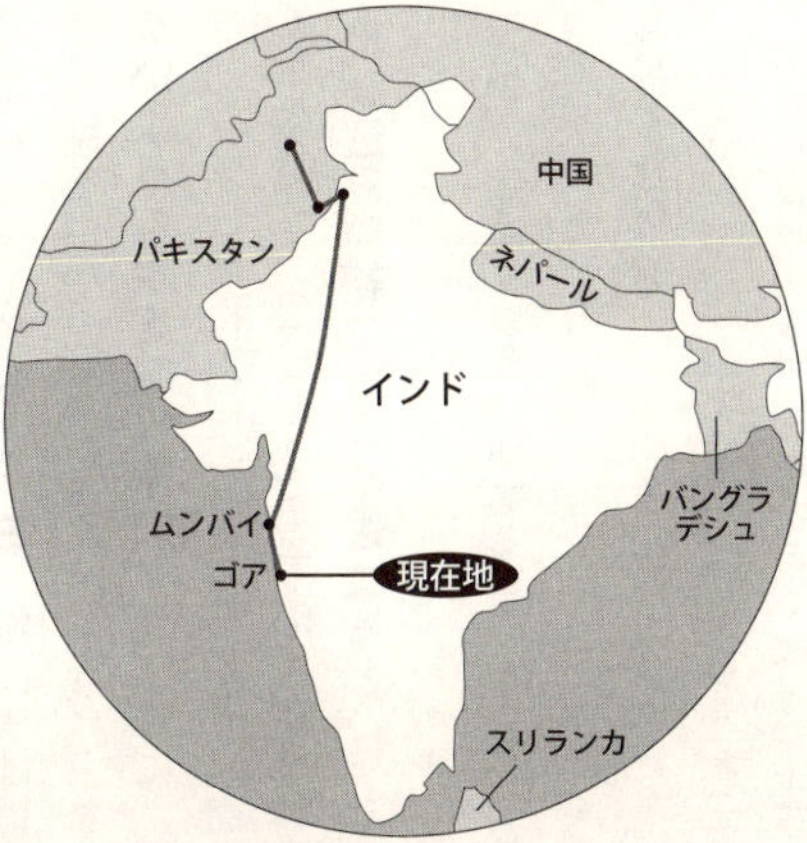

インドで出歩く時に注意するべきことは、騙しやボッタくりの被害に遭わないということが第一だが、時には気をつけないとこちらが傷害の加害者側に回ってしまうこともある。

というのも、インドの路上には人間やノラ犬がたくさん**落ちている**。特に夜は街灯も無いため、地面を凝視して歩かないと「ノラ犬の尻尾を踏んで怒った犬に追いかけられる」という**テレビの中ののび太くんしか体験しないような現実味の無いトラブル**に、実際に巻き込まれることになってしまうのだ。このムンバイは特に人口密度と犬口密度が高いためトラブル率も高く、オレも夜道を歩いていて足を着地する直前にその下に**人間**がいるのに気付き、**「ぎゃおおっっ!!」と叫びながら飛び込み前転で危うく逃れる**ということが何回もあった。

どちらかというとまだ犬は「寝ている」と表現できるような分別ある格好をしているのだが、インド人は本当に「落ちている」という言葉でしか表せないような、日本だったら**轢《ひ》き逃げの被害者くらいしか出来ないような無茶な体勢**の、ものすんげー無茶な落ち方をしている。もしも眠れる森の美女がこんなひどい体勢で寝ていたら、「待たせたね王女様！さあ、私のキスで目を覚ますんだ！」と言いながら寝室のドアを勢い良く開けた王子様も、**何も見なかったことにしてそのまま静かにドアを閉じるだろう。**

そんな無茶な姿勢で転がっているインド人たちなのに、10人のうち9人くらいはちゃんと翌朝になると起き上がって活動し出すのが凄い。本来落ちているものは拾って警察に届けるべきだが、これらはいくら待っても持ち主が現れそうもないので、もし届けた場合その落ちていたインド人は**一定期間が経《た》つとオレのものになってしまう**。なんて嬉しくないんだ。

路上や公園はもちろん、電車の駅にもインド人や犬が無数に落ちているのだが、いちいち拾得物として扱っていたら駅の拾得物保管所は**インド人と犬が暮らす施設**になってしまうため、なかなか拾われることはなさそうだ。

さて、以上のことは昨夜思ったことである。つまり回想だ。

現在は時は経過しムンバイから電車に乗りまた数十時間、いよいよ本格的な南インド、ゴアへ向かっている。

ゴアといえば知る人ぞ知る、ドラッグとトランスの聖地であり、インド随一のビーチ。まさに**生まれながらのアウトドア派であるオレ**のためにあるような町ではないか。なんといってもオレはアウトドア派過ぎて、まだ母親の腹の中にいる時ですら何度も勝手に外出し近所の公園に遊びに行き、連れ戻しに来た母親や看護婦さんにこっぴどく叱られたくらいである。もちろん大人になってからも、毎日インターネットという技術を介し**部屋にいながらにして**休むことなく世界中を駆け回っている、神をも恐れぬスーパーアクティブな男だ。

まあそんな感じで、オレのように普通の火遊びじゃ満足できないワルには、ドラッグとトランスの聖地がお似合いなんだぜ……。トランスってあれでしょ？　トランクスの短い奴でしょ？

ゴア行きの電車の中でも相変わらず通路には子供やばあさんなどが落ちており、車内販売のチャイ売りおっさんはこの暑いのに買え買えとしつこく、おやつの食べ残しやバナナの皮やプラスチックのコップなどが床に散乱し、じいさんの物乞いがヨボヨボと来たと思ったら次は女の子が手製のカスタネットを打ち鳴らして歌いながら座席を回り、いずれもしぶとく居座って乗客たちに金を出すよう要求、各地で**小競り合い**が発生している。そんな中でも周りのインド人は外国人に興味津々であり、車両内の乗客は**小競り合いをしているかオレを凝視しているかのどちらか**という状態である。

いやあまったく……、**あんたらもうちょっと静かにしてくれよっっ‼　少しは落ち着けんのかっ（涙）‼　ていうかなんでそんな真剣にジロジロとオレを見るんだよっ‼　2010年度のグッドデザイン賞を受賞したオレの顔がそんなに珍しいかっ‼　だいたいなんでホームに牛がいるんだよっ‼　牛がいるか駅のホームに普通っ⁉　バカヤロ――ッッ（いろんなものに対して）‼**

なぜ牛がいるのですか

ちなみに、「なんでこんなところに牛がいるんだ」という件についてであるが、実を言うとこんなところだけじゃなくインドではノラ犬ならぬノラ牛が、街のあちこちにいるのである。ヒンズー教では牛は神聖な生き物とされており、殺すことも食べることも禁じられている。その結果このように街中だけでなく駅や食堂にまでノラ牛がのさばる事態に発展してしまったというわけなのだ。

ということで、いよいよゴアに到着した時、当然オレは疲れきっていた。

「ヘーイ！　ジャパニーズ！　ゴートゥービーチ？」
「フェアードゥーユーゴー!?」
「フィッチビーチユーゴー？　ユーニードガンジャ??」
「レッツゴー！　カムトゥーマイタクシー!!」
「ノーノー！　カムマイタクシー！　マイタクシーイズベリーグッド!!」

うるせ〜あーうるせ〜〜マジでうるせ〜〜〜。

ああもういやだ。オレを一人にしてくれ。あんたたち……、**リーブミーアローン**

っ（涙）!!!

……あっ！

日本人だっ!!　うおおおおっ!!!

駅を出てタクシーの客引きに囲まれながらも周囲に一通り目をやると、少し向こうから日本人の若い女性が2人、同じようにバックパックを担いでやって来るのが見えた。よし、**合流するぞ！　彼女たちと一緒に宿を探すぞっ!!　インド2回目のオレがたくましく先導して！　そしてあわよくば！　ひとつ屋根の下!!!**　※夜這いとかもありな方向で

オレは憎たらしい客引きをぶっちぎって、淑女キラーの笑顔をたたえて女子の方へ歩み寄った。

「こんにちわ（キラリ）！」

「こんにちわー……」

女子2人は、やる気無さそうに小声でこんにちわと返すと、一切立ち止まらずにオレの前方から側面を通り後方へと素通りして去って行った。

そして以上の動向を見ていた客引きどもが、ニヤつきながらオレをからかってきた。

「ワオー！　ノーレスポンス」

「じゃかましいてめえらっ!!! うおおおおっ!! バカッ!! おまえもおまえもおまえもバカッ!!! どいつもこいつも今年度のバッドデザイン賞を受賞しそうな憎たらしい顔しやがって!!! ぐが――――ぬお――――っっ!!!」

オレはさんざん色んなものに怒った後で、大人しく彼らと交渉してタクシーでビーチ近くの宿へ連れて行ってもらった。なんだかんだいっても、結局は客引きに頼るしかないのさ。だって見知らぬ土地なんだもん(涙)。

海の見えるムーディな部屋にチェックインするが早いかオレは、早速ビーチへ繰り出すことにした。こうして海を見てしまったからには、部屋の中でじっとしているわけにはいかないぜ。**やっぱりオレって根っからのサーファーなんだな。**

今日の移動の疲れなど、太陽の降り注ぐ砂浜へ埋めてやる。インド随一のリゾート、インドの中にありしかしインドとは全く違う、南のリゾートのこのゴアで何もかも忘れて解放感に浸るのだ。

よし、行くぜ!

オレは本当はビーチなんかには**全然行きたくないが、**「ゴアのビーチで遊んで来たぜ」

という経験を**いつか合コンでインドの話が出た時のために**武器として持っていたいので、弱気になる自分を一生懸命励ましながら水着を抱えて外へ出た。

「ハロージャパニーズ！　カムヒアー！　バイサムシング！（おい日本人！　こっち来い！　なんか買え！）」

…………。

しかしそんなオレの出鼻をくじくかのごとく、宿から出た途端、海岸への道にゴザを広げてアクセサリーを売っているおそらく12、3歳の女の子から、生意気な口調でお誘いがかかった。

まったくよお、初対面の年上に対してなんだよその命令形は。

たしかにオレは女性に激しい口調で命令されたり責められたり踏まれたりするのが好きだけど、それは相手の対象年齢が決まってるんだよ。で、キミはまだその対象外なんだよ残念ながら。3年早いんだよっ。

「ヘイ！　そこのジャパニーズ！　カムカム！　カムヒアー!!　グッドなネックレスがたくさんあるわよ!!　ヘイヘイ！　ウェイト!!」

「うるさいなあっ!!　レイターレイター（あとでな）!!」

「レイターじゃなくて、今買ってよ!!　ノットレイター!!　**ナウ!!**」

「くそー、日本人をよくわかってる憎たらしい奴め……。**あとでってったらあとでなんだよっ!! レイターー! レイターレイターー!!**」

「**レイターっていつよ! レイターって言ったら本当にレイターなんだからねっ!!**」

「(無視)」

余計な気苦労は時間と気力がもったいないので、**もっともなことを言うガキ**はこの際徹底無視することにした。

そのままほんの100メートルばかり進むと、ゴアの海……、そしてビーチ、そして水着姿の欧米人観光客の姿が見えてきた。

ほら。

ほらほらっ!!

ヌーディストだっ!!! ほらっあの女の人、下の方しか水着つけてない!!! 上は裸じゃん!! やったーーーっっ(歓喜)!! うおーーーーっ!!! 今行くからなっ!! 待ってろおおおおっっっ!!!

…………。

おえ〰〰〰っ。

お、おばさんだ……50は下らないと思われるおばさんだ……（号泣）。垂れている……変形している……熟しきっている……。

ま、まあそれでも、少なくともこういう光景があるということは、ここがインドの中の欧米、いかに**通常のインドとは全く違う安息の地**かということを示しているではないか。

そうだ。ともかくゴアは、ここは決してインドなんかじゃないんだ！　**ここならばインドを忘れられるんだ!!**

「バクシーシ……バクシーシプリーズ……プリーズ……アイアムハングリー……」

「えっ、いや、あの、ちょっと……」

「マネー、マネープリーズ……マイソンイズシック……ヒーウィルダイ……」

な、なんでビーチにおばあさんの物乞いが……。なんかこのクソ暑い中、砂の上を歩き回ってかわいそうだな……息子が病気で死ぬって言ってるし……まあちょっとだけあげようか……はい、小銭。

さーて、気を取り直して!!

ディスイズビーチ!!　**ここは決してインドなんかじゃないんだ!!　ここならば、インドを忘れられるんだ!!!**

あっ、ノラ犬が……

ああっ、ノラ牛が……

インドを忘れられない（号泣）。

違う……ここはリゾートなんかじゃない。ノットリゾート、**バットインドだ（涙）**。

……なあそこの牛。教えといてやるけどなあ、**牛って普通ビーチにいるもんじゃないんだよ。**一般的な牛は、牧場とか農園にいるもんなんだよ。おまえ以外はみんなそうだぞ？　**わかったら帰らんかっ!!　ビーチに牛が不釣合いだということくらい、いくら牛でも考えればわかるだろうがっ!!!**

このビーチ牛は、いったいどこで生まれ育ったんだろう。普通ビーチで牛が育つか？　草食動物なのに。漂着するワカメでも食べているんだろうか？　まあ彼にだって言い分はあるんだろうから、あんまり一方的に責めるわけにもいかないけどさ……。もしかして、この牛は普段デリーあたりに住んでいるノラ牛で、今回は有給休暇を利用してゴアにバカンスに来たのだろうか？　もしくは、ドラッグをやりに来たのだろうか⁇　不良だね。

まあしかし、日本では必ず週に3日は湘南や茅ヶ崎に出没する生まれながらのサーファーであるオレとしては（ウソだけど）、こんなところでノラ犬やノラ牛に惑わされている場合ではない。なにしろオレが旅先でビーチに来たのは今回でまだ2回目だ。しかも1回目に行ったところは**アフリカのマラウィ**という国の**ンカタ・ベイという町**にあるビーチである。これを合コンで自慢しようにも、マラウィという国自体まず誰も知らないし、しかも**町の名前が「ん」から始まっている**のである。そんなビーチじゃ自慢どころか**ますますバカにされる可能性の方が高い**。その上ビーチがあったマラウィ湖には、**人間の肌を食い破って体内に侵入する住血吸虫**という世にも恐ろしい虫がウヨウヨ棲《す》んでおり、水に入ることすらできなかったのである。行かなきゃよかった（号泣）。

それを踏まえて考え直してみると、この旅でまともなビーチに来たのは今回が初めてだとも言える（牛がいるけど）。これはもう、ンカタ・ベイの分までエンジョイしなければ！

オレはビキニタイプの水着でたくましく見物客を挑発しつつ、砂浜を海に向かって駆けた。

いやっほーっ‼　やっと泳ぐことが出来るぞ！　見ろ、このマリンスポーツで鍛えられたたくましい筋肉‼　**よいさあ（上腕二頭筋を強調するダブルバイセップス）！　ほはうっ（大胸筋の厚みをアピールするサイドチェスト）！**

あやあああ〜〜〜〜〜〜〜〜〜〜〜っ（歓喜の叫びをあげながら海水に侵入）!!!

あはっ！　うほっ‼　あひゃひゃひゃっっ!!!　バシャンバシャン

…………。

うひゃっ！　わひゃっ‼　バシャンバシャン

…………。

あはっ……。　あ〜あ(笑)。

……あのお、ビーチに来て海に入ったら、**一般的にはそれからどのようにして楽しめばいいのでしょうか？　とりたてて、入水したら次にやることが見当たらないんですけど。**

泳いだりするの？　いや、でもなんだか波が高いし、そもそも目標もなしにただ泳ぐのもなんか……しかも1人だし……海水が目に入ったらイヤだし……。

うーん。

とりあえずなんとなく、オレはしばらく仰向けの状態で後ろ手に砂浜に手をつき、体を支えて顔だけ出してクラゲ状にプカプカと浮いていた。そして浮くのに飽きると今度は波打ち際に横になって、**打ち寄せ引いて行く波にあわせてゴロゴロ転がって遊んでみた。**

…………………。

しーん…………。

おもしろくない。なんだよ、ビーチなんて全然おもしろくないじゃないかっ‼　海水はベトベトするし目は充血するし犬は寝てるし牛は歩いてるし‼　**なんだこんなもんっ‼**

よく白人観光客とかこんなことするためにわざわざビーチに来るよなあ。どういう感覚をしているんだ？

うひょおっ‼　さむ、寒いっ‼‼　あーもういやだ。冗談じゃない。早く帰ろう。

オレは15分ほどでビーチ遊びを見極めると、白い裸体を晒《さら》し両腕を擦《こす》って「おーさみ──」とブツブツ呟きながら、ワカメをまとった貧相な姿で浜に上がった。

おかしいなあ……。噂によると、ビーチは楽しいはずなのになあ。だってガイドブックにもビーチがある都市は率先して記載があるし、たいていの観光客はビーチとかリゾートに喜んで行ってるじゃないか。楽しくなかったらみんなが行くわけないのに。おかしいなあ……。

まあ、オレはサーファーの中でもネットサーファーだから、そもそもの活躍の場はビーチじゃないんだけどな。

オレはそそくさとビキニを脱いで普段着に戻ると、宿への道をトボトボと引き返した。

よし、もう今日は部屋に戻ろうぜ。このまま一気に部屋の中に入ろうぜ。ついさっきも見かけた、**そこの道端でオレの方を見ている、アクセサリー売りの生意気そうな子供は無視して一気に部屋の中に戻ろうぜ。**

「ハロー‼　ウェイトアモーメント‼!　ウェイト‼」

「な、なんですか～、人が宿に帰ってゆっくり休もうとしている時に～」

「あなた、さっき『あとで』って言ったわよねっ‼!　レイターって言ったわよね‼!　大人なら約束は守ってよ‼　カムヒアー‼!」

「あら、**なんのことざましょう？　そないなこと記憶にあらしませんが？**」

「卑怯者‼　ウソつき‼　自分で言ったんじゃないのよっ‼」

「いいかい、約束っていうのは必ず守られるとは限らないんだよ。現実って厳しいもんなんだ。そりゃあ誰もが信頼し合える世の中は理想だけど、時には裏切られ、傷つくこともある。でも、みんなそうやって大人になっていったんだ」

「ウソつきっ‼　ジャパニーズは正直だと思ってたのにっ‼　日本人はみんなウソつきなのっ‼」

「うるっさいなー。わかったよー見りゃいいんだろ見りゃー」

「グッド。ほら、こんなにたくさんネックレスの種類があるのよ。今つけてるのはあんまり似合っていないでしょう？　他のも試した方がいいわ！」

この時オレは、ガラにもなくムンバイのエレファンタ島で買った20ルピー（約40円）のネックレスをしていた。最近少し色気づいたためだ。**ニートにも装飾品をつける権利を!!　ひきこもりのオシャレへの再チャレンジ支援を!!**

ということで「今つけてるのはあんまり似合っていないでしょう？」てな具合に**20歳ほど年下の女子にオシャレへのダメ出しをされ**へこんだオレは、仕方ないからここでもう1本ネックレスを買おうかという気になった。一応非モテ男として（認めたくはないが）、女性のダメ出しには素直に耳を傾けようではないか。

とりあえずオレは元々つけていたネックレスを外し、手鏡を用意してもらいいくつか試着することにした（路上で）。ところが、ひと冬に2000円しか洋服代を使わないオシャレのカケラもないオレとしては（だってオシャレな服屋に行くと自分がそこにいちゃいけない人間のような気がするんだよ）、結局試着してもどれがいいものかよくわからない。ここは、仮にもプロであるおじょうちゃんのお勧めに従うことにしようかな。

「グッド！　ベリーグッド！　すごくよく似合ってるわよそれ！」

「そーお？　じゃあこれにするか……」

「サンキュー」

「ところでこれはいくらなの？」

「そうね……。**いくら払う？**」

「いや、いくら払うじゃないでしょ。このネックレスはいくらかってこっちが聞いてるんだよ」

「だから、私もいくらなら払うか聞いてるのよ」

「じゃあ、10ルピー」

「フッ……（両手の平を上に向けて『冗談じゃないわ！』という薄ら笑い）」

「おまえなあ、**泣かすぞコラ？　客をなめんじゃねーぞお嬢ちゃんっ**」

「わかったわ。じゃあ、ブレスレットも1本選んでいいわ。それで、2つあわせてグッドプライスにしてあげるから」

「グッドプライスはどうでもいいんだよ。このネックレス1本でいくらだって聞いてるんだろうが」

「ほら、アンクレットもあるわ。一緒に買えば、安くしてあげるわ！」

「ネックレス1本。1本でいくらかと聞いてるんだオレはよおわからねえかオイ」

「1本だけ？　それならね……1本、**100ルピーよ**」↑法外

「てめ～～このやろう～～～」

小娘のあまりにも適当で暴利な値段のつけ方に、優しいおにいさんも堪忍袋の緒が切れた。オレは試着していたネックレスを外すとゴザの上に放り投げ、宿に帰ることにした。

「ヘイっ‼　ウェイト‼　ハウマッチ‼　ハウマッチユーペイ‼!」

いくらなら払うんだと娘の遠吠えが後ろから聞こえてくるが、いい加減インド式のインチキ商法では絶対に商売にプラスにはならないということを、旅行者として彼女にもわからせてやらないといけない。こんな子供が1日中健気《けなげ》に仕事をしてるんだから、正直に商売をすれば客も買おうと思うだろうが。なんで敢えて相手をイライラさせる方向を選んでしまうんだよおまえは。ああ心から憎たらしいぞ……。

苦々しい思いで宿に戻り部屋のドアを開け、シャワーを浴びようと服を脱ぎ出してオレはふと気付いた。

あれ？

……無い。オレが元からつけていたネックレスが無い。

あっ。しまった……。他のを試着する時に外して、そのまま置いてきちまった。くそ。取りに行かないと……。

うわ～、**戻り辛いな～～。「静かな怒りをたたえた大人」って雰囲気で黙って去って**

来たんだもんな〜。これですんなり戻ったらすげー格好悪いぞ……。とはいえ、あの物売りガキにオレのネックレスをくれてやるのもしゃくだ。20ルピーの安物とはいえ、人にあげるのは勿体《もったい》ない。特に憎たらしいガキには。おのれ〜〜〜。

仕方なく、オレは脱いだばかりの海水がよく染みた服を着、部屋を出てさっきの路上アクセサリー屋まで戻った。そして「おい、オレが最初につけてたネックレス、あれどこにある？」と**本当は恥ずかしいのに一応まだ怒っているふりをして**小娘に聞きながら、ふとゴザの上を見ると……。

…………。

お、オレのネックレスが商品として陳列されている……。元からこの店の売り物だったかのようにキレイに並んでいる……。

「お〜ま〜え〜このガキ〜〜〜〜」

「なによっ!!　あなたが勝手に置いて行ったんじゃないのよ！　なんか買って行きなさいよ!!」

「まずそれを返せっ‼　オレの持ち物を返してからそういうことは言えよっっ‼!」

「やめてよっ‼　売り物に触らないでっ‼」

「ちょっと‼　おい！　これっ‼」

「いやっ‼　あっ！　もうっっ‼!」（40円のネックレスを巡って、**30歳手前の男と10歳前後の女の子が軽く取っ組み合い**）

「いよっしゃあー‼　取り戻したぞ……ハア……ハア……。ざまあみろ！」

「なんか……なんか買ってよ‼　力ずくなんてひどいよっ（涙）‼!」

「おっ、おまえっ、（涙）とは汚いぞ……オ、オレは自分の物を取り返しただけなのに……」

「ウウッ、エーンエーン」

「ほら、じゃあ、この安そうなブレスレットはいくらだよ。どう見ても10ルピーだろこれ。10ルピーだよな？」

「10ルピーでいいわよ。だから買ってよ！　**ドントブレイクマイハート‼**」

「そういう生意気な英語のフレーズはどこで覚えるんだよいったい……。買って行くよ。まったく……」

結局、**恋愛経験が少ないため女の（涙）を見るとどうしていいかわからなくなる**という弱点を露呈したオレは、５分前の怒りもどこへやら、口論と小競り合いと泣き落としの末に別のブレスレットを10ルピーで購入することになったのであった。

6. 本場のクラブでイケイケ体験をするぜ

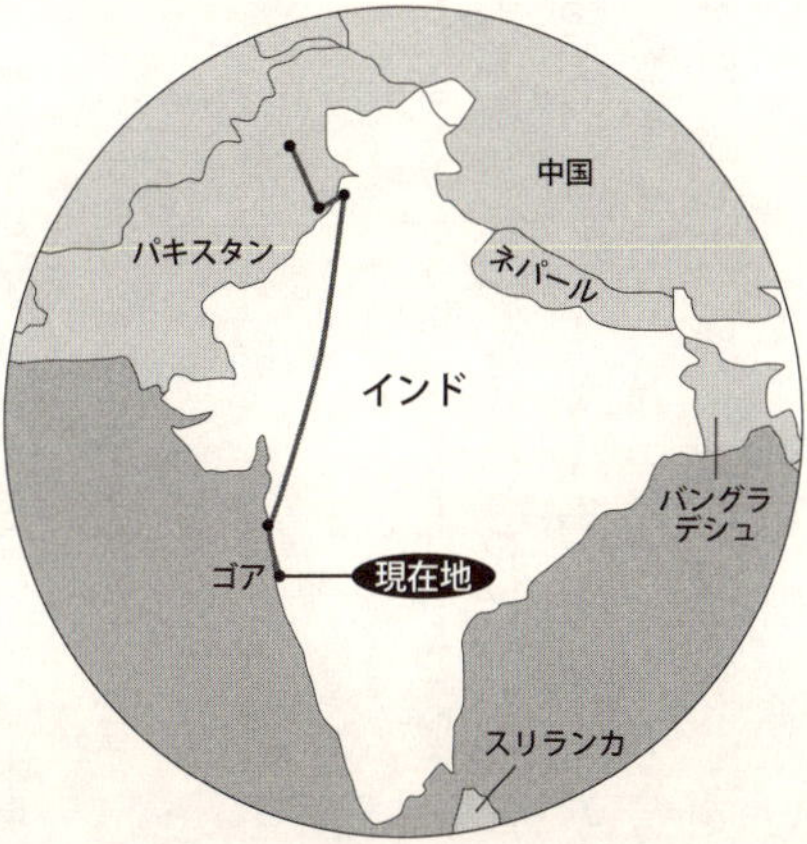

ゴアといえばさあ、トランスの聖地じゃん。そりゃもう当然クラブ通いっしょ。ゴアどころか、オレはインド自体クラブのために来たようなもんだからね。ほら、**オレって音にこだわるじゃん？**　田舎《いなか》のＤＪが回す乗れない音なんかじゃ満足できないから、本場ゴアのトランス全開の空間でハジけたいんだよね。

…………。

さあ、**盛り下がって参りました。**

もちろん、右の段落は**自分を偽って書いたよ。**　クラブについて書かれた一般の方々のブログから、**表現をパクったよ。**　それに、オレは別に音にも全然こだわらないよ。音楽なんてパソコンで聞ければ十分だし。持っているＣＤはほとんどが**ゲームのサントラだし。**　まあ敢えてちゃんとした歌手の曲で一番好きなのを挙げるなら、横山智佐ちゃん（ちさタロー）が真宮寺さくら名義で歌う『檄！　帝国華撃団』かなー。は〜し〜れ〜光速の〜〜ていこ〜くかげきだん〜〜♪

…………。

さすがに恥ずかしいねこの告白。

でも……、そんなオレも、今夜を境に変わるんだ。横山智佐ちゃんも素敵だけど、もっと大人の遊びも覚えることにしたんだ。これからオレはクラブに目覚めて、帰国したら坊主頭になって無精ひげを生やしてピアスを開けて足が2本ずつくらい入りそうなダボダボのズボンをはいて、**一重まぶたに整形して渋谷の道端でウンコ座りをして通行人に迷惑をかけて街の美観を損ねて夜回り先生とタメ口で話すんだ。**

………。

なんかクラブに対して**物凄い偏見を持っている**ような気がするが、しかし全国のクラブ好きのみんな、安心してくれ。こんな無知や偏見とも、今日でおさらばなんだ。なぜならば、**今夜、オレは遂に本場ゴアのクラブへ行く決心をしたのである。**

きっと何年も前からオレのことをご存知の方々は、まさかあのさくら剛《つよし》がクラブなんかに行くわけはない、絶対にそんなわけない、そんなの裏切りだと思っているに違いない。たしかにオレは、自分で言うのもなんだが真面目で品行方正な人間である。ママチャリに乗っている時ですら、右左折と停止の前にはちゃんと**手信号の合図**を忘れない優等生だ。もはや今時ママチャリで手信号を出すのは**世界でさくら剛1人しかいない**と言われているほどである。

それほどまでに極端に真面目なオレではあるのだが、しかし人間には誰しも二面性があるもの。あの正義のプロレスラー武藤敬司も悪のパワーが高まると「グレート・ムタ」という凶器攻撃もなんのその極悪なレスラーに変身するように、オレだって10年に1度はワルな一面が顔を覗かせることもあるのだ。

まあこれに至るにはもちろん訳があって、今日の昼間、もはや泳いでもなんも楽しくないのでこれからはトップレスの女性のあの部分のトップの見物に専念しようと私服で浜辺をうろついていたところ、灼熱のビーチで1人だけジーンズとTシャツというオレのファッションに対するポリシーに感銘を受けたかのようなクラブの客引きが、「Cat Night」と書かれたクラブのイベントのチラシを渡してきたのである。

そこはもう、風変わりなものや新しいものは全て試さなければ気が済まない**かぶき者**のオレとしては、このイベントを見逃せるわけがない。なんといってもここは昼間っからトップレスになる白人女性がゴロゴロいるインド一のリゾート。太陽が出ている時から既に開放的になっている旅先の若い女性が、**夜になったら一体どの部分まで開放するのか**。想像するだけでオレの体の**ある部分に**血液が溜まって膨張してくるのを感じる。

む、むふふ……かぶいてやる。目一杯かぶいてやるぜ。お嬢さん方、**一夜ゆえ、身をつくしてや恋《こ》ひわたるべきだぜっ‼**

嵐の前の静けさとばかりに孤独にさめざめと夕食をとった後は、いよいよタクシーを見つけてクラブへＧＯである。もちろん、一緒に行く人はいないので１人だ。……悪い？ **いつも１人で悪い？** １人でクラブに行っちゃいけないっていう法律がどこにあるのさ。そんな法律がもしあっても、法律を学ぶ機会なんて一般人にはなかなかないから知らないんだよオレはっ!!!

タクシーでいつもよりスピードを出してゴアの大通りを突っ走り、ビーチから遠く離れてクネクネと山道を登った丘の頂上に、そのナウくて激ヤバなクラブがあった。赤青緑の照明でライトアップされている建物はインドとは思えないこじゃれた雰囲気であり、なにやら黒服的な従業員が入り口に立っている。

いや〜まったく。

……………。

こ、怖いよ〜〜（涙）。本当は、ものすごく来たくなかったんだけど（そんなのばっか）、なんか「ゴアでクラブに行った」っていう肩書きが欲しくて……**一度もクラブに行ったことが無い自分とさよならしたくて……どうしたらいいかわからないんです（号泣）。**それで勇気を振り絞って来たけれど、建物の前に至ってどうしたらいいかわからないんです入りたくない……。しかも、下は半ズボンに上は「少林サッカー足球箱（豪華版ＤＶＤ）」の**特典でついていた少林サッカー**

Tシャツで来ちゃった……。黒服の人に怒られないかな……。

後から次々とやって来る着こなし上手の白人に怯《おび》えるオレというかぶき者は、怯えながらも受付で「大人１人」と言って入場料を払い、「日本のニートのみんな、**オラにみんなの勇気を分けてくれ!!**」と念じ心の中でニートパワーを増幅させ、命をかける覚悟で遂にクラブの中へと突入した。

さて、その上流階級しか入れないことで有名な「クラブハバナ」は入り口のドアをくぐるといきなり中庭になっており、小さいながらもプールがあって水が張られていた。プール脇の石の階段を上ると右手にバーカウンターといくつかのテーブルがあり、左手には大きな部屋があって、それはなんというか、多分**音楽がかかって人が踊るスペース**である。そういう場所をひと言でどう呼ぶかというのは、それはオレの知識の中にない。

まだ時間が早いらしく、その踊るべき部屋には人はいなかったので、とりあえずオレはバーカウンターに腰掛けた。チラシによると、本日はイベントにつき入場料さえ払えばドリンクは無料だということである。

カウンターの向こう側やホールで働いているのはインド人だけでなく、オレに注文を取りに来たのは**ネコ耳のアクセサリーをつけている白人のおねーさん**であった。

「ハーイおにいさん、ウェルカムトゥークラブハバナ！　ドリンクは何にするの？」

「え、あの、いや、な、何にするのと言われましても……**わかりやすいドリンクメニューなどは無いのでしょうか……あの、こういうところで大人が飲む飲み物の種類とか全然知らないんですけど僕……**ええ、あの、あの……その……、じゃ、じゃあ、こ、**コークを**」

「なーに？　ラムコーク？」

「**そう。**ラムコークをひとつ」

「はーい、じゃああなたもネコに変身してね。ちょっとジッとしてて！」

オシャレな従業員のおねーさんは、**ネコ耳のアクセサリー**をもう1つ取り出し、オレの頭にセットしようとしてきた。

「**おおいっ!!!　待てっ、待ちなさいっ!!!　なにをするんですかっ!!　オレがそんなものをつけて喜ぶようなキャラに見えますかっ!!!　いりません!!　ネコ耳はつけませんっ!!!　ネコ耳は断固拒否します!!!**」

「ダメよ。今日のイベントはキャットナイトなんだから。ネコにならないとフリードリンクじゃなくなるけどいいの？」

「そ、そんなハバナ……。ドリンクは無料がいいです……有料ドリンクなんていやです……」

「どっち？　ネコで無料？　それとも有料？」

「…………」

そしてオレは、**頭に赤いネコ耳をつけられ、さらに左右のほっぺたにマジックでネコのヒゲを描かれた。**

ぐぐう、**な、なんたる屈辱（血の涙）。**

この硬派なオレが……大学４年生の時には**少林寺拳法部の道場長**という役職に就き、オレを見かけた部活の後輩はどんなに遠くからでも**「ちわ!!!」**と大声で挨拶をしてダッシュで駆けて来て、**「さくら先輩、お荷物お持ちします!!」**と荷物持ちをしなければならなかった、後輩にはそれなりに恐れられていたこのオレが、**頭にネコ耳をつけて、左右のほっぺに3本ずつのかわゆいネコヒゲを描かれているとは……。**

まあオレの旅行記をもし部活の後輩が読んでいたらネコ以前の段階でとっくに威厳は地に落ちているだろうから、今さらいいんだけどね……。だからオレ、学生時代の知り合いには誰にも旅行記書いてること言ってないんだよ。名前もペンネームだし。いつまでも後輩には威張っていたいもんね。そう、大学の後輩にとっては、**オレはいつまでも鬼の道場長なんだよ。**

「ワーオ似合ってるわよ！　か〜わいい！　これでＯＫね。あと、ネコなんだから喋《しゃべ》る時は必ず最後に『マオ』をつけてね！　『アイウォントラムコークマ～オ！』みたいに」

「つけるかっっっ!!!　もういいから、早くドリンクを持って来てくれよっ!!!」

「持って来てくれよ？」

「…………」

「じ――っ」

「…………。も、持って来てくださいマ～オ……」↑鬼の道場長

「グッド！　ウェイトアモーメントマ～オ！」

「…………」

…………。

あああっ、うあああああっっっ（号泣）。

やっぱり、**やっぱりクラブなんて来るんじゃなかった～～（涙）。なんで高い入場料を払ってるのにこんなに苦しまされなきゃいけないんだ～～。社会人8年目の大人**

なのにどうしてネコのコスプレをしてネコ語で喋らなければいけないんだ〜〜っ(号泣)。

ドリンクを待ちながら、ネコ耳とヒゲのニャンニャンスタイルで、オレは1人バーカウンターにポツンと座っていた。他のネコたちは全員誰か話し相手がおり、流暢《りゅうちょう》な英語で**「ワーッハッハ‼」**と盛り上がっている。オレは……オレはネコの世界でもはぐれ者なんだ……。はぐれ者なんだマ〜オ……。↑鬼の道場長

昼間と比べると気温もグッと下がっており、いよいよ心身ともに打ち震えるような寒さになってきた。ネコって辛いんだね……。東京に帰ったら、もっとノラネコに優しくしよう……。

「はーいお待たせマーオ！　ラムコークよ」

「ありがたまお」

「ねえもし退屈だったら、下のプールで泳いでもいいわよ？　水着はレンタルするから」

「退屈そうに見えて悪かったなっ‼　泳ぐわけないだろ‼　この寒さの中でプールに入る奴がどこにいるんだよっ‼」

「いるわよ。ほら、みんな泳いでるじゃない」

「……おおっ」

中庭のプールに目をやると、そこではパンツ1丁の白人たちが奇声を発しながら群れをなして泳ぎ回っていた。あんたらの肌の温度センサーは**ペンギンなみか？**

寒い時、日本の猫はコタツで丸くなるものなので、プールなど入らずにオレというかぶき者の猫、**かぶき猫**は、四方八方どちらを向いても楽しそうにしている人たちが集う空間で、1匹狼、いや1匹猫となってラムコークをひたすらペロペロと舐《な》めていた。**まるで自分自身の心の傷を舐めるかのように。**

そんなふうにとっても充実した時間を過ごしていると、いつの間にやらDJ（デスクジョッキー）が登場し、隣にあるダンスフロアは（クラブの中の踊るスペースはダンスフロアというんだと、ツイッターで読者の方に教えてもらいました）熱狂しつつあった。

いよいよだぜ……。いよいよオレがダンスデビューする時が来たぜ……。

オレはつらつとダンスフロアに入ると、踊る白人たちをかき分けて中央のステージに向かって歩き、**ステージ下まで辿り着いたらそのままUターンして歩いて壁際まで帰ってきた。**

……やっぱり、恥ずかしくて人前で踊りなんて踊れないぜ。**無理だぜ。**家で1人の時は『檄！帝国華撃団』の曲に合わせてクネクネと変態的に揺れたりはするけどさ……。人前ではダメなの（涙）。

ふう……疲れた。なんかあまりにも場違いすぎて、歩くだけで疲れたぜ。みんな、踊ってるね。踊る姿が**さまになってるね。**なんで全員猫の扮装《ふんそう》のくせにそれなりに格好良く見えるんだよ白人たちは。神は「不公平」という言葉を教えるために人種を分けたのだろうか？

腕を組み、壁に寄りかかってオレは踊る若者を見ていた。「いやー、踊り疲れたぜ。**ちょっと休憩だぜ**」という表情で。本当は20メートルほど歩いただけだけど。

そんな中ふと見ると、熱くビートを刻む白人に混じって、1人だけ**70年代の空気を感じさせるレトロな踊り**で場をかき乱しているおっさんがいると思ったら、やはり白人ではなく中東系のアジア人であった。うわー、あの人完全に孤立してるよ。ダサいなあ。**明らかにあそこだけ空気が違うもん。**ああいう空気が読めてない人のことをKYって言うんだよ最新の若者用語で。やだやだ。

ん？　ダサい人が踊りをやめてこっちに来たぞ？　オレの前に来たぞ!!　なんだ!?

「ハーイフレンド！　どうだ、一緒に飲まないか？」

…………。

オレと意気投合しようとしているなあんたっ!!!　自分と同じ空気をオレに見いだして(号泣)!!!

……そう。オレと彼とはダンスフロアの空気を変える、**アジアを代表するダサ夫、ダサ太郎のダサダサ2トップ。そりゃあ意気投合もするさ。**お互い友達がいない1人同士だし。2人とも、ネコ姿が似合わないったらありゃしない。アルコールより、**行《あん》灯《どん》の油でも舐めている方が似合っているのよオレたちは。**

でもよく考えてみれば、2トップとはいえ周りの目を気にせず好きなように踊っている彼と比べたら、わざわざクラブまで来てふてくされて壁際のオレが一番ダサいんだろうな。それなのに声をかけてくれて**ありがとうダサ太郎さん。**え？　ダサ夫の方がいい？　**じゃああなたがダサ夫。僕がダサ太郎。**

バーに移動してオレは再びラムコークを頼み(なぜならば、ラムコークが「バーで頼むドリンク」としてオレの頭にインプットされた唯一のものだったから)、イラン人だという彼と旅の話で見事に意気投合した。

2人で長い時間真剣に話をしたのは、イスラエルとパレスチナについての**中東情勢**であった。彼は同じイスラム教徒としてパレスチナ人の境遇を憂い、オレもまた過去の旅で見たイスラエル軍の横暴、パレスチナの人々の苦しみをつたない英語で彼に伝えた。

話は盛り上がった。この時2人は、**自分たちの頭にネコ耳がついており、頬《ほお》には左右6本のネコひげが描かれていることなどすっかり忘れていたという。**

そしてオレは慣れない場所にいたものだからストレスと寒さで**下痢になり**、慌てて外に出てタクシーを拾い宿に帰った。

こんな思いをするのなら、クラブにはもう二度と行かないさ（涙）。

7. 私は北インドには絶対に行きません

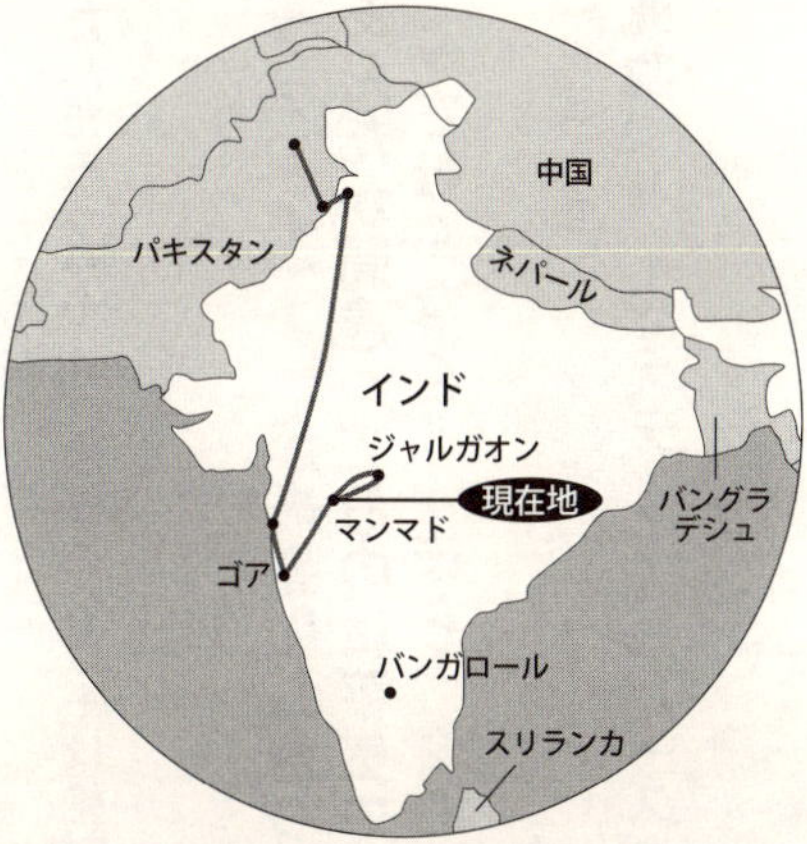

「ついたぞ。３００ルピーな」

「なにが３００じゃーっ!!　２００ルピーって言っただろうがてめーっっ!!!」

「こんな夜遅くに長い距離を走ったんだ!!　２００なんて冗談じゃない!!」

「最初におまえが２００でいいって言ったんだろうがっ!!　約束の分以上は絶対払わないぞオレは!!」

「Ｗｈｙ（ファ〜イ）？」

「その本気でとぼけた『Ｗｈｙ（ファ〜イ）？』が最高にムカつくっっ!!!　なんで１００パーセントあんたが間違ってるのに平気でファ〜イ？　と言えるんだよっ!!!　ふざけんなっ!!　ほら、２００ルピーだ!!　あばよ!!!」

「待ておいっ!!　あと１００ルピーだ！　こらっ!!」

「うるせええ――っ!!!　てめえ死ねっ!!　きえええ〜〜っ!!!」ズババーン!!

……はぁ、はぁ。

クラブの前で２５０の言い値を２００ルピーに値切って乗ったオートリキシャ（三輪タク

シー。乗る時にあらかじめ交渉して目的地までの料金を決めるのだ）は、宿の前に到着すると平然と約束を破り割り増し料金を請求してきた。結果、夜中にもかかわらず怒鳴り合いである。くそ、オレは人生で3回しか怒ることが許されていないのに、**こんな調子じゃあもうすぐ3回分使い切ってしまいそうじゃないか。**

これを読んでいる人に強く言っておきたいが、オレは彼ら彼女らと、**決して100円200円が惜しいがためにケンカをしているわけじゃないんだ。**金額の問題ではなく、相場もわからない外国人旅行者に不当に高い料金を払わせようとしたり、約束の金額を守らないこと、その**人と人との信頼を裏切る行為に対して**オレは腹を立てているのだ。

オレはリキシャに乗る時の方針として、最初の交渉時にふっかけてこず、更に到着時に割り増しを要求せずちゃんと決めた金額だけを受け取った運転手には、いくらかチップを渡すようにしている。オレの旅のスタイルは貧乏旅行ではあるが、気持ち良く払えるところに払う金は惜しくない。だが、料金交渉がスムーズにいってせっかく「到着したらちょっと追加で払おうかな」と思っていても、最後の最後で**道が混んでいたから**とか**遠かったから**とかわけのわからない理由で**（本当にわけがわからないぞ）**追加料金を請求されると、もうなにがなんでも払いたくなくなってしまうのだ。

こうやって、払うつもりでいても「払え！」と言われてしまったら急に払う気が無くなるというのは、約束を守らないことへの怒りもあるし、もう一面はもっと根本的な、「命令されると反発したくなる」という人としての本能みたいなものもあるのだと思う。例えば、子供の頃に宿題や勉強をそろそろやろうと思ったちょうどその時に、親に「宿題やったの⁉」と言われ一気にやる気が無くなった経験というのは誰しもあると思う。専門的に言うとこれは**心理的リアクタンス**と呼ばれる反応であり、人間は根本に「自由でいたい」という思いがあるため、「これをしなさい！」と言われればしたくなくなり、「これはするな！」と言われれば逆にしたくなってしまうものなのである。

これはもうどんなことにでも当てはまる普遍的な法則であると思う。浮気だって、世間一般で「やってはいけないこと」とされ、なおかつ浮気したら彼女や奥さんが怒るだろうなあ、という罪悪感があるからこそ逆にしたくなってしまうものなのだ。これがもし反対に道徳的にも浮気は良いことだとされ、彼女や奥さんが「浮気なんて人間の幅を広げるんだからいくらでもしていいわよ！　最後に私に戻って来てくれればそれでいいの！」などと不気味なほど寛容な態度を見せていたら、浮気なんてしようと思うかい？　オレだったら、そんな環境に置かれたらもう浮気なんて**喜んでしちゃう。　まるで水を得た魚のように。**

もちろん、誤解しないでもらいたいが、たとえオレが浮気を喜んでしちゃうからといって、逆に彼女の方が浮気をするのは**絶対に許せん。　許せんよそんなことは。　裏切**

りだからそれは。

……………。はい。つまり、**人間というのは自分勝手な生き物なんだということがよくわかっていただけましたね（涙）。**

ちなみに以上の話はあくまで**フィクション**であり、実在の人物・団体とは一切関係ございません。

エニウェイ話を元に戻すと、オレはボッタくり商人の方が正直な商人より得をして、外国人旅行者が毎日不愉快な思いをするという今の状況がイヤなのだ。だから不当を働こうとする人間とは危険が降りかからない程度には戦って、ズルをして儲けようとしてもダメなんだなあ」ということをわかってもらいたいのである。そうすることが、インドの人たちのためにも旅行者のためにも、全員のために良いことだと信じているんだ。だからオレは戦うんだ。**オレはインドを愛しているから!!!**……それはウソ。

最終的に今しがたのクラブ帰りのリキシャとの喧嘩では、宿怨のこもった100ルピー紙幣を2枚座席に叩きつけ、オレは力いっぱいドライバーを罵って宿に帰った。

ちなみに自分では気付いていなかったが、この時オレはまだクラブのキャットナイトのまま、**ネコの姿**をしていたのであった。はっきり言って、偉そうに怒鳴り散らした直後に部屋に帰って**「あっ‼　オレまだネコ耳つけてる‼」**と気付いた時というのは、ある種一生忘れられない強烈なはずかしめを受けた気分であった。

でも、ネコの姿でもちゃんと怒鳴り合いが成立してしまうのがインドの凄いところだな。もしここが先進国であれば、**夜中の2時にネコの扮装で怒鳴り散らしている30近い男は、すぐさま警察に保護されることであろう。**

さて、ゴアではろくでもない思い出しか出来なかったので、**かといってろくでもある思い出が出来たインドの町は今までひとつも無いが、**ともかく翌日オレはゴアに辞表を提出して次の都市へ移動することにした。

現在オレがいるのはまだインドの南というよりやや中央よりの位置であるが、今日はまた今から一飛びに南下して、いよいよ南インドの代表格、インドのGDPを猛烈な勢いで押し上げている超主要都市のバンガロールへ向かうのだ。

バンガロールといえば、「インドのシリコンバレー」とも呼ばれているIT産業の中心地。「シリコンバレー」がわからない人のために一応説明しておくが、シリコンバレーというのは、シリコンで豊胸した若いママさんがぷるんぷるん飛び跳ねながらバレーボールに励む、最高のエンターテインメントなのである。**おっぱいバレーみたいなもんだな。**

さあ、観光地で騙し騙されの煩わしい旅はもう終わりにしようじゃないか。明日からはインド内先進国のバンガロールでパソコンショップを巡りファストフードを貪り食い、ゆったり休憩をしたらそのままのどかに海岸に沿って（地図でいえば右上に）北上、それでインドとはおさらば、アジア横断も終了したも同然である。

前回のインド訪問で苦汁を舐めさせられた極悪都市、デリー、ジャイプル、バラナシなどの北インドの各都市は、**今回は一切無視することに決めた。**ムンバイやゴアはまだ北と南の中間でそこそこ悪い輩が多かったが、これから完全な南インドに突入すれば、もう今までのように心を鬼にして、顔で怒って**心で泣いて**大きな声を出す必要も無い。「南インドはとにかく人が良い」というのは、あの有名なナポレオンの辞書にも載っていたという噂があるという可能性がなきにしもあらずという世界共通の可能性がある認識だ。

とにかく、せっかくインドを旅して旅行記を書いているというのに、これまでのような揉《も》め事ばかりの内容では、本を読んでいる人のインドに対するイメージが悪くなってしまうではないか。旅行記なんて、読んだ人に「ああ、自分もこの国に行ってみたいなあ」と**思ってもらってなんぼ**なのである。見なさい、それが少なくとも今のところは**完全に逆効果になってしまっているではないですか。**

だからこそ、これからはオレ自身が南インドの旅を楽しんで、「僕も私もインドに行ってみたい！」とみんなに思ってもらえるような爽やかな紀行文を書きたいと思う。それがインドのためでもあるし、**オレのためでもある。**だってこのままインドに対して文句ばかりの内容でエピローグまで行ったら、オレが帰国後にまたインド旅行を企画してインド大使館を訪れても、**ビザの発給を拒否される恐れがあるから。**

ゴアの駅から電車に乗り、「マンマド」という中継駅まで来た。ここでしばらく待ち、バンガロール行きの長距離列車に乗り換えるのである。

このマンマド駅は、各路線の中継地点となるハブ駅のためにやたらとホームの数が多い。にもかかわらずチケットには「何番ホームから」みたいな記載はなく、なおかつ駅の方にも案内板のようなものもなく、**乗客をちゃんと目的地に運んでやろうという意識が全く感じられない駅**である。

仕方なく僕の電車は何番ホームに来るんですかと通りすがりのインド人に尋ねると一応みんな教えてはくれるのだが、だいたい**5人に聞くと10通りくらいの答えが返ってくる。**彼らは、何か尋ねられた時の対応としては正確さより**オリジナリティ重視**らしい。本当に見事にバラバラだ。ただ、悪徳商人と違って通りすがりの人々は善意で答えてくれているということはわかるので、**責められないのがまた辛い。**もしかするとインド人は「知らない」とか「わからない」と答えることをプライドが許さないのかもしれないが、でもやっぱり**ものすごく親身になって適当なことを教える**のはやめてほしいものである（涙）。

ヘイ！　カモンポーター！

ということで、この駅で正確な電車の発着場所を知るにはカモンポーターに頼るしかない。インドの駅にはどこにも大抵ポーターがおり、20ルピーほどと電車のチケットを渡せば荷物を持って該当の車両、指定席ならばその席まで連れて行ってくれるのである。

オレはポーターのユニフォームである赤いシャツを着たじいさんを呼び止め切符を見せ、座席まで案内してもらうことにした。

さて、じいさんはオレのチケットを見ながら、バックパックを担いで3番ホームまで行くとそこでどっかと荷物を下ろした。

「ヘイジャパニー！　ここにバンガロール行きの電車が入ってくるから、とりあえずじっといい子で待っているんだ」

「あれ、もう発車10分前なのにまだ来てないの？」

「ちょっと遅れているんだよ。いったんオレは他の客のところに行くけど、電車が来たらちゃんと戻って来て席まで連れて行ってやるから、**ノープロブレムだ**」

「ほんとでしょうね。信じていいんでしょうねおじいさん」

「オレを信じずに、誰を信じるんだ。……ボウズ、ここを動くなよ。アイルビーバック‼」

「きゃー！　かっこいい！」

じいさんはとりあえずここで待てと言い残して、空き時間でもうひと仕事するため人込みの中へ消えて行った。

バンガロール行き電車の発車時間は、10分後である。本来ならばもうとっくにホームに停車していてもいい頃だが、まああまり細かく考えるのはやめよう。**インドの鉄道と大作RPGの発売日は、遅れて当たり前なのである。**きっと大作RPGと同じくバンガロール行きの電車も、遅れることによって**完成度を高めている**のだろうから、多少の遅延は認めてあげるのがユーザーのマナーだろう。

ところが、今日のインド鉄道はいつもと違うのであった。なんと、**出発5分前にちゃんと電車がやって来た**のである。車両の表示板にちゃんと「デリー↑↓バンガロール」とあるデリー発バンガロール行きの列車が、奇跡的に時間通りに正確に、**線路を挟んで反対側の2番ホームに**滑り込んだ。

じじい……（ワナワナ）。

このやろお～全然場所が違うじゃね～かよ～～。　あっち側に移動するには、また荷物を全部持ち直してホームの端まで歩いて階段を上がって陸橋を通って階段を降りて2番ホームまで行かなきゃならんじゃないか。なんのためにオレはポーターを雇ったんだよ……。

歩きたくないぞ。だって、理不尽じゃないかこんなの。

オレは納得がいかなかったため、その場で動かずじいさんを待つことにした。そりゃあそうだろう！　だって、正しいホームの正しい車両の正しい座席まで荷物を運ぶのがポーターの仕事なんだ。じいさんは「電車が来たらアイルビーバック。ジャジャンジャンジャジャン（ターミネーターのテーマ）！」と言い残して去って行ったのだ。約束通りじいさんがオレの荷物を運ぶのがスジだろう。こんなところで泣き寝入りをしてはいかん。**NO！　泣き寝入り！**　このフレーズをインドを旅する日本人の合言葉にしよう。さあみなさんご一緒に。

NO！　泣き寝入り！

プオ～～～～～～～～ン（発車の汽笛）

おおいっ!!!　ちょっと待てっ!!!

ま、待ってくれ。そうだけど、たしかにもう予定発車時刻だけど、インドの電車なんだから遅れて当たり前じゃないか!! 乗り換えの多い中継駅なんだから、いつもなら10分や20分平気で停車してるじゃないかっ!! なんなんだその時間の正しさは!! **遅れろよっっ！**

おまえはインド鉄道なんだぞっ!! 身の程をわきまえろ!! 運転手は日本人かっ!!!

やばい。電車は張り切ってスタート姿勢を取り、今にも発車しそうである。これだけの荷物を持って陸橋まで行って上がって渡って下りるには、ダッシュでも3分はかかる。間に合わん。**くそ～、あのじじいめ～～～っ!! アホっ!! ボケっっ!! 非道老人!!! わーぎゃーーー!!**

こうなったら、もはや直線移動しかない。

オレはすかさずアクションスターに転職して線路に飛び降りると、ホームからバックパックを引き摺《ず》り下ろして背負い、その他の荷物を両手に抱えた。そのままレールの上を横切って、対面の車両へ。幸いなことに、こちら側もドアは開放されている。よし、なんとか間に合いそうだ……と入り口へ延びるハシゴに足をかけようとした瞬間、**いきなり電車が動き出した。**

くお――っ‼　待て！　行かせてたまるかっ‼　乗るんだっ‼　バンガロールへ行くんだ！　インドのシリコンバレーに行くんだっ‼　シリコン豊胸のママさんバレーがオレを待っているんだ‼　くらああ～～っ‼

オレはジワジワ逃げて行く電車のドアを追いかけ線路を走り、かろうじてハシゴを摑み足をかけた。そして、「神よ！　オレを好青年だと認めるならば、電車に乗せたまえ！」と叫びながら這い上がった。

……乗れたっ‼　うおっしゃ――――‼　なめんなっ‼　なめんなよこの結婚適齢期のオレを‼　もうオレは乗り遅れんぞっっ‼　電車にも結婚にもっ‼

やっとのことでオレは、入り口のドアを抜け車両内に突入することが出来た。それにしても……本当にあのポーターのじいさんは何だったんだ……。この駅のポーターは、客が電車に乗るのを**阻止するのが仕事か？**

とて～も面倒だが、こうなったら座席も自分で探さなければいけない。しょうがないなあ。今回は南インドに向けてリッチに寝台車を取ったから、こんな安っぽい車両じゃねえぜオレの席は‼

オレはずんずんずん座席の間を縫って移動し、寝台車の「A2」車両を目指した。いくつかの連結を越え長い距離を歩き、冷房まで効いて一気に金持ちの空気が漂っている、着いた、ここが遂にA2だ!!　37番！　オレのA2の37はどこだ!!　ご主人様が来てやったぞ!!!

おっとー。

あった。ここだな？

…………。

おばちゃんが寝ている……。

オレの指定席では、遠慮して縮こまるでもなく頭隠して尻を出すでもなく思いっきり体を伸ばして、インド人おばちゃんが我が物顔でグースカ寝ていた。**人の席を取っている罪悪感など一切感じさせない無邪気な寝顔で。**

まーまーお疲れのようでおばさん。なんだか気持ち良さそうに寝ていますね。どうしようかなあ、かわいそうだから、このままにしておいてあげようかなあ。

さて……。

「起きろゴラ────ッ!!!」

「わっ！　な、なにあんた？」

「おばさん、**ディス　イズ　マイシート。**今すぐあなた自分の席に戻ってください。さもないと、**僕はきっと自分の怒りの暴走を止めることができません……お願いだから今のうちに逃げて……!!　オレが笑っているうちに!!**」

「いきなり失礼な人だね!!　ここは私の席よ!!」

「ぬおお、威勢良く反撃しやがったな……。じゃあおばさん、チケット見せてよチケット。そんで、**交換にオレのこの光り輝く指定席チケットを見ろっ!!!　そしてこの座席についている番号と照らし合わせやがれっ!!!**」

　オレはおばさんからチケットをふんだくり、勝ち誇った態度で座席の数字を見た。……ほらっ！　あなたの席はここじゃなくて、A2の37じゃないか！　やっぱりここはオレの場所なんだよ!!　だってオレの席はA2の37なんだから!!!　**えええええっ??　あああれっ??**

　どういうこっちゃ……。

　オレとおばさんのチケットに書かれている指定席は、どちらも全く同じA2の37。なんなんだよいったい……。向かいに寝ていたこのおばさんの旦那さんも出てきて、やはり2枚のチケットを照らし合わせ確認するが番号は全く同じで首を捻る。

　うぬううう……。ダブルブッキングかよ……。

　ホテルや電車、飛行機などで、全く同じ部屋や席を2人に同時に割り振ってしまうことを、ダブルブッキングと呼ぶ。今までオレも何度か喰《く》らったことがあるが、ダブルブッキングの場合は、車掌に抗議してなんとかさせなければいけないのは**その席に後から来た方**という暗黙の了解がある。だから、今回はたとえ正しいチケットを持っていたとしても引かねばならないのはオレの方なのだ。

言葉も満足に喋れないのに……。くそ～、ちゃんと予備の席はあるんだろうな!! **車掌!! どこにいやがるっ!!**

とその時、まだ2枚のチケットを見比べていた旦那さんが、何かに気付いたかのごとく、オレに聞いた。

「あれ？ おまえ、バンガロールに行くのか？」

「そうですよ。見てよオレのこの顔を。ITって感じがするでしょう？ インテリでしょう？ 僕はマンマドからバンガロールまでの切符を買ったんですから。もしかして、おじさんとおばさんは次の駅で降りるの？ すぐ空くのこの席？」

すると彼は自分の額を手の平でピシャリと叩き、**最大限のアチャー!! という態度を示した。**

「おまえこの電車はバンガロール行きじゃなくて、**バンガロール発の、デリー行きだぞ？**」

「えっ」

…………………。

しばらく、時が止まった。

う……

うう…………

「うそだ！　そんなわけあるかっ!!　だって、オレはポーターに違うホームに連れて行かれたから、わざわざ自分で荷物を全部持って線路に飛び降りてなおかつ走り出した電車に飛び乗ったんだぞ!!　そこまでして必死で乗ったんだから、努力を認めてこの電車はバンガロールに行くに決まってるよ!!!」

「そこまでして違う電車に乗ったのかよおまえは……」

「いいや考えられへん。考えられへんね。あっ、車掌さん!!　すみません、この電車はどこ行きですかっ!!」

「なんだおまえ？　はい、チケットを見せなさい」

「はい、チケットを見せます」

「ユー、リッスン。**この電車はバンガロール行きじゃない。デリー行きだ。**このチケットではおまえはここにいることはできない。残念だな。すぐさま、**次の駅でゲットオフ!!**」

「ぴぎゃ〜っ（号泣）！　ぴぎゃ〜っ（号泣）!!」

なななななな、なんでやねん……。という前に、そうだ、まずは何よりも先に謝罪会見をせねば。

「おばさん！　そしておじさん！　すいません〜〜どうかお許しを〜〜この早とちりで惨めな無職の変態野郎をどうかお許しくださいませ〜〜（号泣）」

「いいのよいいのよ。気にしないで」

「僕はバカです。この、バカバカ（頭をポカポカ）!!　バカバカバカバカ（尖《とが》った岩で頭を殴打）!!」

「そんなに自分を責めるなって。アンラッキーだったたな。まあ次の駅からマンマドに引き返して、それで明日にでもバンガロールに向かうといいさ」

「はあいいいいい（号泣）」

そうだ……次の駅で……。

そういえば、肝心のバンガロール行きの電車は、発車時間にもかかわらずさっきはまだ来ていなかった。ということは、遅れているということではないか。すぐさま次の駅で降りてマンマドまで引き返せば、まだ間に合うかもしれない!!　次の駅は、次の駅はどこっ⁉

「車掌さん!!　すみません、次の駅への到着まであと何分くらいですかっ⁉」

「そうだな。次はジャルガオンの駅だから、だいたいあと3時間くらいだな」

「やった──！　それならまだ間に合うかも！　たったの3時間なら！　**って3時間かよっ!!!　隣の駅まで3時間!!　戻って往復6時間（号泣）!!**」

…………。

それからオレが**目的地と真逆の方向へ向かう3時間**をどういう気持ちで過ごしたか、もう今となっては**記憶には無い。**しかし、なにしろオレは真っ白な頭におじさんと車掌の指示を詰め込み、3時間後にジャルガオンの駅で下車し、**また3時間かけてマンマドまで引き返すため（無駄な気力と体力を使い無意味な時間を過ごすため）に、オレは電車を待った。**

ジャルガオンで折り返しの電車を待つ。夕闇が……。思い巡らして欲しい。**下の写真を撮っている、画《え》の手前にいるオレがこの時どんな気持ちなのかを（涙）。**

そしてオレは逆方向から来た電車に乗り、呑気に3時間ガタガタ揺られ、再び中継地点のマンマド駅へ戻った。1日が終わり、**6時間ほど電車に乗っていたにもかかわらず今朝と全く同じ駅へ（号泣）**。本来乗るはずだったバンガロール行きの電車は、とっくに影も形もなくなっていた。そりゃそうだ。

ああ、なんて意味の無いことに時を使ってしまったんだオレは……。なんのための6時間だったんだ。オレがこんな無駄な時間を過ごしている間にも、ちゃんと宇宙は律儀に光の速さで

膨張し、この6時間で宇宙の果ては65億キロほども遠くに行ってしまったというのに。

マンマドの駅でふと周りを見ると、「アイルビーバック」で有名なさっきのポーターのじいさんの姿が見えたので、オレは**必死で隠れた。**おじいさん、どうか僕のことは忘れてください。


その夜はガイドブックにも載らぬマンマドの町で手探りで宿を取り、屈辱の夜を過ごしたのである。

そして、オレは思った。もしかしてこの一連の出来事は、**「南ではなく北へ行け」という神からの啓示なのではないだろうか。**「このまま南へ進んだら好青年とは認めてやらんぞ」という神の通達ではないのだろうか？

そして、心身ともに疲れきり、もはや今痴漢の冤罪《えんざい》で捕まったとしても適当に自白してしまうだろうと思うくらい全てがどうでもよくなっていたオレは、**血迷った。**もう、ヤケだぜ……。

そして、翌日、**デリー行きのチケット**を買ったオレは、自らの意思で、もう一度デリー行きの電車に乗った。

そしてさらに翌日……、オレは3年ぶりのデリーの地に立っていたのであった。

少林足球

8. デルリ3年越しの戦い

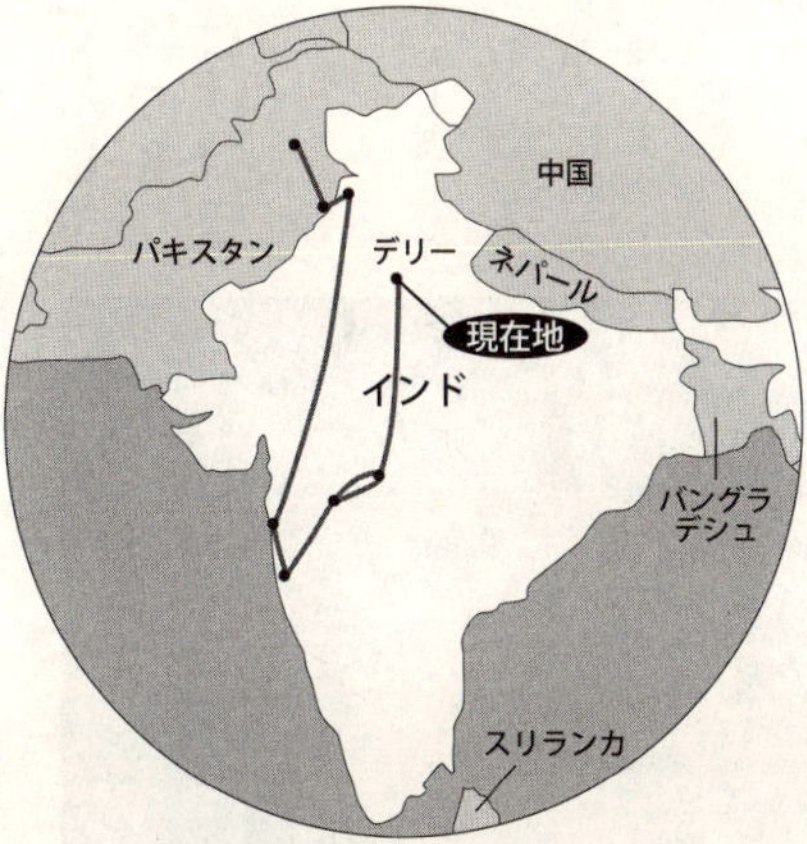

きちゃった……

デリーにきちゃった……。

この牛がっ‼　タラタラ歩いてんじゃねえよ‼　邪魔なんだよおまえはっ‼　今オレは気が立ってるんだ！　どけコラっ‼　バチーン!!!

いや、だってね、せっかく夢のぷるんぷるん王国・シリコンバレーへの南下に向けてわざわざエアコン寝台の高額チケットを取ったんだよ？　それが一度紙クズになった後に、また全く同じのを大金出して買うってすげーアホらしくない？　もうこっちとしてはさあ、何でオレがそこまでしてバンガロールに行ってやらなきゃいけないんだって感じなのよ。バンガロールって全体的にファストフードみたいな名前のくせにさあ。

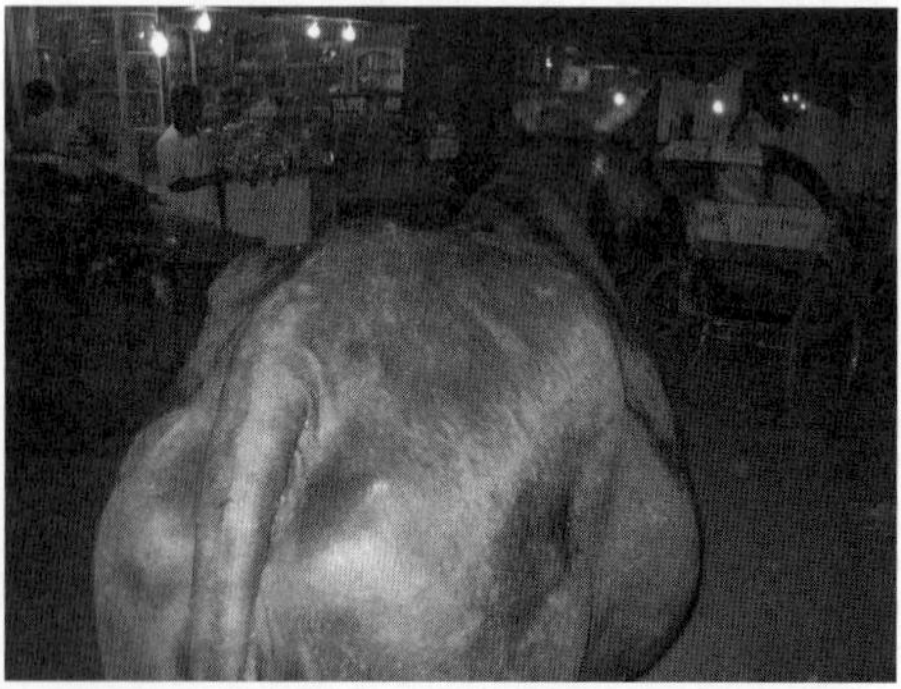

かくなる上は、もうジタバタしても仕方が無い。こうなったら、もう北インドと心中する覚悟で旅を続けるしかないのだ。……いや違う、旅を続けるとしても、**北インドと心中なんてまっぴらゴメンだっ!! 冗談じゃない!! 死ぬならば北インドだけ死ねっっ!!! オレは生きるっっ!!**

電車を降りたオレはバックパックを担ぎニューデリー駅前の商店街・メインバザールをしばらく歩いたのだが、ここにも相変わらずそこかしこにノラ犬とノラ牛が我が物顔で闊歩《かっぽ》している。**カッポカッポと闊歩している。**

だからさあ、牛がノラってのはおかしいだろうよ〜。そういえば、ゴアなんかはビーチにも電車の駅にも牛がいたよな。つまり、インドでは**牛が電車に乗ってビーチにバカンスに行っている**ってことだろ？　いくら神聖な動物だからって、ちょっと牛を甘やかし過ぎじゃないか？

もうだいぶ遅い時間だったため、この日はすぐに宿にチェックイン。1部屋にベッドが幾つも並んでいる「ドミトリー」と呼ばれるタイプの部屋だ。日本人宿として有名なところのため、同室の旅行者は全員日本人である。

その夜は、ルームメイトたちとそれぞれのインドに対する感想を述べ合うことにより、部屋の中に**ものすごい一体感**が生まれた。具体的にどういう感想が出たか、はたして悪口で盛り上がったのか、それとも逆に良い感想ばかりで盛り上がったのか、その答えは**ここでは書かない**。それはみなさんの想像にお任せしたい。ただ、オレたちがこの日強く感じたのは、**敵の敵は味方なんだなあということである。**

さて。

翌日はいよいよ、デリーの町に繰り出さねばならない。出来れば部屋の中だけでずっと過ごしたいが、旅行者がデリーに来たらとりあえず出歩いて**嫌な思いをしなければならない**というのはある意味**国際的なルール**である。

ましてや、オレは電車に乗り間違えたのがきっかけとはいえ、最終的には自らデリーに来たのだ。自分の意思でデリーに来ておきながら「嫌な思いはしたくない」などと言い張るのは、宮本武蔵が決闘の日に巌流島まで来てから「ねえ、やっぱりスポーツチャンバラにしない？　あとさ、**顔面は無しにしようよ」と佐々木小次郎に訴えるようなものだ。**

ではまず第一に、ニューデリー駅へ電車のチケットの手配に行こう。次の移動手段は早めに確保しておくに越したことはないからな。

ところでニューデリー駅の建物の2階には外国人専用のチケット売り場があるのだが、そこに辿り着くまでがなんとも一苦労なのだ。というのも、外国人の集まる首都であるここデリーには悪徳旅行会社が乱立しており、その旅行会社からお駄賃を貰っているリキシャドライバーや悪い一般人が、あの手この手で旅行者を**チケット売り場に行かせまい**としているのである（おい）。

旅行者の立場としては、旅行会社にチケットの手配を頼めば駅で並んで待つ必要はなくなるが、もちろん料金は上乗せされる。オレなんかは別に急いでもいないので直接駅の売り場に行こうとするのだが、手数料をゲットしたい旅行会社とその仲間たちは**売り場に向かう外国人を無理やり捕まえ、なんとかして近くの会社に連れ込もうと必死になっている**のだ。なぜオレがそれを知っているかというと、まさに前回の旅でオレはその被害に遭っているのである。「テロがあって駅はクローズだ！　旅行会社に行け！」などと言われ、そのまま旅行会社に連行されてしまうという……。

もちろん、彼らが頻繁に使う「テロの影響で駅はクローズだ！」などというコメントは、「世界で一番君を幸せにする！」というプロポーズの言葉と同じで**100パーセントウソ**である。本当にテロが起きて駅が封鎖されるような状態になったら、近くの旅行会社だって営業していられるわけがないのだ。ちなみに「世界で一番幸せにする」がなぜウソかというのは……、**そりゃそうでしょ。**だって、70億人も人間がいる中で本当に世界一幸せになんてなれるわけが無いんだから。誠実な人間だということをアピールしたかったら、そんな夢みたいなことを言っていないで**「世界で8億3352万6464番目くらいに幸せにする！」**と**正直で現実的なプロポーズ**をするべきである。

でもまあ、あれから何年も経っていることだし、デリーとはいえなにげに市民に道徳が行き渡って真面目な街になっているかもしれないな。もしかしたら取り越し苦労なのかも。

じゃあとりあえず、駅に行くためにサイクルリキシャを捕まえよう。

「ヘイ！　そこゆく若いリキシャドライバー！」

「おーしおーし！　よくオレを呼び止めた。乗れ乗れ旅人よ」

「ニューデリー駅までお願いしたいんだけど、いくら？」

「OK。それじゃあ……、50ルピーで行ってやるよ！」

「たかっ‼　どう考えても10ルピーの距離でしょうがよっ‼　外国人だと思ってふっかけてんじゃねえぞっ‼」

「あ〜っはっは。相場を知っているなんて、なかなかやるなおまえも。わかったよ。じゃあ……、**45ルピーでどうだ？**」

〜〜中略（長い長い料金交渉）〜〜

「もういいっ‼　もうあんたには頼まんっ‼!　他のリキシャを探すっ‼!　バイバイ‼」

「ヘイヘイ！　どこ行くんだ！　わかったって！　10ルピーでいいから乗れよ‼」

「……おまえさあ、そんならさあ、**最初っから10ルピーで応じろよっ‼!**　ああまた無駄な時間を使っちまった……今の時間歩いてりゃもう駅に着いてるんじゃねえかおい……」

やっとのことで交渉をまとめ乗車を果たすと、にいさんの漕ぐ三輪リキシャはキュコキュコという恥ずかしい効果音を出して、通行人と牛と犬を撥《は》ね飛ばしながらメインバザールを進んで行った。

一応おさらいをしておくと、この「サイクルリキシャ」というのは3輪自転車の後部を座席に改造したタクシー代わりの乗り物だ。これがガソリンで走るオート三輪になると「オートリキシャ」となり、やや運賃は高くなる。サイクルにしろオートにしろ料金交渉は乗車前に行うのだが、特に北インドでは交渉時からものすごい確率でふっかけてくる上に、たとえ苦難を乗り越え交渉成立しても結局ほとんどの場合は**下車時にもう一度ふっかけてくる。**ガソリン代だ何だとしょーもない理由をつけて。

なおかつ、これが最もやっかいなことなのだが、彼らは「客を1人連れて行くといくら」

という形で旅行会社や土産物屋と提携を結んでいるので、ちゃんと交渉をしてから乗っても油断をするとすぐに**目的と全然違う場所**（つまり旅行会社や土産物屋）に行ってしまうのだ。下手をすると、リキシャに乗っても2回に1回は「くそ、歩いた方が早かった……」と後悔することになるという、わけのわからない乗り物なのである。

とはいえ、なかなか地元の市バスなどを乗りこなすのは難しいので、使わざるを得ないそれがリキシャ。それが人生。

ペダルを漕ぎながら、運転手が馴《な》れ馴れしく話しかけてくる。

「なあ、おまえ駅まで何しに行くんだ？」

「ちょっと駅に知り合いがいるものだから。フレンドに会いに行くんだよ」

「ノー！　それは違うな。だっておまえは旅行者だから、駅にフレンドがいるわけないんだ。そして荷物も持っていないから、電車に乗るわけでもない。ということは、**電車のチケットを買いに行くんだな？**」

「うわー、びっくりした！　すごい推理力！　シャーロックホームズかと思った！」

「でも残念だな、本日ニューデリー駅はクローズしてるんだよ」

「なんの因果で？」

「テロだ！　**テロリズムだ!!**　だから、今日に限り電車のチケットは旅行会社で代わりに扱っているんだ」

「そうなの？　知らなかった‼」

「ノープロブレム。このまま旅行会社まで行ってやるから安心しろ！」

「いやーん。旅行会社嫌い。行っちゃいやん。そんなところに」

「ノープロブレム！　エブリワンが今日はそこでチケットを買っているんだから」

「どうして？」

「駅がクローズしてるから」

「ウソつけっ‼」

「ウソじゃない。真実を語ってるんだ‼」

「じゃあ駅まで行ってオレの目で閉まってることを確認させてよ。本当にクローズしてたら、旅行会社でもコスプレ居酒屋でも喜んで行ってあげるよ」

「わかったよ。じゃあ駅前を通って旅行会社に行くから、その時に確認すればいいさ」

……はあ。

なんなんだこの**偉大なるマンネリ**は。もう水戸黄門レベルで行動に変化の無い奴だなああんたらはっ。

そのままメインバザールを直進しニューデリー駅前に出ると、やはり駅は多国籍な乗客で

ものすごく賑《にぎ》わっている。クローズどころか、**だんじり祭りでも行われているのではないかと思うような大賑わいだ。**だが、なぜかリキシャにいさんはそのまま駅を素通りしながら、自信満々でオレを振り返って言った。

「ほらみろ。やっぱり駅はクローズしてるだろう！　じゃあこのまま旅行会社に行くからな！」

「いやいやいやいやいや!!!　どこをどう見たらクローズなんだよっ!!!　1500パーセントオープンしてるだろうが!!!」

「ノーノー！　人はいるけど、**駅的にはクローズしてるんだ！**」

「このアホっ！　おまえはアホだっ!!　おまえの前世は馬だ!!　その前は鹿だ!!!　じゃあな!!」

「オイ!!　どこ行くんだよ!!」

オレはすかさず運転手に10ルピーを投げつけてヒラリとリキシャから飛び降りると、そのままだんじり祭りの渋滞の中を歩いて駅へ向かった。

いったい、どういう精神構造があったらオープン全開なこの駅を見て「ほら、閉まっているだろう？」と言い切れるんだ。**「あ、本当だ！　クローズしているね」とオレが言う可能性が1％でもあると思ったのだろうか？**　いくらなんでも無鉄砲過ぎる。もしそこらへんのノラ牛が副業としてリキシャドライバーをやっていたとしても、ここを通って「ほら、閉まっているだろう？」とは**さすがに無理があり過ぎて言うことをためらうだろう。**

……まあ深く考えるのはやめよう。人を好きになるのと、インド人の行動に**理由なんて無いのさ。**

さて、以前も来たことがあるので外国人用チケット売り場の場所はわかっている。駅の外側にある階段を上がって2階だ。しかしオレが歩き出すと、なぜかさっきのドライバーが後ろからついて来て、オレではなく**そのへんにいるインド人に、何かヒンディー語で合図をしている。**

そうこうしているうちにもオレが階段めがけて進んで行くと、ドライバーの合図を受けた見知らぬインド人Ａが登場し、なぜか道案内を買って出てくれた。

「ハロー。外国人チケット売り場に行くんだろう？　こっちだ！」

「いや、案内はありがたいんですけど、場所知ってるんで大丈夫です」

「いいからいいから。ノープロブレムだ！」

「なんに対してのノープロブレムなんだよっ!!!　会話が一切噛み合ってないのが既にプロブレムだろうがっ!!!」

「ほら、この係の人にチケットを見せて」

「え？　なに？」

Ａと一緒に階段を上ろうとした時、階段中央に体格のいいオヤジが立ちふさがり、「ショーミーチケット！」とこれからチケット売り場に行こうとするオレに対しチケットを見せるよう要求してきた。なんだなんだ。

オレはそのオヤジと、インド人Ａに言った。

「ショーミーと言われても、そのチケットを今から買いに行くんだから持ってるわけ無いでしょ」

「なんだおまえ持ってないのか？　このオヤジさんにチケットを見せないと、ここから上には行けないんだぞ」

「この人誰よ。このオヤジはなにもの？　いやがらせ？」

「だから彼は駅のスタッフなんだって！　ほら、チケットが無いと通してくれないぞ。仕方ないなあ。じゃあ売っているところに連れて行ってやるから、こっちに来て、このリキシャに乗って。行き先は伝えといてやったから」

「はーい。わざわざありがとう。このサイクルリキシャでいいの？　あら偶然！　さっき僕が乗って来たリキシャドライバーさんじゃないですか！　それじゃあ悪いんだけど、旅行会社までよろしくね！　**ってノリツッコミがやり易いんだよっ!!!　おまえら**

の行動は教科書通りかっっ!!!　このインド人A!!　リキシャに乗りたいなら、おまえが乗ってセントビンセントおよびグレナディーン諸島にでも運んでもらえっ!!!　もうあんたはいらん!!　オレは1人で階段を駆け上がるからなっ!!　おりゃ〜〜〜〜〜〜っっ!!!」

ばい〜〜〜〜ん

「ひえ〜〜〜〜〜〜〜〜っ」

階段に向かってダッシュしたオレは、**ニセスタッフのおっさんのたくましい胸筋におもいっきり撥ね返された。**

「ヘイ！　ショーミーチケット!!」

くっそ〜〜〜、強行突破は無理か。適材適所に人員を配置してやがるな……。

まだまだ諦めないインド人Aも再び攻勢に転じてやって来た。

「おい、おまえオレを信じてないのか!?　それなら、**たまたま偶然に通りかかった通行人のインド人Bさんに聞いてみてやるよ。**たまたまの人なら信用出来るだろう。エクスキューズミー通行人さん！」

「ホワット？　なんだい？」

「この日本人がチケット売り場に行きたいって言うんだけど。どこに行けばチケットを手に入れられる？」

「ああそれなら、リキシャに乗って旅行会社まで行けばいいんだよ」

「サンキュー通行人さん」

「ユーアーウェルカム！」

「ほら、聞いたか今の？　たまたま偶然に通りかかった通行人のインド人Bさんも、あのように言っているだろう？」

「聞いた聞いた。**なぜかインド人同士のあんたらが公用語のヒンディー語じゃなくてお互いハッキリとわかり易い英語で喋ってるのを聞いた**」

「何でもケチつける奴だなおまえは……」

「あっ、じゃあ念のために、**あそこにいる白人の旅行者にチケット売り場の場所を聞いてみるから。**ちょっと通してね！」

「ダメだっ!!」

「ヘイヘイ!!」

ばい〰〰〰ん

少し先にいた白人旅行者に頼ろうと今度は階段と逆方向に駆け出したオレは、今度は**立ちふさがったインド人Aとインド人Bによって撥ね返された。**いたい……（涙）。

…………………。

なんでたまたま偶然通りかかった通行人のインド人Bがオレの邪魔をしてるんだよっ!!!　おいっ、通行人!!　Aとは初対面のくせにその息の合ったブロックはなんなんだっ!!!　出てきて10秒で化けの皮がはがれてるんだよおまえらっ!!!　この劇団ニューデリーが!!!

……そして。

オレはすねた。「もういいよ……もうチケットなんていらないよ……。もう帰る」と卑屈になり、すごすごと帰りつつ大回りしてまた駅の方向に走り、もうひとつの階段を上がった。ニューデリー駅の２階に繋《つな》がっているのは、外側の階段の他に少し遠回りして駅構内からの階段もあるのだ。残念ながら、3年前に知ってしまったんだ。

その階段には、もちろん係のおっさんはいなかった。

……結果、写真のように当然外国人用チケット売り場は普通に営業しておりました。

しかし今回の敵グループの寸劇は、ある意味見ごたえのあるものではあった。3年前に来た時はただ「クローズしてる」の一点張りだったが、今回はスタッフ役と**通行人役**まで登場し、「スタッフにチケット見せろ」↓「無いなら別の売り場に連れて行ってやろう」↓「疑いを晴らすために通行人にも聞いてやろう」とかなり手が込んでいる。3年間で道徳観念は一切高まっていないが、**劇団として見れば彼らはいく**

らかの成長はしているらしい。

もしまた3年後にここに来たら、今度は**主演女優まで登場し、**旅行者を外国人チケット売り場に行かせないために**ボリウッド映画なみの壮大なドラマ仕立てのストーリー**が見られるのではないだろうか。きっと途中で**意味不明なダンスシーン**も入り、その時には演者全員で突然踊り出すに違いない。もしそうならばまた3年後に来てぜひ見てみたいが、**そのドラマの感動のフィナーレとともに、やはりオレは普通に2階に上がり外国人チケット売り場に行くだろう。**

ああ、アホらし。

9. デルリ定例ぼったくりツアー

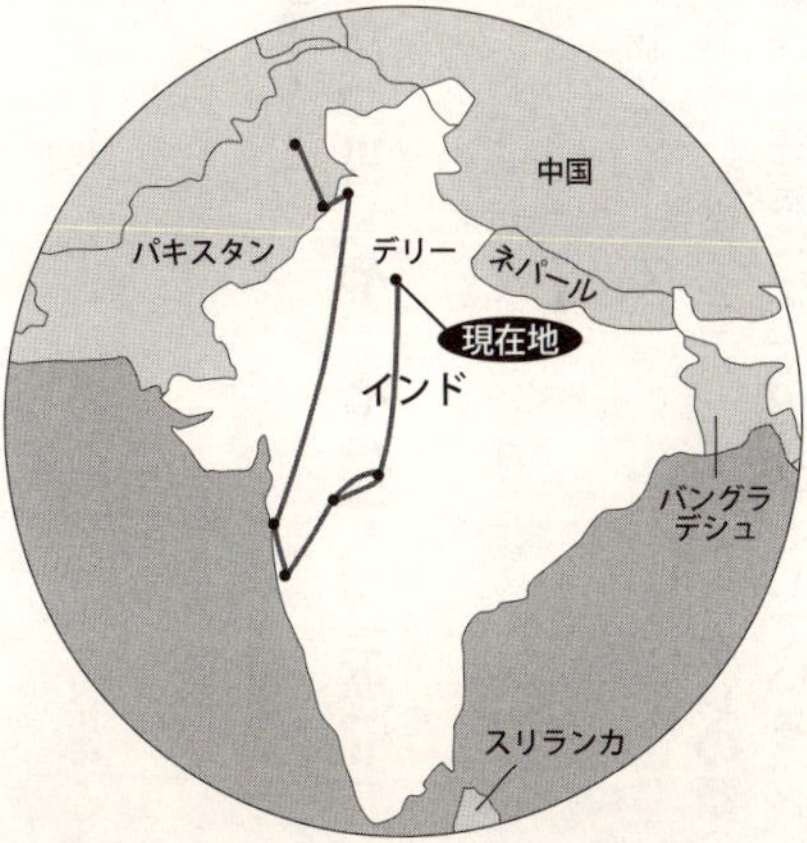

チケット売り場から一度宿に戻り、イライラを鎮めるためしばらく般若心経を唱え写経をしてから、またろくなことが起こらないだろう午後に向けてソイヤー!!　と気合を入れて部屋から出た。

宿の入り口から威勢良くメインバザールに飛び出た瞬間、すぐ右側の地面に何か**大きな黒い物体が転がっている**のが視界に入った。

なんだかそれは、もぞもぞと動いている。

「アゴアア〜〜オウオウアアア〜〜マネ〜〜〜」

「うおおおおっ!!!　びっくりしたっ!!!　や、やめてっ(涙)!!　助けて〜〜っ(号泣)!!!」

「オオオオ〜〜〜ン」　ズル……ズル……(その物体が呻《うめ》きながらほふく前進で近づいてくる音)

何かと思えばそれはバザールを這いながら物乞いをしている、ボロキレを巻いた半裸の男性であった。腰の角度が斜め後方に信じられない角度で曲がっており、**オレの頭の中の「人間とはこういう形である」という定義から完全にはみ出た姿をしている。**

とりあえずかわいそうとか思う前、心を痛める前にオレは**驚いて心拍数が４００まで上がった。**なにしろ、視界の中の人間がいるはずが無い位置に真っ黒い人がいて、しかもその人が人として認識出来ないような、見たことのない形をしているのだ。ちなみに、かわいそうだと思い始めたのは**2時間くらい後から**である。正直、少なくとも本人を見ている間は**「うわー！　なんだーっ‼　おおーーっ‼」**とパニクっていただけで、同情する心の余裕は生まれなかった。

ただし同情でも驚きでも、何か強く心を動かされた時に人は金を払うようで、彼が持っている空き缶にはなんと紙幣も含めて相当な金額が入っていた。

この国では、不幸にして彼のような人でも自分で金を稼ぎ、自力で日々を過ごさなければならないようだ。このような人に対して「不幸だ」とか「かわいそうだ」とかいう感情を持つと、時々**「そう思うこと自体が差別なんだ！　上から目線なんだ！」**と叱られてしまうことがあるが、はっきり言ってあの物乞いの人を1日ずつ生かしているものは、その目線以外の何物でもないのである。なんだか、生きる意味について考えさせられるよな……。

とりあえず先を行こう。午後はデリーでは数少ないイスラム教徒のための巨大モスク、「ジャマーマスジット」の観光をするのだ。

ユッサユッサ。ユッサユッサ。

……ん？　なんだ？　ユッサユッサって今度は何が歩く効果音？　いまどき並みの大きさの生物じゃあユッサユッサとは言わないよ？　そんじょそこらのメタボリックな人でも言わないよ？　なに？　**おおおおおっっっ!!!**

なんとなく大きい物がやって来るような重厚な音に振り向くと、オレのすぐ後ろに**象がいた。**

ちょっと待てよ……。象を労働力に使うのは自由だけどさあ、でも普通そういうのは**首都以外**でやるべきだろう？　もっと象がいても違和感がなさそうなところあるだろう！　**アルナーチャル・プラデーシュ州とかそんな名前のとこ!!**　首都は首都らしく、運搬には**メカニックな感じがするもの**を使わんかっ!!!

しかし、この辺にも座って物乞いをしている人とか道端で寝ているおじいさんとかがいるけど、この人たち象に踏まれるんじゃないか？　さすがに危ないからちゃんと「象進入禁止」とか「象一方通行」とか、象用の標識を作った方がいいと思うけどな……。

さて、じゃあ気を取り直して観光地のジャマーマスジットまで……、デリーの**走る振り込め詐欺、オートリキシャで行くか……。**

タイミング良く、ちょうどその時1台のオートリキシャがオレの隣に停車した。運転手の口ヒゲのおっさんから、人懐っこい笑顔で「ヘーイ！　どこへ行くんだマイフレンド！」と声がかかる。

うわあ凄い親切〜〜。まさにオレが「リキシャに乗りたいなあ」と思った瞬間にわざわざ隣に来て声をかけてくれるなんて。もしかしておじさん、**困っている人を見かけたら手を差し伸べずにいられないタイプでしょう？**　いかにも「いい人」ってオーラが全身から出てるもん。なんか話し方もすごい爽やかだしさ。もしかして、その一声にレモン5個分のビタミンCが含まれているんじゃないですか？

これはもう渡りに船ということで、「オンリー10ルピーで行ってやるぜ」というおじさんの素敵な言葉に甘えて、モスクまで連れて行ってもらうことにした。いやあ、ついてるなあ。誰もが旅行者を騙そうとしているこの裏切りと破壊と絶望と災禍と殺戮《さつりく》の町デリーで、**奇跡的にこんなに良いドライバーさんに見つけてもらえたなんて。**ああ良かった。本当に良かった。

乗車するとすぐにリキシャは走り出した。このまま無事に目的地に着けたなら、オレはここまでの旅で失っていた人を信じる心を、遂にこの胸に取り戻すことが出来るような気がする。やっと出会えた、この親切なリキシャドライバーさんのおかげで……。

〜10分後、デリー市内の宝石店にて〜


「…………」

「あなた日本人？　一人で旅行してるの？」

「ええ、まあ……」

「そう。故郷にガールフレンドはいるの？」

「ああいるさ。それはそれはａ ｌｏｔ ｏｆ ガールフレンドがいるさ」

「すごいわ！　どんな女の子なの？」

「どんなって言われても……。ええと、お相手は一般の方なので、公表は控えさせていただきたいと思います」

「まあいいけど、彼女たちのお土産にアクセサリーを色々と買って行くといいわ！」

「**すいません本当は彼女いないんです（涙）**。まあ空想の中では自分の知っている美人という美人全員とバラエティに富んだお付き合いを繰り広げていますけど……。でも彼女たちにはどんな高いものでもプレゼントし放題なんですよ。所詮空想だから」

「オー！　ガールフレンドいないの？　バット、ユーアーベリーハンサム！　私は出来ないわ理解をあなたがガールフレンドを持っていないということについて！」

「今日ここで生まれて初めて出会って、今後二度と会うことが無いだろうあなたに理解されなくても別にいいです」

「あなたは少し口が悪いわね。日本人はいつも礼儀正しくて素敵なスマイルで、とってもたくさん宝石を買って行ってくれるのよ？　あなたも、せっかく来たんだから彼女じゃなくて自分のためにも色々買って行くといいわ。どういう宝石が好きなの？」

「いやあのー、僕はモスク見学に行きたかったんですけど……」

「今日はジャマーマスジットはクローズしてるのよ。フェスティバルだから」

「ウソつけっ!!!　今までインド人にクローズと言われて本当にクローズしてたためしが無いわっ!!!　というかそもそも、**なんでオレは宝石屋にいるんだよっっ!!!　誰が連れてけと頼んだんだっっ!!!」**

「まあまあ落ち着いて」

「オレは宝石なんていらないんだ」

「こっちのケースの商品だったらどれも安いわよ。この中だったら、どの宝石がお気に入り？」

「あのね、値段の問題じゃないのよ。オレは宝石自体になんら興味が無いって言ってるのよ。**だって僕自身が宝石のように輝いているから」**

「決してそんなことないけど、それじゃあ自分用じゃなくても、家族にでもいいのよ。それに、日本では絶対にこの値段では買えないのよ？　あっ、ボス！」

……その時、宝石屋の奥から満を持して登場したのは、店員のねーちゃんがボスと呼ぶのでそのまま表現して**宝石屋のボス**だ。やや太め、たくさん食べてそうな体にりりしいヒゲ。**生き物図鑑に「がめついインド人」という種類の生物を掲載するとしたら、標本として採用されそうな典型的なインド商人の姿である。**

「ハローフレンド！　せっかく来たんだ。ゆっくりして行ってくれよ」

「いや、ゆっくりどころかアズスーンアズポシブルつまり出来るだけ早く帰りたいんですけど」

「まあそう言わずに。おいおまえたち、彼は日本人か？」↑店員のねーちゃんに対して。**なぜか英語**

「イエッサーボス。彼は今、日本のガールフレンドにプレゼントする宝石を探しているんです」

「オーケー！　ジャパニーズはオレが一番好きな人種なんだ。たくさん日本人の知り合いがいてな」

「あら、そうなんですかボス？」

「よし。**ギブ　ヒム、ビッグディスカウント‼**」

「**ノー！**　ボス、**これ以上ディスカウントできません！**　イットイズ、ノープロフィット（利益がでませんわ）‼」

「言ったろう？　**アイライクジャパニーズ‼　モアーディスカウント‼**」

「ふう。わかりました。……仕方ないわねえ（『やれやれ』的な笑い）。ボスがここまで言うから、更にここにある全部の宝石を、もう1割引にしてあげるわ」

「やったー！　うれしー‼」

「じゃあ、どれを買って行く？」

「そうですねえ、せっかくボスのおかげで1割引になったんだから、この機を逃さずどれにしようかなあ。**って別になんのお得感も感じないんじゃボケっ‼　わざとらしい寸劇しやがってこの小規模劇団員どもっ‼　そろそろオレは帰るぞ‼**」

「**ウェイト‼　待ちなさい！　じゃあ2割引でどうよ‼　ステイヒアー‼**」

「**客に命令をするなっ‼　ここはいったいどこなんだよっ‼　なんでここにいるんだよオレはっ（涙）‼**」

「**知らないわよこの貧乏人！　もういいわよ！　帰りたきゃさっさ**

と帰れこのド変態のニート男‼」

…………。

最後の台詞《せりふ》は相手が何を言ったかわからなかったので適当に**捏造《ねつぞう》して書いてしまったが（そんなことはこの本では頻繁にあります）**、でも多分ニートとか変態とかふにゃチンとか、そういうひどいことを言われてたと思う。そんな顔してたもんあの店員。……言ってくがなあ、オレはニートじゃないぞ。オレはニートなんかじゃなくて、**家事手伝いなんだっ‼**　※ほぼ同じです

ということでオレは宝石屋を出ると、湧きいずる怒りを体で表現しいかり肩になってリキシャ運転手のおっさんに迫った。

「モスクに〜オレはモスクに行ってくれと頼みそしてたしかにあなたは『オーケーわかったぜ』と言ったのに〜〜♪……この歌は、**惨劇の歌だ。オレに、この歌を最後まで歌わせる気か？　その時どんな恐ろしいことが起こっても受け入れる覚悟があんたにはあるのか？**」

「ソーリーソーリー！　悪かったよ！　最近デリーも景気が悪いものだから、つい出来心でスモールマネーを得るために来てしまったんだ。次はちゃんとジャマーマスジットに行く。

だから乗れよ」

くそ〜〜〜。やはりリキシャの運転手なんかに心を許したのが間違いだった……。「向こうから声をかけてくるリキシャドライバーと、『ごめーん、また今度誘ってね！』という女性の断り文句は信用してはならない」という**鉄の掟**《おきて》をついうっかり忘れていた。もはや、「声をかけてきたオートリキシャに乗ると絶対に目的地に着かない」というのは、**1＋1が2になるのと同じくらいの確実性**な気がしてきた。オートリキシャより**暴れ馬を乗りこなす方が**随分簡単に思えてくるぞ。このならず者め〜〜。

「本当に今度はちゃんとジャマーマスジットに行くな⁉　絶対だな‼」

「ああわかったって」

「ほんと疲れるな毎日毎日……。よし、じゃあ行ってくれ！　今度こそ頼んだぜ！」

「まかせろそして信用しろオレを！　**ホールドオン！**　行くぞ！」

「よっしゃ！　行け行け〜っ！」

〜10分後、デリー市内の旅行会社にて〜

「そうか、インドを1人で旅してるなんて感心な奴だな」

「はあ。なんというか、別に僕は旅行会社に用事はなーんにも無いんですけど……」

「まあ待てよ。ジャイプルに行くんだろ？　うちなら運転手とガイドつきで3万ルピーで手配してやるぞ？」

「何度も申し上げている通りなんですが、僕は一応バックパッカースタイルなのでガイドはいりませんし、移動もトレインやバスなどの公共交通機関を……」

「**デンジャラス‼**　お〜まえはなん〜て無謀な奴なんだ！　この危険極まりないインドで電車に乗ろうとしているとは‼　死にたいのか‼」

「死にたくないです！」

「ではツアーを組んであげよう」

「**ツアーか死ぬかどっちかしか無いんですかっっ‼!　生きながらツアーも組みたくない‼　特にインドの旅行会社では‼　とりわけこの会社では‼**」

「ヘイヘイ、何言ってるんだ！　うちはガバメント（政府）直営のカンパニーなんだぞ？　信用できないわけがないじゃあないか」

「そんなこと言われても知らん。ガバメント直営という、なんか証拠はあるのかい？　ちゃんと政府直営を証明出来るのかい？」

「もちろん証明出来るさ！　きちっとガバメントから認可を受けないと直営を名乗ったり

出来ないんだぞ。だから、心配いらない。うちを信用するべきだ。ユーハフトゥー、トラストアス。いいか、観光場所まで車で移動出来るだけでなく、ドライバー以外にもう1人ガイドがつくんだぞ？　それで3万ルピーなら、文句のつけようが無いだろう」

「証明をしろよっ!!!　まず直営の証明を!!!　証拠はあるのかという質問に対して『あるぞ！』と言ったら、その証拠を見せるだろうが普通!!　なんで『あるぞ！』と答えただけで完結させようとしてるんだよあんたはっ!!」

「何を興奮しているんだおまえは。不必要な興奮を」

「もう一度聞きますが、本当にここはガバメント直営店なんですか？　ニセモノじゃないんですか？　証明出来ますか？」

「イエス！　本物だ。アイプロミス。だから、おまえは安心してうちでこのリーズナブルなツアーに申し込むべきであって……」

「**ちょちょちょ、ちょっと待ってよ。**あのね、あなたがただ『ガバメント直営だ！』って言い張るだけじゃ、全然証明になってないのよ。これ常識ね。インド以外の世界の常識。でもオレが今いるのはインド。じゃあ別にいいのか……」

「わかったわかった。それじゃ、おまえがしつこいから納得出来るような証拠を見せてやろう。ちょっと2階に来てみろよ」

「なんだよ。何を見せるんだよ。警戒するよ僕は？」

よくわからないが自信を持ってツアー斡旋《あっせん》オヤジは階段を上がって行くので、オレもいつでも叫び声をあげて男の人を呼べるように準備しながら、慎重について行った。しかし、特に2階には誰もおらず真っ暗である。

すると、電気をつけながらオヤジが言う。

「ほら、見てみろ！　ちゃんとしたオフィスだろう！」

「はい。なかなか小ぎれいに整頓された事務所ですね」

「ここでオレたちは仕事をしているんだぞ」

「そうなんですか」

「ああそうだ」

「…………………」

「…………。じゃ、戻ろうか」

「待って!!!　何を見せたかったの!?　わざわざ階段を上がって何をっ!!!」

オヤジは右手で誇らしげに事務所を指し示し、「ほらみろ、ちゃんとしてるだろう！」とオレに対して訴えている。しかし、それだけだ。

多分、ここでオレが「ちゃんとした小ぎれいなオフィスを持っているくらいだから、きっとここはニセモノじゃないんだろうな」と思ってやるのが**オヤジが求める正解のリアクション**なんだろう。でも、特にまともなオフィスも持っていないような、事務所のあちこちに「この会社はニセモノです」と書かれた証明書や出刃包丁や縛られた死体なんかが転がってるようなそんな**ニセモノらしいニセモノ**も今時少ないんじゃないか……。

「もし3万ルピーが高過ぎると言うなら、運転手だけの手配にすることも出来るぞ。それなら2万ルピーだ」

「**本物かどうかという件は勝手に解決済みにして話を進めていますねあなた……**。なんにせよ、ちょっと考えさせてください。それじゃまた！」

「**ヘイヘイ、ちょとマテ‼　ドコイク‼**」

オレは、ちょうどいいタイミングだったので1階に戻るついでにそのまま店を出た。勝手に連れて来られたのだから、勝手に帰るのも自由だろっ。

店の外では、この1日で2度もオレを裏切った、「13」という数字が良く似合いそうなユダの末裔《まつえい》のリキシャドライバーが涼しい顔で待ち構えていた。

「どうだい？　いいツアーが見つかっただろう？」

「**じゃかましいわボケエエエエッ‼　おのれっ、おのれっっ‼　オレのような人を疑うことを知らない純情で清純な旅行者をこんなイ**

ンチキ会社に連れて来やがって!!!　この恩知らず!!!」

「おまえのためを思ってここに来たんだが、なんか悪いことをしてしまったようだな。オーケー。乗れよ。それじゃあ、今度こそちゃんとインチキじゃない旅行会社に連れて行ってやるから」

「ざけんじゃねーぞコラアアアアッッ!!!　いい加減にしろよっ!!!ぁ〜、なんか体がなまってきた!!　**ハチョ〜〜ッ!　**ホチョ〜〜〜ッッ!!（鬼の道場長が見せる少林寺拳法の型《かた》の数々）」

「ま、待て待て。ジャマーマスジットに行くよ。行くから気味悪い動きは止めておとなしく運ばれてくれよ」

こいつはもうろくなもんじゃねえなホントに……。

最初は心優しい正直な運転手だと思い信用していたのに……、いや、ほんと言うと**最初から全然信用してなかったけど**、それにしても平気でしかも何度も続けてウソをつくという、なんとも予想以上に未曾有の卑怯なやつである。**こいつの前では、「ちびまる子ちゃん」の藤木くんにすらフェアプレー賞をあげたくなってくるくらいの卑怯者だ。**

オレは再びデリーの走る振り込め詐欺、オートリキシャに乗って、後部座席から運転席の背もたれを拳でガンガン叩き、「おめーもし次にまた旅行会社に行ったら刺し違える覚悟で暴れてやるからな～覚悟しろよおい～」と脅しながら、緊張感を持ってモスクへ向かった。

結局最終的にモスクに到着し10ルピーを投げつけて運転手を追い払い、気を取り直していよいよ観光をしようとしたら既にモスクは**閉館時間を過ぎていた。**

………………。

意味の無いことなんて、この世にひとつも無いんだ。きっと、今日の午後の一見無意味に感じられる出来事も、**宇宙的視野に立ってみればなにかしら意味があったに違いないんだ。オレが宝石屋や旅行会社で翻弄されたことを遠因として、遠くの銀河に生命が誕生したりしてるんだよきっと。**

まだモスク周辺の売店だけは営業していたのでしばらくジュースを飲んで休憩し、帰りはまたリキシャに乗ってメインバザールへ戻った。

まったくなんて国なんだここは（今さらだけど）。

10. デルリでホールリ

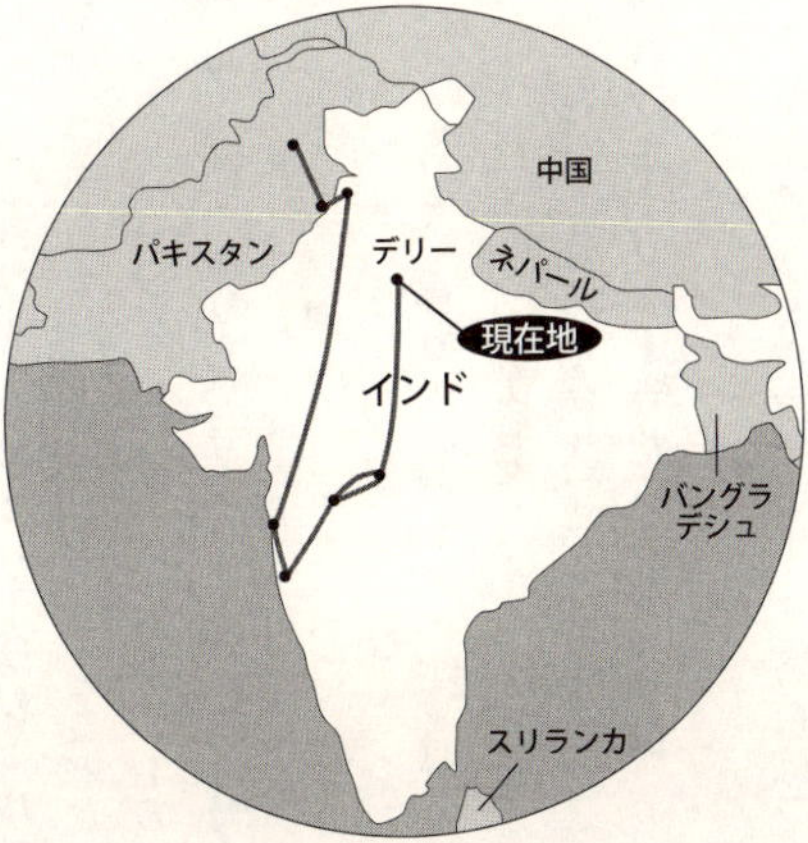

ここのところタイトルになっている「デルリ」というのは、黒船に乗ってやって来たことで有名な提督ペリーが時々「ペルリ」などと小粋に呼ばれているのを耳にして、「ペリーがペルリなら、デリーはデルリだろう！　そしてサリーはサルリ、**ジュリーはジュルリだろう!!**」ということでデルリなのだが、それでは、「ホールリ」というのは何のことか。デルリやペルリのパターンに当てはめてみれば、一目瞭然であろう。そう、**ホーリー**のことである!!……ついでに、ブルース・リーは、**ブルース・ルリ**だ。サラリーマンは、**サラルリマンだ。**

ということで、今日はホーリーだそうだ。

ホーリーと聞いてピンときた神聖なあなた。どうぞ、周りのみんなに「ホーリーはなにか」ということを説明してあげてください。……はい、ありがとうございます。そうですね。飛鳥時代に建てられた古いお寺、でもそのお寺を建てたのは聖徳太子ではなくて大工さんですね。ひっかかっちゃダメですよ！　**ってそれはホーリュー寺だろうがっっ!!!**

わーっはっは(爆笑)。

まあ面白い冗談はさておき、デリーでタクシーやリキシャに乗るとよく「今日はフェスティバルだからおまえの予約したホテルは休みだぜ！」とか「今日はフェスティバルだから駅はクローズだぜ!!」とか言われるのだが、**それは全部嘘。**しかし**今日だけは遂に本当の**

フェスティバルなのである。

宿の従業員によると、今日は外に出ると水をかけられたり服を汚されたり散々な目に遭うので、出来るだけ部屋に籠もっていた方が良いということであった。オレもテレビ朝日のスペシャルドラマ『ガンジス河でバタフライ』で主演の長澤まさみちゃんのふくよかな胸を鑑賞している合間についでで少しだけホーリーのシーンも見た記憶があるので、だいたいどういうものかはわかっている。ホーリーは、**色のついた粉や水をみんなでかけ合うお祭り**なのだ。まったく、お下品ねえ……。

なにゆえ霊長類のトップにおわす人間様たるものがそんなはしたない真似をするのかというと、諸説あるようだが、従業員に直接聞いたところでは、**今日1日はインド中の神様が休日なので、神様のいない間にみんなで悪ふざけをしちゃおう**という趣旨らしい。

なるほどねー。神様が見ていない間に、他人に粉をかけたり水をかけたりちょっとしたいたずらをして楽しもうってことねー。

…………。

おうおうおうおまえら。

おまえらさ〜、じゃあさ〜〜〜、

いつもは神様の目を気にして良い行いをしてると言うのかよっっ!!! 神がいようがいまいが関係なく日常的に随時悪事を働いてるじゃねえかおまえらはっっ!!! 今日は水かけられるだけで済むんならいつもよりマシじゃっっ!!! 水をかけられても極悪旅行会社に連れて行かれないなら、その方がずっといいぞっ!! むしろ神がいない日の方がデリーは平和なんだよっ!!!

……でしょ?

そうなんでしょ? 別に神様がどうとかじゃなく、**ただ仕事を休んで騒ぎたいだけでしょ?**

わかってるんだからオレは、あんたらの考えることなんて。まあ、別に悪いとは言ってないけどさ。どこの国にだって祝日はあるんだし。**インドの場合はいつも騒ぎ過ぎなんだから祭りの日くらい静かに休めよとちょっとは思うけどさ。**

同部屋の旅行者たちは、安全第一で素直に部屋に籠もることに決めたらしい。たしかにそうした方が無難だ。替えのシャツもパンツも少ないだろうし、いらぬ洗濯とトラブルは避けた方がよかろう。

しか〜しっ!!

オレは外に出ても大丈夫なんだよね〜〜。

悪いけど、ルームメイト諸君と違いオレには作戦があるのだ。このホーリーを目指して、ちゃんと小生は**身を守る秘策**を考えておいたのだよ。これがいわゆる旅での「一日の長」といふもの。皆の衆、聞くがよい。オレが準備している秘策、そのスイーツの中の黒ごまのようによく練り込まれた作戦とは、**名づけて「アヒーンサワディィー作戦（コードネーム：アヒーン）」である!!!**

説明しよう。インドで全国民から最も敬愛されている人物といえば、インド独立の父である**マハトマ・ガンジー**である。そして、そのガンジーの教えが「非暴力・不服従」だということは、当然昼間から部屋でゴロゴロしながらこれを読んでいる怠惰で賢明な読者諸君ならご存知であろう。つまり「アヒーンサワディィー」というのは、**独立の父ガンジーの「非暴力・不服従」をインドの言葉で表した単語なのである。**これはアウランガーバードでちょくちょく話したリキシャの運転手アショカさんにあらかじめ聞いておいたのだ！　正確ではないかもしれないがアショカさんが言っていたのだからだいたいはあっていると思うのだ！

そして具体的にはこうだ。

もしかするとこれから外に出たら色水や粉を持ったインド人に襲われそうになるかもしれないが、**そういったふしだらな奴らが近づいて来たらオレはすかさず「アヒンサワディ〜〜！」と唱えるのだ。**そうすれば、インド独立の父すなわち自分自身の第二の父親ともいえるガンジーの言葉を聞いたガキども大人たちは、**誰もが暴力を思い留まって大人しくなるに違いない。反省し、こんなバカげたことはやめて家に帰ろうと思うに違いない。**

どうだ。これがアヒーンサワディー作戦、コードネーム：都会を駆ける二枚目（女殺し）だ。これだけ優れた作戦を持っていれば、よもや今日一日部屋の中に閉じ籠もっている理由などあるまい。

さあ出かけるぜっ!!!

出かける前の１枚だぜっ!!　ピースピース（珍しく）！

ふっふっふ。

え？　**自信満々にしてはなんで水中メガネを装着しているのかって？**

……………。

これは、**伊達《だて》メガネだ。**

よーし。それじゃ行くか……。

オレすなわち「ガンジーの跡を継ぐ平和の使者」は、ルームメイトの日本人たちに見送られながら一人、**出来れば通行人に見つからないようにコソーリと宿を出た。**

バザールには普段と違い太鼓売りや笛売りや靴下売りやカバン売りやリキシャや物乞いもおらず、どう考えてもいつもよりよっぽど静かで平和である。**デリーの街からリアルな金銭トラブルが影を潜めるのは、神様が見ていないというこの日だけではないか。**オレがインドの神様だったら、むしろ自分が見ていない隙に平和に水とか色風船とかを投げ合っている**こっちの状態の方を許す。普段を許さない。**

やはり通行人というか道に出ている地元民はいつもよりだいぶ年齢層が下がっており、若

者、子供連中があちこちでキャーキャー騒いでいる。

まあいくら水中メガネをつけているとはいえ、オレには祭りなど関係ないことだ。巻き込まれる心配など無用である。さすがにこうして二枚目な顔をして普通に歩いているだけの外国人にはガキどももちょっかいを出さないだろうし、しかもいざとなったら**例の言葉**がある。インド人としてインドに生きている以上、アヒーンサワディーの心を伝えて**わかり合えないはずがない。**

しばらくバザールを歩き途中から裏道に折れてみたのだが、辺りに人影もなく、まだまだ作戦を出すまでもない状況だ。

ぶわっさ〰〰〰〰〰〰ん!!

はごわ〰〰〰〰〰っっっ(涙)!!!

つ、冷たい……

「**キャハハッハハハハッハッハッハー(爆笑)!!!**」

…………。

バカ笑い声の方を見上げると、道沿いの**アパートの屋上**で、**バケツを持った数人の女どもがオレを指差して大笑いの渦の中であった。**あ……、あの、あなたたち、あひ〜んさわでぃ〜……。

…………。

アパートの屋上から通行人を狙ってバケツの水をかけるんじゃないっ!!! この卑怯者!! 姿の見えないところからの襲撃はやめろよっ!! せっかく考えた作戦なんだから事前にアヒンサワディー言わせろっっ(涙)!!!

いったいどうなっているんだ。

たまの本当のフェスティバルとはいえ、**相手も確認せずにただ下を歩いている人間めがけてバケツをひっくり返す**とはどういうことだ。今日はホーリーで神様が見ていないのかもしれんが、**神が見てるかどうかの前に人として行動の善悪を判断しろよっ!!! おまえらが悪さをしない基準はただ神様が見てるかどうかだけかっ!!! 「理性」とか「道徳」とかは全くあずかり知らぬ言葉**

かっ!!!

こいつら、三蔵法師ご一行の憧れの聖地天竺《てんじく》に住んでいるくせに、心の中は悪一色、**どう考えてもインド人は誰一人として筋斗雲に乗れないだろう。**オレはいつでも乗れるのに。

おおっ、来たっ!! **水中メガネをつけた外国人に興味津々な少年たちが続々と寄って来た!!**

よーしよーしおまえら、いいか、

「アヒ〜ンサワディ〜〜(両手を広げ父親のように寛大に)」

ばっさ〜〜〜〜ん

ぬお〜〜っ、顔が〜〜っ!!! オレの美しい顔が〜〜〜〜〜っっ!!!

オレという独立の父は、**一斉に粉をかけられ色水入り風船を投げられカラースプレーを放射され、**アップアップ言いながら少年たちの間をヲタヲタと逃げ回った。**ガンジー**

が、ガンジーがっ‼　言ってたじゃないか非暴力不服従‼　父のガンジーが！　チチガンジーが‼　アヒンサワディーっ‼

「**へい、ヘイヘイ‼**　おまえら‼　どぅーゆーのー、マハトマ・ガンジー⁇」

「イエスアイノウ！」

「そうだろうそうだろう。**アヒ〜〜ンサワディ〜〜（両手を広げ父親のように寛大に）**」

ヒュンっ

パカ――ン

「**ちょわ〜〜〜〜〜〜〜〜〜〜〜っっ（号泣）!!!**」

「**ギャハハハハッハハハハッハハー（爆笑）‼**」

後頭部に何か硬い物がパッカ〜ンと当たり、オレは痛さで叫び声をあげた。痛みを辿り後ろ髪を指でなぞってみると、**黄身と白身がでろ〜んとついた。**

あ、頭に生卵を食らった……。

おまえらなっ、**投げる卵があるんならそのへんの物乞いに食わせてや**

れよっ!!! もしくはチキンの状態まで育てて飢える子供たちを救ってやれ!!! せめて投げるなら、タピオカみたいな蛙の卵にしてよ!! 鶏の卵は結構痛いの(涙)!! もしオレがスキンヘッドだったら今頃殻が頭に刺さって肉が切れてザックザク、血みどろな顔面になってるでしょうがっっっ!!!

スタッ! コラッ! サッサッサ!!

オレは、**ひたすら逃げた。** なぜだか知らないが、アヒンサワディー作戦(コードネーム:少女から大人へ……まりかの成長日記)は独立の子供たちには**全く通用しないらしい。** なんという親不孝。**なんという不忠。** おのれら……父ガンジーが草葉の陰で泣いているぞ……。

こうなったら、**早速だが宿に逃げ帰ろうではないか。**

オレはグループからやっとのことで抜け出すと、なるべく人の気配を避けながら宿の方角へ向かって駆け出した。

しかしメインバザールのやや広い道に出ると、すぐに色風船を構えたかわいらしい少年が虎視眈々《こしたんたん》とにじり寄ってくる。

「アヒ～ンサワディ～～（両手を広げ父親のように寛大に）」

「オ、オー。アヒンサワディー……」

おおっ!!!　つ、通じたっっ!!!

少年はオレの慈父の心溢れる「アヒ～～ンサワディ～～」を聞いて、きっと**本物そっくり**に感じたのだろう、構えた色風船を降ろして反省し、**とっても盛り下がって去って行った。**いやー、心洗われる、そして**祭りには似合わないヘンな空気だ。**

でもやはり、通じる奴には通じるんだな。遊びたいさかりの子供のウキウキ感をおもいっきりくじくことになるが、しかし平和を愛する心はみなで共有せねばならぬこと。色風船で遊ぶことより、平和の心を学ぶことの方がずっと大事なのだ。こうして子供に争うことの愚かさや虚しさを教えるのは、大人としての義務なのである。

ということで見事アヒンサワディー作戦の絶大な効果によりピンチを切り抜けたオレは、ルームメイトの待つ宿部屋《やどべや》へ戻った。

しかし、まだこれで終わりではないぞ。**オレの作戦がひとつだけだと思ったら大間違いだっ!!!　この撤退は、次の作戦への序曲なんだよっ!!!**

さて、非暴力不服従で成立した国の国民から暴力を受け、散々な目に遭いながら部屋に戻ったところ、ルームメイトの日本人旅行者たちはオレを見て「すいませんちょっと近くに来ないでもらえますか?」と同胞を裏切る言葉を発しながら遠巻きにオレの写真を撮っていた。薄情な奴らめ〜〜。

このホーリーのためにオレが考えていた作戦は、見事失敗に終わったアヒーンサワディー作戦の他に**「マギーチャン作戦」**と**「クリケット大作戦」**がある。ところが、マギーチャン作戦は道具が揃わないために残念ながら日の目を見ることが出来なくなってしまった。一応概要だけ説明しておくとこの作戦は、中国映画『HERO』で敵の軍勢が放ってきた矢を、マギーチャンが**振袖をヒラヒラさせて踊り次々と撥ね返していたシーン**に由来する。つまり、同じようにオレも**振袖を着てメインバザールに躍り出て、左右に回転しながらヒラヒラと進み、水風船や粉や色水を撥ね返そうというのが「マギーチャン作戦」である。**

ただ、やはりインドで振袖を手に入れるのは難しく、なおかつもしオレのサイズの振袖があったとしても**こんなことのために購入するのはバカバカしい。**だいたい、**振袖で踊るだけで矢や色水を撥ね返せるわけねーだろうがっ!! 合戦をナメてんのかっ!!! 男と男の命をかけた戦いをっっ!!!**

というわけで今回マギーチャン作戦は不発に終わったのだが、しかしオレにはこれがある。

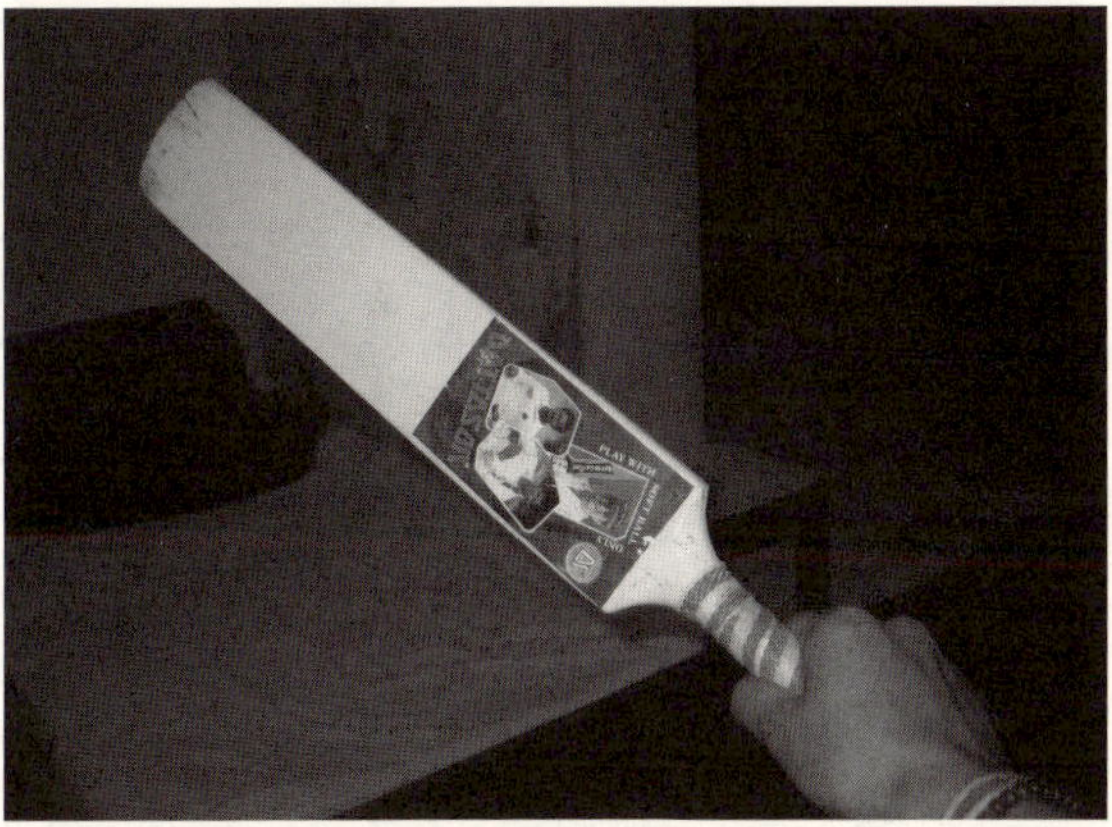

シャキーン!!!
ディス　イズ　バット　オブ　クリケット!!

このバットを使って、最後の秘策「クリケット大作戦」の発動である!!

説明しよう。インドやパキスタンで絶大な人気を誇るスポーツである「クリケット」、おそらく誰しも名前くらいは聞いたことがあるだろう。インドでのクリケットは、ブラジルのサッカー、**公家の蹴鞠《けまり》**に相当する重要なスポーツなのだ。クリケットでは野球と同じように投げられたボールを打者が打ち返すのだが、ではこのバットを使ってオレが何をしたいかというのは、**みなまで言わずともわかるだろう。**もちろん、投げられる水風船を、生卵を、色粉を、**バチーン! カキーン! フワサッッ!! と打ち返す**のである。

よく考えれば、第一弾のアヒンサワディー作戦は少し現実が見れていなかった。みんなが武器を持たず、平和を愛し、手を取り合って生きて行く世界は理想的ではあるが現実はそううまくはいかない。話し合いで何でも解決するなら軍隊も警察もいらないが、悲しいかな現実というのは理想を述べているだけでは成り立たないものなのだ。

さあ、しかしこのクリケット大作戦ならば、アヒンサワディーが通用しない相手からも身を守ることが、いやそれだけでなく、**攻撃の力をそのまま相手に向けて撥ね返す**ことが出来るのだ。柔道でいえば内股すかし、**北斗神拳ならば二指真空把だ!**

オレというクリケット界のイチローは、水中メガネをつけ手にはクリケットのバットを持ち、粛々と再び宿を出てメインバザールに降り立ったところ**あっという間にガキどもに取**

り囲まれた。

なっ、なぜだ。**そんなにオレがやる気満々に見えるというのか……？　水中メガネとバットがただのファッションだったらどうするんだよおまえらっ!!!　こういうスタイルの祭り嫌いの外国人もいるかもしれないだろっ!!　外見だけで同類とみなすのは失礼じゃねえかよ!!!**

「や、やるのかおまえらっ!!　**おう、やってやろうじゃねえか!!　その代わり、おまえらの放った攻撃はそのままおまえらに返って行くことになるぞ!!　さあ、さあこいよ〜〜さあこいよ〜〜〜!!　命のいらない奴は一歩前に出ろっっ!!!**」

おらっ!!　どこからでもきやがれっっ!!

オレが高校球児時代を思い出し（そんな時代なかったけど）クリケットバットを構えると、なぜか少年たちは恐れおののくどころか**むしろ喜んでいるようであった。**そして……、やはり**前後左右からあらゆる色的なものが飛んできた。**

ギャ――――ッ!!　やめろ〜〜〜っ!!!　づめだい〜〜〜〜〜〜〜〜（涙）!!

……………。

オレというクリケット界のイチローは、迫り来る液体や粉の中で**ちょっとだけバットを振り回し、**結局何の防御効果も発揮せず色と水まみれになった。一番痛くて叫んだのは、ふくらはぎに**全力投球の生卵**を喰らった時だ（号泣）。

このままでは色水の中で溺れ**カラフルな土左衛門**に成り下がりそうだったので、オレは**「あっ、あんなところにシャールク・カーン（インドの織田裕二）が！」**と叫んでギャラリーの気を逸らし、その隙に囲いを解いて逃げ出した。

そのままバザールをしばらく走っていると、しかし**クリケット大好きっ子**である全インドの子供たちは、クリケット走者のオレを見て**次から次へと嬉々として攻撃を加えてくる。**むう、このバットさえあれば完全防御できるはずだったのに、**むしろバットこそがどんどん敵を引き寄せているではないか。**くそ、こんなはずではなかったのに……。

ちなみに、時々オレの構えを見てちゃんと色水風船をストライクゾーンに投げてくれる子供もいたのだが、**打ち返す瞬間に破裂する**ので結局ずぶ濡れだし、あたり一面に被害が拡大し現場は**より凄惨な状況**になった。

「ハロー！」

「やあ少年！　こんな殺伐とした中でもキミは普通に話しかけてくれるのかい？」

「イエス。ユーアーマイフレンド」

「そうかそうか。でもキミ、フレンドにしては、**その含み笑いと後ろ手に持っている生卵はなんだっ!!! そんな怪しい近づき方があるかおまえっ!!! そうはさせんぞワレっ!!!**」

「ヒヤ――――(涙)!!」

オレは、子供と**取っ組み合いになって生卵を奪い合った。**結果、やはりここは世界中のあらゆる格闘技を極めた伝説の格闘家ではないが年の功だけ力の強いオレが接戦を制し、**少年は自ら用意した生卵で体を黄色く染め上げ、悔しそうに去って行った。**

がーっはっは。どうだ！　**日本男児の力強さを見たかっ!! オレだって本気を出せば10歳以下の子供には負けねえんだぞっっ!!!**

勝ち誇ってその場で一人勝利者インタビューに答えていると、今度はやはり祭りの影響でいろんな色に染まった通行人の色つきオッサンが、何も武器を持たずに話しかけてきた。なるほど、さすがにオッサンだけに、外国人に水をかけたり卵を投げたりはしないのだろう。

「ハロー！」

「あ、どうもおじさん。お互いカラフルになりましたねえ」

「おまえは日本人か？」

「そうです。今は赤かったり青かったりしますが本来は黄色人種です」

「そうか。デリーの次はどこへ行くんだ？　バスのチケットを取ってやるから、よかったら今からオレと一緒に旅行会社に行って今後の旅のプランを……」

「今言うことかそれはっっ!!!　時と場合とオレたちの姿を考えろよっ!!　今日は何の日だっ!!!」

「オー、フレンド！　今日はフェスティバル価格だからお買い得なのに！」

「じゃかましいっ!!!　引っ込めコラっ!!!　悪人は無邪気な世界から出て行け!!!」

…………。

おまえら、**やみくもか？**　旅行者に営業をかけるのに、**時と場合は一切考慮せずかっ!!**

ぶわっさ〜〜〜〜〜ん!!

うほうっっっっっっ!!!

「ギャハッハハハッハハハハー（爆笑）!!」

　またただ……また**屋上からのバケツ水**をくらった……。

　女性陣は路上に出て走り回れないものだから、みんな道路脇の建物の屋上に立て籠もり、バケツや水風船を十分備えて通行人めがけて**容赦なしの空爆**である。普通に歩いていると全く気配がわからない分、正々堂々と攻撃する男子諸君よりもよっぽどタチが悪い。

　ふと見ると、前方のアパートにもやはり虎視眈々と下を狙って構えている悪徳サリー軍団の姿が見える。ぬー、あそこを通ったらきっと絨毯《じゅうたん》爆撃だぞ。分身の術を使ってうまくかわそうか……。

　するとその時、オレを後方から追い抜いて行った原付のオヤジがアパートの直前で一旦停止し、屋上で待機している女性陣に向けて何か叫び出した。おそらく、**「おいおまえら！今から下を通るけど、オレはホーリーに参加しないから水をかけたりするなよ!!」**といったようなことを命じているようだ。女性たちは意外と素直に「わかったわ〜！」と頷いている。なるほど〜。ああやって通る前にひとこと言っておけばいいのね……。

　そしてオヤジはそのまま原付でアパートの下を進んだ。

ぶわっさ〜〜〜〜〜ん!!

「ギャハッハハハッハハハハハー(爆笑)!!」

「ガホッ!!　ニナンラムジャヤッツ!!!　マヒンナランジャムトゥシヴアヴァアッツッ!!!」

……………。

原付オヤジは、**先ほどの注意を完全無視した屋上軍団からおもいっきりバケツの水をかけられ、激怒して上空に向かって叫んでいた。**

結局、警告してもダメなのね。ああ、**バカバカしい。あまりにもバカバカしい……(涙)。**

オレはもはや落ちて来る水を防ごうという気持ちは打ち捨てて、**デリーというのは歩けばバケツの水が降ってくる町なんだ**という平常心で、ごく普通に水をかけられながら進んだ。

パコ——ン!!!

「イダ――――――っっっ（号泣）!!!………お、おまえら、**脇道から卵を投げるのはやめろよっ!!　卵は本当に痛いんだって（涙）!!!」**

「キャハハハハッハッハハハー!!」

「待てオラッ!!!　おまえらこのバットで叩きのめして肉体に凸凹をつけてやらああ〜〜っ!!!　死ねウオラ〜〜〜〜〜〜〜〜〜〜ッッッッッ!!!!」

「ギョエ――――ッッッ（涙）!!!!」

ガキどもによる脇道からの全力投球の卵があまりにも痛かったので、この際**バットを振りかざして鬼の形相で叫びながら追いかけてみると、**ガキどもは祭り気分をかなぐり捨てて**死に物狂いで逃げて行った。**やっぱり凶器を持った外国人の大人が全力で追いかけてきたら、怖いよな……。ごめんね脅かして。そしてここがインドでよかった。こんなことしても逮捕されないから。もしも日本で白昼バットを振りかざして子供を追いかけてたら、対応する警官に**拳銃使用許可**が出そうだな……。

「バウワウッ!!　ガウワウッ（怒）!!!」

「ぎゃ――!!」

子供を追い払った直後、今度はなぜか色水を浴びてカラフルになった**カラーノラ犬軍団**に囲まれる私。おいっ、なぜにおまえらオレに吠《ほ》えるんだよ！　友達だろオレはっっ‼

はっ、そうか、このバットか……。いや、別にこれはあんたらを殴るために持ってるんじゃないからね。オレは犬とは友好関係を築きたいと思ってるんだから。**犬オレ安全保障条約を結んでいるんだから。**だから心配ご無用ですって。

どうやらオレはバットを持って動き回っていたために、**ノラ犬たちにも敵とみなされ**包囲されてしまったのである。オレは慌ててTシャツの中にバットを隠し、ノラどもから逃げ回り宿へ戻ったのであった。


さて、当初ピースピースと健康的な白さで出かけたオレだが、全ての作戦が失敗に終わり宿に戻ると見事に**七色に光る旅人**になっていた。

結局デリーの街は、**ホーリーであろうとなかろうと毎日騒がしいしアホらしいし、混沌としているのであった（号泣）。**

11. ろくでもない町ジャイプルへ

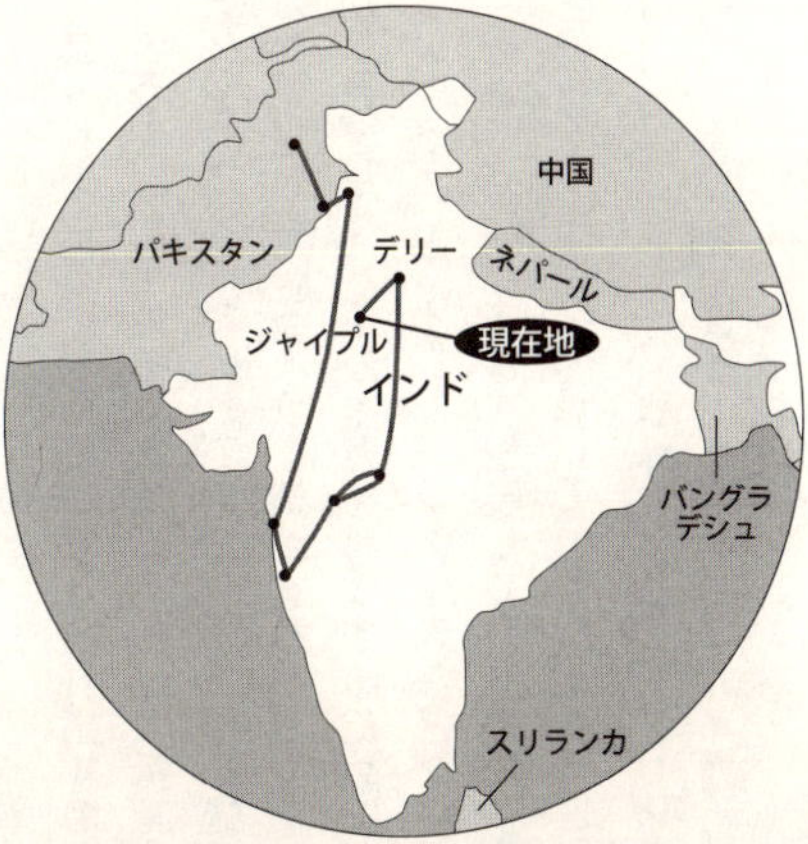

デリーにはいろいろと極悪なことがあるが、滞在5、6日もすると実に心だけでなく体まで毒されるようになってくる。これは別にオレだけではなく、デリーに来た旅行者は誰もが同じだと思う。

そう、旅行者は誰もが、デリーの排気ガスまみれの空気にやられて喉が壊れ出すのだ。

症状はカゼと同じで、ある朝起きてみるとどうも喉がイガイガする。最初は大抵「あれ？なんだこのイガイガは？ **春風のいたずらかしら？**」とたいして気にせず1日を過ごすのだが、翌朝になってみると心なしかイガイガが悪化しているような気がする。

「うーん、ちょっとこのところ精力的に活動し過ぎだな。イガイガを討伐するためにも今日は1日休養だ！」とその日はどこへも行かないようにしてオレンジジュースなどを積極的に飲み、しかしさらに次の日になってみると、イガイガはますます増長しているのだ。そして、

「なぜだ……昨日1日休んだのに、なぜこんなにイガイガが成長しているんだ‼ ビタミンCの豊富なオレンジジュースも飲んだのに！……もしかして、**イガ栗の呪い？**」と恐ろしくなってその日は安静に寝て過ごすのだが、またまた翌日はイガイガイガイガと喉がさらなる悲鳴を上げるのだ。

そうなってくるともう対応は完全に2つに分かれる。片方の人々は「イガ栗さんすみませんでした。栗拾いの時にイガを放り投げて遊んだことは心から反省しています。もう二度と

しませんから、どうか許してください」と過去の行いを悔いて**イガ栗供養**をしようとする。そしてもう一方、賢明な方の人々は、「もしかして、これはデリーの空気が悪いせいじゃないかしら？　そうだ、喉以外に不調は無いし、これは単なるカゼじゃない。公害だ‼　もうこれ以上デリーにいてはいかん！　明日にでもさよならだ‼」と原因に気付き行動を起こすのである。

もちろん、イガ栗の供養をする方はそれで喉が回復することはなく、栗の呪いの恐ろしさを心に刻みながらそのままデリーでお亡くなりになるのだ。このことからも、いかに呪術信仰や霊感商法というものが害悪かということがわかるだろう。

オレの場合は『警部補　古畑任三郎』を全話観たほどの推理ドラマファンだということもあり、古畑警部補譲りの推理力を発揮して見事このイガイガの真犯人を突き止めることが出来た。なんの罪も無い甘くておいしいイガ栗をスケープゴートに使うという、犯罪史上まれに見る悪辣《あくらつ》な犯行を行った真犯人。その正体は、**デリーだったのだ！**　そういえば、『警部補　古畑任三郎』の中にも**犯人がデリーだった話が1度くらいはあったような気がする。**　はっきり覚えてはいないが、**デリーはこれだけ悪いんだから1回くらいは犯人になっているはずだ。**

しかし、真犯人がわかっても近頃の警察というのは本当に弱腰で、残念ながらなんと誰もデリーを逮捕してくれないのである。こうなったら、愛する喉を守るためにも**こんなところにいられるかっ‼　この、首都の名を騙《かた》った妖怪がっ!!!**　とオレはデリーに三行半《みくだりはん》を突きつけ、ジャイプルに脱出することにしたのである。

ジャイプルというのは、デリーの南西に位置する砂漠地帯の町だ。デリーからバスでほんの4～5時間の距離であり、なおかつデリー、もしくはヒンズー教の聖地であるガンジス川沿いの街・バラナシに匹敵する有名旅行スポットであり、デリー、バラナシと匹敵するほど**悪人が多い。**

言ってみれば、「デリーからジャイプルに脱出」というのは「乗っていたフェリーが沈没しそうになったので通りかかった船に乗せてもらったら**海賊船だった**」というような一難去ってまた一難な状況ではあるが、もういいんだよ！　**好きなだけ難が来ればいいだろうっ‼　インドカレーには難がつき物なんだからっ!!!**

……最終的に安易にダジャレに走ったところで、オレはホーリーの翌早朝デリーにさよならも告げず逆に後ろ足で砂をぶっかけ嫌がらせをしながら長距離バスに乗り、午後にはあっさりとジャイプル郊外に到着した。

さて、到着後オレ以外のインド人乗客は家族の迎えの車に乗ったり歩いて散ったりそれぞれ消えて行き、オレは**たまに人数合わせで呼ばれた合コンでのいつもの展開のように、1人で完全に孤立した。**オレが合コンに行っても、いつもしばらくして気がつくとオレを除いた全員で盛り上がってるんだから、別に最初からオレを入れて人数調整する必要ないんだよな……。でも、それでもきっと呼ばれたらまた次の合コンも行っちゃうの……（涙）。

じゃ、とりあえず宿を探さないと。この、新しい町に着いた瞬間の毎回毎回みなしごな感じというのが、すごく寂しくて切なくていやだ。**テレビや雑誌で「アイドル評論家」という職業の人を見かけた時くらい切なくていやだ。**

しかし乗客はいなくなったが、デリー発のバス運転手だけはまだ残っており、オレに構ってくれた。このバスはツアー会社が運営しているものなので、アフターサービスも整っているようだ。

「おいおまえ！　おまえは外国人ということで、特別にここから先も送迎のタクシーがついているから」

「うおっ！　すごく嬉しいサービス‼　送迎タクシーということは、無料ですか？　無料なのですかそれは⁉」

「もちろんだ。紹介しよう。彼が無料タクシーの運転手、ミスター無料だ！」

バス運転手の紹介を受けて、ジャイプル出身のタクシードライバー、**ムリョウ・インチ**

キーニさんがにこやかに現れた。

「ハロー！　ここからはオレがおまえの担当だ。送迎ならオレにまかせろ！」

「ナマステ。どうぞ送迎の程よろしくお願いいたします」

「オーケー。じゃあ早速乗ってくれよ」

何も疑わずにミスター無料について行くと、なかなかインドで貧困人は乗る機会が無い、サイクルでもオートでもないまともなセダン型のタクシーがあった。

いやー、これが無料だなんて……。嬉しいなあ。たしかに、**時代は無料ですよね。**通話料0円とか、敷金礼金0とか流行ってますし。**やっぱりインドは「0」を発明した国だということを誇りに思っているのですね。**そうか、だから僕の中でのインドの好感度も0なんですね！

でもよく考えたら、別にオレはホテルに予約も取っていないしどこに行くかも決めていないのに、なんの送迎なんだろう。

「あのー運転手さん。この送迎タクシーで今から僕をどこに送迎してくださるのでしょうか？」

「そうだな。オレがいいホテルを知ってるから、真っ先にそこに連れて行ってやるよ」

「いいホテルというか、**提携してるとこでしょ？**　客を連れて行くとコミッション（お駄賃）が貰える。あなたがたの場合、いいホテルというのは客にとってじゃなくて**あなた自身にとって**いいホテルですからね」

「憎たらしい奴だなあ。無料送迎にいちいちケチをつけるのが、**それがおまえのやり方か!!**」

「もしそのホテルが気に入らなかったら他のところにも行ってくれるんですか？」

「もちろんだ。別にそこに泊まれとは言っていないし。命令なんてしていないし。見るだけでいいんだ。**ジャストルッキング。**そしてもし気に入ったら、そこにすればいいんだ。気に食わなかったら、他の宿、どこでもおまえの言う通り行ってやるから」

「そうですか？　じゃああちこち行ってもらうのも申し訳ないので、最初からチャンドポール門近くのシカールホテルに直行してもらえませんか？　前に泊まってまああいい感じだったので……」

「それはダメ。まずオレがお勧めする宿に行くんだ!!　他のところはそれからだ」

「やっぱり……」

という流れでミスター無料タクシーに乗り込み、ジャイプル市街を走り我々は宿に向かったのである。

しかし、砂漠の町だけあって相変わらずこの町は動物王国だな……。

走行中の象

停車中のラクダ

素朴な疑問なんだけど、象とかラクダでも、ドライブスルーって使えるのかな……。どこまでOKなのか、誰か日本のマクドナルドでチャレンジしてくれないかな。象でも大丈夫なのか、それとも**ダチョウくらいまで**しか対応してくれないのか。

今時「スマイルください」などと使い古されたネタで迫るのは迷惑なだけだが、**ダチョウに乗ってドライブスルーにチャレンジすれば英雄である。**これを読んでいる目立ちたがり屋のキミ！　すぐにダチョウの調達に走るんだ‼　**明日にでも卵を買って来て孵《ふ》化《か》させるんだ(そこからかよ)!!!**

さて、無料タクシーが送り届けてくれた宿はたしかに設備は良さそうだが、こうしてコミッションをばら撒いてタクシーやリキシャにでも頼まなければ誰も来ないような、市街から離れた僻地《へきち》にあった。静岡県でいうなら湖西市だなここは。

「あのおミスター無料さん。引き籠もるには良さそうな宿ですけど、外に出る時に不自由しそうなので他のところの方がいいなと思うんですけど」

「なんだよ、こんなにいい旅夢気分な宿なのに気に入らなかったのか？」

「はい。立地がよろしゅうございません。わたくしは歩きがメインの徒歩旅行者（かちりょこうしゃ）なので」

「…………」

「あの～、ここを見た後ならどこでも好きなところに行ってくれるんですよね？」

「……ああ、行くよ」

「じゃあシカールホテルに行ってください」

「あそこはよくない。部屋が汚いから」

「じゃあ、アルヤニルスホテルに行ってください」

「そこはやめた方がいい。高いから」

「てめーこのやろっ!!!『もしかしてここを拒んだら他のところには行ってくれないんじゃないかなあ？』と少し思ったけど、予想通りかよっっ!!! たまには疑う旅行者の裏をかいてみろよっ!!!」

「ここに決めろよ～。あちこち行くのは面倒くさいだろうさ～」

「……………。**アホー。バカー**」

…………………。

所詮、インドで「無料」なんてありえないのさ。インドに裏の無い純粋な無料を期待するのは、結婚相手にいつまでも変わらないでいてくれることを期待するようなものなのさ（つまり無理な願いってこと）。

オレは仕方なくホテルの前でたむろっていたオートリキシャと交渉し、別の宿へ行ってもらうことにした。

ちなみに、このドライバーとの料金交渉は妥当に行われたのだが、なぜかこの人は料金前払いが条件だという。なんでも、以前日本人を乗せた時に無賃乗車をされたことがあるらしいが……、そんなことあるかあ？　日本人がインド人を騙すって、どう考えても逆だろう。**駄菓子屋がＩＴ企業に敵対的買収を仕掛けるようなもんじゃないか。**どうも信用できねーな……。

まあ疑ってばかりでも悪いし、その話が本当だったら日本人としてお詫《わ》びしたいので、オレは先に運賃の30ルピーを支払った。

リキシャに乗り大通りに出ると、最初の信号でつかまった。そのまま先頭で信号待ちをしていると、目の前の横断歩道を**ノラ牛の親子**がゆっくりと横切って行く。

うーん、**牛が信号を守って横断歩道を渡っている……**。よく人間社会に馴染んでるなああんたら。

オレは渡る牛親子を興味深く観察していたのだが、しばらくして歩行者用の信号がチカチカと点滅を始めると、まだ渡り終えていない子牛の方が**小走り**になった。**……急いでいる!!　急いで渡っている!!!**　さすが、自主自立で生きている牛だけあって、社会のルールを把握しているじゃないか。

……………。

本当の世界なんだろうか、オレが今見ているこの景色は。誰かの空想の中なんじゃないだろうか。だって、**なんか信じられないんだよ最近目に入る色々なことが。**

そのまま牛やラクダを追い回しつつ大通りを走っていたのだが、今度は信号待ちでもないのに、とある交差点に差し掛かるといきなりリキシャは端に寄り停車してしまった。すぐ近くには、他にも2、3台のオートリキシャがたむろっている。なんだ？

「悪いな、ちょっとここで降りてくれるか？」

「なんでっ。まだ安宿街はずっと先だろ！」

「それが、ちょっとエンジンがおかしいんだ。でも大丈夫。お決まりの**ノープロブレム。**代わりにここからはそこの彼がおまえを乗せて行ってやるから」

運転手は別のドライバーに声をかけると、なにやら極秘な雰囲気で話し出した。事情を説明しているようだ。すると、話を聞いたその別のリキシャが、納得顔になってエンジンをかけた。そう？　そちらに乗せてくれるの？

「そうだよ。カモン！　こっちに乗れよ！」

「あっそーですか。ではどうぞよろしくお願いします」

「ラジャー。じゃあ行くぞ」

「…………。**はっ（何かに気付いた）!!**　ねえ運転手さん、ちょっと待ってよ。ひとつ言っておくけど、**あんたにはもう料金は払わないけどいいよね？**」

「…………………」

「…………………」

「ファ～イ？」

「ファ～イじゃねーんだよっ!!!　やっぱりその手かっ!!!　オレは、そこのそいつに既に前払いで30ルピーを渡してるんだよっ!!!　おいさっきのオッサン！　エンジンを直すフリしてトボケてんじゃねーぞっ!!!」

　オレがオッサン2人に向かってざけんなよと叫ぶと、アホどもは揃って「チッ……」という顔をしやがった。くおの～極悪人の短足どもが～～。

　短足ズ（タンソクズ）はまたオレにわからない言葉（短足語）で少し話していたが、ようやく観念したようで「わかったよ。タダで行けばいいんだろ」という結果に落ち着いた。あたりまえじゃボケっ!!　オレは激しい怒りがそのまま独り言として出てきて、「オートリキシャの運転手はどいつもこいつもろくでもないぜクソッ」というようなことを小声で吐き捨てたところすぐ後ろにいた最初の運転手に聞かれ、**「おいどういう意味だそりゃ‼」「そのままの意味だよ‼　相変わらずインドのリキシャドライバーはろくでもねえって意味だよ‼」「なんだとおまえっっ‼!」**という風に**罵り合い**になった。

そこは交代した方のドライバーは僅かながら良識があったようで、「おまえらやめとけやめとけ。ホテルまで行ってやるからよ。ほら、いいか」と場を収拾させ、今度はなんとか希望のホテルに辿り着くことが出来たのであった。

ああ、この町も疲れそうだなあ……。

12. 砂漠の絨毯屋

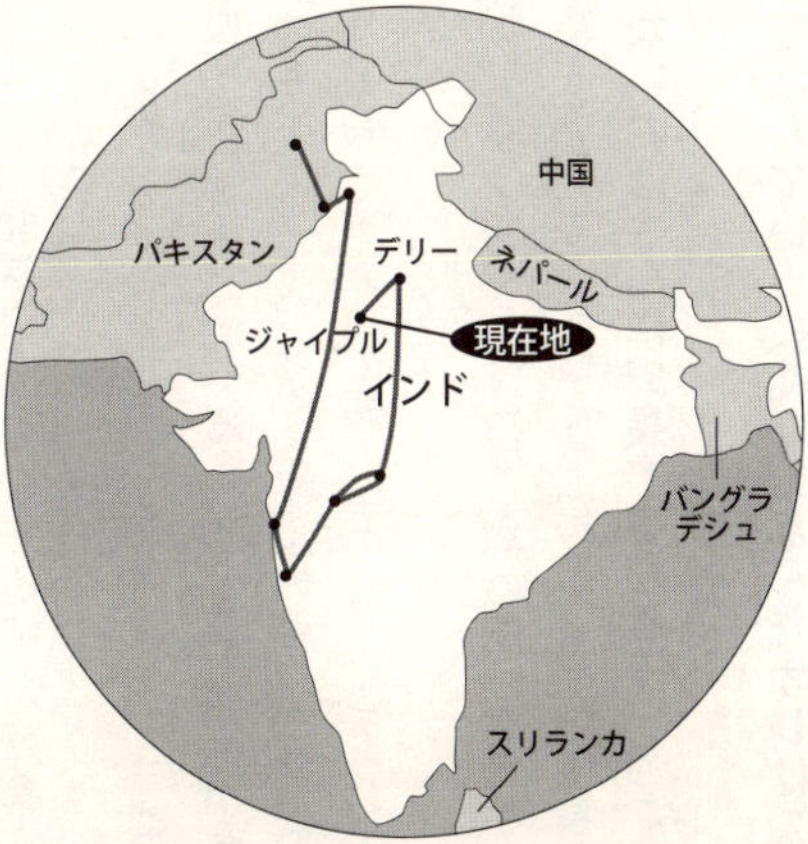

ジャイプルの見所といえば城とか王宮とか天文台などだが、別にオレはここにそういうものを見に来たわけではない。だいたいの場所は前回の旅で訪れているし。かといって、城や王宮を見ないのなら現地の人々との触れ合いを楽しみに来たのかといったら、まあこの町に住む人たちとは**一切関わりたくない**。どういうこと？

ジャイプルはデリー、アーグラと並んでインドの「ゴールデントライアングル」と呼ばれる観光都市なのだが、それはこれらの街で旅行者に近寄ってくるインド人の**頭の中がゴールデン一色**という意味なのだ。3年前の旅でも、デリーやジャイプルの金の亡者どもにどれだけ騙されボッタくられたことか。はっきり言って、彼らの頭の中のゴールデン含有率は**ツタンカーメンのマスク以上**である。

たしかにここは砂漠地帯でもあり自然や動物の姿は多く、一見癒し系の街に見えないこともないが、もしも人を信じられない少女が環境を変えて心を癒そうとジャイプルに移り住んだとしたら、少女はそのまま**人を信じられないおばさんに成長するだろう**。ここに癒し効果は無いのである。

いやあそれにしても……、**インドに対してなんていう失礼な奴なんだオレは（ふと客観的に見てみれば）**。なんだかんだ言って今はインドのメシを食わせてもらっているのに、文句ばかりとはなあ。

「おい日本人！　ウォーターパレスに行かないか？　往復20ルピーで行ってやるぞ！」

「あっ、サイクルリキシャのおじいさん。今、インドに文句ばかりではいけないなあと反省したところでしたのでちょうどよかったです。ウォーターパレスって、郊外にある湖のお城ですよね。じゃあ心を入れ替えて観光に行こうかな。でも20ルピーってかなり激安価格じゃないですか？　結構遠いでしょう？」

「なぜ激安か教えてやろう。なぜならオレは、**ジャパニーズが好きだからさ**」

「ええっ！　ぼくたち日本人を好きでいてくれるのですか!!　嬉しい！」

「まあとにかく乗れよ。ウォーターパレスにはまだ行っていないんだろう？」

「そう。たしかに前回時間が無くて行けなかったんです。なんで知ってるのおじいさん？　もしかして僕の本を読んでくれたのですか？」

「そんなことより、なんでおまえはクリケットのバットを持っているんだい？」

「ああ、これはお守りみたいなものです。**インドに悪い人なんていないということは良くわかっていますが、**ほら、万が一**テロリストとか**が来たらこれで殴ろうかなと思って……」（オレはこのところクリケットバットを護身用に毎日携帯しているのだ）

「そうか。まあいいからとにかく乗れよ」

「はーい」

いやーすごい。なんと、**超ラッキーな偶然**で日本人好きのリキシャのおじいさんに出会ってしまい、20ルピーという激安価格で郊外のウォーターパレスまで行ってもらうことになってしまった。しかも、片道でなく往復である。普通この値段は**閉店セールでの在庫処分**でないと出せない数字だ。もしかしたら今回も**おじいさんの在庫が余っているのだろうか。**

ともかくせっかくなのでありがたくお願いすると、白い無精ひげがよく似合う職人顔のおじいさんは、寄り道もせずにちゃんとサイクルを漕いでウォーターパレスまで連れて行ってくれた。

すごい。本当にウォーターパレスに到着したぞ。正直言ってオレも、**これを読んでいる人も誰もあなたのことを信じていなかったのに。**まさかノー寄り道で目的地に来てしまうなんて。

ありがとう……。あなたはいいおじいさんです。城も王宮も見たくなければ人々とも触れ合いたくない僕が、なんでジャイプルに来たのか今わかりました。おじいさん、**あなたに会うためだったんですね。あなたのような正直で旅行者思いのおじいさんに会うために、僕はジャイプルに来たんですね。**

……ただし、たしかにこのおじいさんは我々の予想を裏切って良いドライバーさんであったが、それだけでリキシャ全体に対するイメージが変わることは無い。彼が信頼出来るからって他のリキシャドライバーもみんな信頼出来ると思ってしまうのは、**木を見て森を見ない考え方**である。もっと広い視野で物事を見ないとダメだ。

さて、オレが観光している間じいさんは待っていてくれるということだったので一人で湖の近くまで行ってみると、和訳して「水の宮殿」というその名が示す通り、藻の浮かんだきたなーい湖の真ん中から威厳の無い古ぼけた建築物が飛び出ていた。

うーむ。いささか名前とのギャップが感じられるな……。おおよそ、**「美人女将《おかみ》のいる宿」という番組のタイトルと実際に出てくる女将くらいの違いがあるな。**まあでもせっかく連れて来てくれたんだし、すぐに帰ったら悪いなあ。とりあえずしばらく湖の中央を見つめておくか。見つめると見せかけてフジテレビの山崎夕貴アナとアキバデートしている妄想でもしてよっと。

「おーい、ジャパニーズ」

「えっ？　なんですか？」

「もう帰るぞ。こんなとこ見る物なんてナッシングなんだから」

「あっそっ!!　たしかに僕もそう思ってたんですよ!!　こりゃ好都合(涙)!!」

よくわからんが、張り切って連れて来てくれた割には湖に着いて10分も経たないうちに、じいさんはもう帰ろうとボヤきだした。まあたしかにここにはあの宮殿以外見る物は無い。そして宮殿も、**せいぜいインドを旅行した他の人のブログで写真を見れば十分なレベルである。**わざわざ自分で現場まで来て見るほどのものではないな……。

でも、そんなに急かすのはおかしくないか？　これを見るために我々ははるばるやって来たというのに。

仕方なくサイクルの後ろに乗車ししばらく走ると、じいさんはペダルを漕ぎながらも後ろを向いて話しかけてきた。そういえば、3年前もジャイプルのリキシャの運転手はこうやって走行中に馴れ馴れしく話しかけてきたなあ。でもあの時は「どうだ、もし興味があるなら**工場見学に行かないか？**　おまえの知識を増やすために」なんてうまいこと言われて絨毯工場に連れて行かれたんだよな。それで**監禁されて**無理やり絨毯を買わされそうになったんだよな。そういう悪い奴もいたんだよなあジャイプルには当時。それを思うと、このおじいさんは親切でいいよなあ。

…………。

まさか……。

「オホン、そうじゃな、それじゃまあせっかくここまで来たんだから、**ついでと言ってはなんだが、」**

「ついではいりませんから。寄り道はよくありません。**あなたの好きなジャパニーズは、寄り道が嫌いな民族なのです**」

「ここはひとつおまえの知識の向上のために、カーペット工場を見学に行かないか？　何も買わなくていい。ただ見るだけだ」

「強引に話を進めるなよっっ!!!　今オレがうまく機先を制しただろうが!!　少しは『あちゃー、ばれたか』みたいな残念な顔をしろっっ!!!」

「**ノープロブレム。**なぜなら、何も買う必要は無いからだ。ただ見るだけ。おまえの知識のため。ジャストフォーユアナレッジだ！」

「**いりません。**なぜならば3年前に工場の見学をしたけど何一つ覚えてないから。だからまた見たって忘れるに決まってるから。つまりどうせ忘れる知識なら覚えるのなんて無駄なのだから」

「ノー。ユーアーノットコレクト。おまえは間違っている」

「とにかくイヤだって言ってるんだよっ!!　あんたの好きなジャパニーズが嫌がってることを、どうして押し付けるんだっ!!!」

「好きなればこそだ!!　ボーイ老い易くスタディ成り難し！　好きなジャパニーズには、カーペット工場の見学をしてもっともっと知識のある素敵な人間になって欲しいんだ!!」

「なるほどー。好きなればこそか。愛にはいろんな形があるんだね。って**バカヤロー**」

「と言っている間に着いたぞ、ここだ！」

「えっ、どこどこ？」

到着したのは、案の定土産物のカーペットショップが併設されている、古ぼけた絨毯工場であった。前の道路には荷物運搬用のラクダが繋がれている。なんかこの場所、見覚えがあるぞ……。昔連れて来られたところと全く同じじゃないかここ？　進歩が無いなまったく……。

そしてリキシャの到着とほぼ同時に、どうやって察知したのか工場の関係者の方が、**日米首脳会談に臨む内閣総理大臣のような抜群にわかりやすい作り笑顔**で迎えに出て来てくれた。

「ハロー、ウェルカム。おっ、どうしたんだそんなバット持っちゃって？　おまえはプロフェッショナルクリケットプレーヤーか？　まあまあ入れよ」

「入れと言われても、僕はカーペットにも工場見学にも興味がないので、**入りたくありません**」

「オ〜な〜にを言うんだ食わず嫌いの青年よ！　カーペット工場を見学出来る機会なんて滅多に無いんだぜ？　関係者のオレが直々に説明してやるから。すごいな〜いいな〜オレの説明つきで見学出来るなんて」

「ねえリキシャのじいさん。あんたさあ、ウォーターパレスまで往復で20ルピーって約束したよねえ？　工場に寄るなんてひと言も言ってなかったよねえ？」

「ノンノン。おまえは誤解している。オレがここにおまえを連れて来たのは、**ノープロブレム。**何度も言うが、ただおまえに新しい知識を持って帰って欲しいだけなんだ。せっかくジャイプルに来てくれたのだから。これがオレの、思いやりなんだ」

「そう言って結局カーペットの押し売りを受けるハメになるんだろうがっ‼　オレは知ってるんだぞ!!!」

「そんなことないよ。押し売りなんてされないよ。だってそこの彼はとても正直で親切で有名な工場関係者なんだから。なにしろオレはおまえに工場を見学してもらうためだけにここに来たんだから」

「絶対だな！　絶対にカーペットを買わされないな！　もしも何かを買わされそうになったら、戻って来てからこのバットでしばくからなじいさん！　約束だぞ‼」

「わかった。わかったから行って来い。何も買わせやしないから。まったくしつこい奴だな。年寄りを信用出来んのかおまえは！」

「よーし覚悟しとけよじいさん……」

くそ〜、かなり不本意だが、まあじいさんも何も買わせないとここまで言い張るし、いざとなったら護身用のバットもあるし、ちょっとだけ行ってみるか……。

しかしウォーターパレスの見学もそうだが、こうやって「リキシャに騙されて土産物屋に連れて行かれて嫌な思いをする」とかいう経験も、**インドを旅行した誰かのブログを読むだけで十分なんだよっ‼ オレだって、日本で他人の旅行記を見て「かわいそうだなこいつー、わっはっは」と笑っているだけの立場がいいんだよっ‼ こんなもん自分で経験するもんじゃねえぞっ‼ ふざけんなよコラっ‼**

工場に入ると、織機の前に女性たちが並んでカーペットを編んでいる部屋などに案内され、そこで関係者の青年（工場青年）はカーペット作りの過程をサラっと説明してくれた。

しかし、やはり見れば見るほど、オレはカーペット自体にもカーペットの作り方にも**全然興味が無い。**知識のためといっても、いったいここで増やした知識が将来いつどこでなんの役に立つというんだ(小さい人間)？ まあ、あからさまに関心の無さそうな態度は、働いている人たちにも悪いから一応大人として控えますけれども……。

全く盛り上がらないまま説明が終わると、次は別室に案内され、そこで今度は工場青年が**ここで作られた色々な土産物を、オレに買え買えと勧めてきた。**

あっという間にこの展開ですねっ!!!　なんて猛スピードで破られる約束（涙）!!!

つい今しがた、あれほどまでに「見学だけ」と強調してたじゃねえかよリキシャじいさん……。どうしてそんな10分少々でばれるウソが平気でつけるんだよっ。何も買わせないって言ったじゃないかよ!!…………。まあこうなる**だろうとは思ったけど。**

絨毯やらタオルやら服やらなにやら色々並んでいる土産物部屋で、長椅子に座らされどんどん営業を受ける健気な私。

「よし、じゃあ次はなあ、インドといえばこれは外せないという、民族衣装のクルターパジャマを紹介してやろう」

「民族衣装にも興味無いですっ!!　そういうのを土産で買って行って、ちゃんと日本で活用している人を一人たりとも見たことないですから！」

「あれもこれも、なんにも興味無いやつだなあおまえは。インドに来ているくせに」

「そう。私はインドになんにも興味が無いのにインドに来ているのです。**気まぐれな奴なのです**」

「いいことを教えてやろう。この後バラナシに行くだろう？」

「行かん」

「行けよ！　面白いところなんだから」

「じゃあ行く」

「いいか、バラナシはホーリープレイスなんだ。神聖な場所だから、インドの服を着ている人間しか町に入れないんだよ。もしおまえがそのダサイ少林サッカーTシャツでバラナシに行っても、すぐに追い出されることになるんだぜ？」

「追い出されないよ」

「追い出されるんだって」

「追い出されないんだって」

「いーや追い出されるね。ポリスに『ゲットアウト！』と言われるんだ。でももしその時にここで買ったクルターパジャマを着ていたら、どうなると思う？」

「まあそんなわけでそろそろ僕はおいとまさせていただこうかな……」

「話の真っ最中で帰ろうとするなよ!!!　ジャパニーズスクールでは人の話は最後まで聞きなさいと教えられていないのかっ!!　ステイヒアー!!」

「だって日本では、テレビに出てる政治家とか評論家とか偉い人は**誰も人の話を最後まで聞かないもん。**じゃあ逆に、インドの大人はみんな人の話はちゃんと聞くのかい？　それなら、**客が帰りたいと言ったらちゃんと聞いてくれるということなんだな？**」

「そんな時にクルターパジャマさえ着ていれば、外国人でも問題なくバラナシに入れてくれるんだ。だから、バラナシに行くんなら事前に必ず民族衣装を買っておかなければいけないんだ！」

「**人の話を聞けよっっ!!!　全然会話が成り立ってないだろうがっ!!　自分さえよければいいのかおまえはっ!!!**……だいたいなあ、バラナシで民族衣装着てる奴なんてほとんど見たこと無いぞ。インド人ですら洋服着てるじゃねーかっ！」

「ファイおまえがバラナシの人々のことを知っているんだ」

「前に行ったから」

「ノーノーノー！　ノット昔！　**重要なのはナウ！　今の話をしているんだ!!**　民族衣装がなければバラナシに入れない、これ現代インドの常識！　アイアム１２０パーセントシュアー!!」

「**オレはおまえがウソを言っていることが１２０パーセントシュアーなんだよっ!!!　なんでそんな自信満々に確信を込めたウソがつけるんだおまえはっ!!!　『インド人ウソつかない』なんてよくもまあ言ったもんだなコラっ!!!**」

「それは別にオレが言ったわけじゃないし。まあまあ、じゃあ民族衣装はいいとして、カーペットはどうだ？　もちろん大きなやつじゃなくて、持ち帰れるようなミニカーペットだ。

たくさん種類があるからな。よし、並べて見せてやろう！」

そしてパチン！　と指を鳴らすと（実際は鳴らしていないとしてもそういうイメージ）奥から使用人が出て来て、ミニカーペットを目の前の床にいくつも取り揃えたのである。

ああ……、この風景。3年前と全く同じだ。あの時もこうして目の前にたくさんミニカーペットを並べられて、**「買う買わないは別にして、この中でどれが一番好みだ？」**なんて繰り返し聞かれたもんだ。オレがいくら買う気は無いと主張しても**「ヘイヘイ！　買えって言ってるわけじゃないだろっ！　ただ好みを聞いてるだけだろう！」**と開き直られ、仕方なく1枚を選ぶと結局そこにつけ込んでそのカーペットをしつこく買わせようとして来るのである。

その作戦から逃れるためには、好きなものを選べと言われても**何も選ばない**のがいいのだが……。

工場青年は、早速1枚のミニカーペットを手にして話し始めた。

「オーケーオーケー。いいか、じゃあまず1番左にあるこのカーペットな、これは表から見るのと裏から見るのとで全然違う刺繍になっているんだ。面白いだろう？」

「あの、すみません、せっかくですがそういう説明をしていただいても興味無いんですけど……」

「わかった。男の旅行者ってのはだいたいそう言うもんだ。じゃあともかく、**買う買わないは別にして、**この中で『なんとなく気になる』とか『これはインタレスティングだなあ』と思うものがあったらちょっと選んでみろよ」

「**だ～か～ら～、**ただの工場見学だって言うから来てみただけで、別に土産を買いに来たんじゃないんだって！」

「**ヘイヘイ！　誰が買えなんて言ったんだよ⁉**　誰が？　**Ｗｈｏ？**　ただインタレスティングだと思うものを聞いているだけじゃないか！」

「あっ、そうでした！　別に買えって言われてるわけじゃないんだ！　早とちりしちゃった！」

「早とちりはよくないぞ。じゃああらためて、この中ではどれがインタレスティングだ？」

「これがインタレスティングだ」

「オー！　おまえは目の付け所がいいなあ。これはなあ、機械では絶対に作れない模様で、まあ説明すると長くなるけど、７００ルピーの品なんだ。でもおまえは特別に、アイライクジャパニーズ。……５００ルピーで提供してやるよ」

「**予想通りの展開ありがとうございます。**でも別にインタレスティングだけど欲しいってわけではないので、**買いません**」

「オーリアリー？　わかった。じゃあ次のやつ持ってきてくれ！　パチン！」

するとオレの前からミニカーペットが撤収され、今度はペラペラカーペットが並べられた。

「これはな、ペラペラカーペットじゃなくてマルチパーパスつまり多目的のシーツだ」

「なるほど、**帯に短したすきに長しですね**」

「そうだ。このシーツだが、1枚ずつ今からオレがめくっていく。だから、『**このシーツなら色違いも見てみたいな**』**と思うのがあったらそこでストップと言え**」

「はーい」

「いくぞ、はいまずこれ。……じゃあ次はこれ。……3枚目はこれ。……その次はこれ。……これはどうだ？……これは？……はい次。……これは？……はいこれで最後な。

……………。**言えよストップって!!!**」

「思わないんだもん見たいって」

「じゃあ、色違いはいいけど、とりあえず気になる1枚をピックアップしてみろよ」

「あのなー。もうほんとに興味無いんだからオレに売ろうとしても無駄だってーの！　オレは何も買わん!!」

「**ヘイヘイ！　誰も買えなんて言ってないだろう!?**　誰が言ったそんなこと？　**Who？**　ただ気になる1枚を選べって言ってるだけだろう」

「そうだった！　誰にも買えなんて言われてないんだった。**早合点しちゃった！」**

「オッチョコチョイな奴だなあおまえは。オーケー。ピックアップ！」

「これをピックアップ！」

「おまえって奴は、全くいい仕事を見抜く奴だぜ……。これはな、ラジャスターン州でしか採れない植物を使った染料で長い期間をかけてな、まあ説明すると長くなるけど、500ルピーの物なんだ。それを、いい目を持っているおまえのために！　**ユーアーグッドマン。**

……470ルピーにしてやるよ」

「値引き少なっっ!!!　なんでいきなりそんなに下げ幅が小さくなってるんだよっ!!!　もっとまけろっ!!　とはいえエニウェイ、オレはマルチパーパスにもパンパースにも興味が無いんだっ！　何も買わん!!」

「ノーノー。これは自分のためではなくて、日本のガールフレンドへのお土産にすればいいんだ」

「うっせーんだよ!!　オレのガールフレンドもカーペットには興味が無いんだっ!!　彼女はそういう人なんだ!!」

「ユーリアリーハブガールフレンド？」

「ノットリアリー。**じゃかましいわボケっ!!!　旅をするためにわざと彼**

女を作らなかったんだよっ‼　オレだって精力的に飲み会に参加すればガールフレンドの5人や6人なんてすぐ出来るわっっ‼　ただ飲み会に呼ばれないだけだっ‼!」

「たのむよ〜、オレのサラリーはベリーローつまり薄給なんだ。おまえが買ってくれなかったら、オレも困るしおまえも困るぞ」

「なんでオレが困るんだよ。オレは関係ないだろ………あっ！」

その時だった。

オレは工場青年との話に夢中になったばっかりに、いつの間にか反対側に来ていた別の従業員に気付くのが遅れてしまった。そして、振り返ったその時、オレが護身用に持っていたクリケットバットは、その別の従業員に奪われてしまっていたのである。

「おー、おまえいいバット持ってるなあ。これはオレが貰っておくからな」

ぎゃあ！　しまった‼

坊主頭でおそらく30代であろう、筋肉質のその別従業員は、今まで話していた工場青年とはまったく違い愛想のカケラもない顔で、「てめえこのままタダで帰れると思うなよ」というオレに対する憎しみの気配を全面に出している。

うーんどうだこれは。これほど簡単にバットを取られるなんて、オレは愚かだ。アホらしい会話が続いたため、ここからはトラブルもなく帰れるだろうとすっかり油断してしまったのである。

見ると、工場青年の顔からも笑顔が消えており、いきなり部屋の空気が変わってしまったのを感じる。ああしまった……、**これは監禁だ……まずい……**。

インドに限らずどこの国でもそうだが、現地でこうして何らかの店に連れて行かれた場合というのは、帰るタイミングを見極めるのが非常に大事である。特にその店に金を落とす気がない場合は、話が浅いうちにさっさと店を出なければならないのだ。もちろんオレは今までの経験でそれがわかっていたのに、護身用のバットを持っているせいでつい屋内で、しかも複数人の人間を相手に長居をしてしまったのである。まずいぞ。**とてもまずい**。

オレが心臓をバクバクいわせうろたえるのを見てニヤけながら、別従業員はバットを拳《こぶし》でポンポンと叩いている。

やばい。この人は本気みたいだな……。オレを見る目が**敵意むき出しだ**。これは、かなりピンチだ。まだ奥に何人いるかわからない、多勢に無勢の上、頼みの綱であった自分の護身用具が相手に渡ってしまっている。ああ～こえ～よ～(涙)。

こうなったら……、なんとかバットを取り返すしかない。また他の従業員が来る前に。まずそこからだ。このままではいかん!

オレは立ち上がり、全力で別従業員に食って掛かった。

「おい！ 返せよっ‼ それはオレが買ったバットだぞ‼ なんでおまえにやらなけりゃいけないんだよ‼‼ 返せっっ‼‼」

「な、なんだよ。そんなに怒るなよっ。ソーリーソーリー。はいどうぞ」

「は〜い。返してくれてありがとう」

めちゃめちゃあっさり返って来たぞっ(涙)‼‼ よかったっ‼‼

別に、**本気じゃなかったのねあなた。**すみません、僕、異常なほど臆病者なので、**なんか１人で勝手に追い込まれてました。**愛想ないとか敵意むき出しとか言ってしまってごめんなさい。

「へーイ、ちょっとバットを触ったくらいでそんなにムキになるなんて、実はおまえ相当クリケットが好きだな？」

「ま、まあそうかな……。これは日本では売っていないから、大切に持って帰ろうと思ってね……」

は、恥ずかしい。大の大人が、持っていたバットを取られたくらいで大きな声を出してしまうなんて。オレは日本では電車の中でお尻を触られても泣き寝入りしてしまうほど全く主張が出来ないタイプなのに……。お尻よりクリケットの方が大事だというのかしら。

私ったら……。

「あの、それじゃあそろそろ帰っていいですかね。ほら、ジャイプルは素敵な街だから、観光をしたいところがたくさんあるんです」

「そうか、残念だなあ。じゃあ気をつけてな〜」

「はーいどうも〜〜」

…………。

これまたあっさり帰してくれましたなあんた……。なんか意外だぞ。まあ「何も買わせようとしない」という当初の約束は破られたけど、それほど悪質ってわけでもなかったですね。お邪魔しました。ていうか、買わせないって約束したのは工場の人じゃなくて**リキシャのじいさん**か……。

ということでオレは無事工場を出ると、外で待っていたリキシャのじいさんを天に召そうと殺意を込めて近寄った。

「おじいさん、それでは出発しましょうか。死出の旅路へ」

「話せばわかるっ‼　待て若者よ！　そんなに生き急ぐでないっ‼　まあまあ落ち着いて。そのバットを下ろしなさい」

「こぉ〜のぉ〜ウソつきやろうがあ〜〜どれほどイタイケで純情な外国人をナメさら

せば気が済むんじゃワレぇ〜〜」

「これほどナメたのでもう気が済んだ！　だからもうあとは真っ直ぐ帰るからっ！」

「あんさんこれがオレの最後の情けだからな。**次は無いと思えよ**」

「オーケーオーケー。わかったよ帰ればいいんだろ」

憎たらしい老人は再びオレを乗せると、復路の終点である宿へ向かって必死でペダルを漕ぎ出した。背中が怯えている。さすがに、だいぶ反省している後ろ姿だ。

ちょっと、お年寄りに対して乱暴な態度を取り過ぎたかもしれんな。なんか、こんな若造がじいさんに自転車を漕いでもらってその上文句ばっかかというのも人として間違っているような気がしてきた。この往復って、かなりの距離だしな……。まあこうなったら、宿に着いたらいささかチップを上乗せしてやるか。2倍くらいは払おう。だって、**オレはエチケットが服を着ているような模範的な旅人だから。**

とオレも反省していたら、まだ宿まで道半ばの位置にある王宮前交差点で、じいさんはまたたび停車した。

「さあ、シティパレスに着いたぞ」

「え、どこだって？」

「シティパレスだ！」

「なんで？　オレ王宮を見たいなんて言ったっけ？」

「言ってないっけ」

「言ってない」

「…………」

「…………」

「まあ一応見ておけばいいじゃないか。結構面白いよここ。行ってらっしゃい。じゃあここまでの運賃をもらっとこうかな」

「もらっとこうかなじゃねーんだよっ‼　おいおい！　なに？　オレに何をさせたいわけ？　オレはもう帰りたいの。宿に戻ってよ」

「でも、もう、**今日は疲れたからこれ以上無理……**」

「ガゴ――――――ッッッ‼　おのれはあああああっっ‼」

「アイムタイアド。それに、ベリーホット（涙）」

「コラッ‼　じじいっっっ‼」

「もう無理。インポッシブル。だって遠いんじゃ！　**疲れたんじゃ（号泣）！」**

「わかったよわかったよ！　あーもう、なんとなくお年寄りには優しくしたくなる美しい心を持ったオレだから、もう今日は勘弁してやるよ」

「よかった。すまんが、あと10ルピーくれない？」

「やるわけねーだろボケがっっ!!!」

「年寄りに厳しいなぁあんた……」

そして道半ばでじいさんに投げ出されたオレは、そこからは自費で市バスに乗り、余計な時間をかけて宿まで帰ったのである。いやあ、もう明日にはこの街を出ると思うと、**本当に何をしに来たのかわからない。**

そして今日も夜は更《ふ》けるのだった……。

13. ボッタくり総本山バラナシ

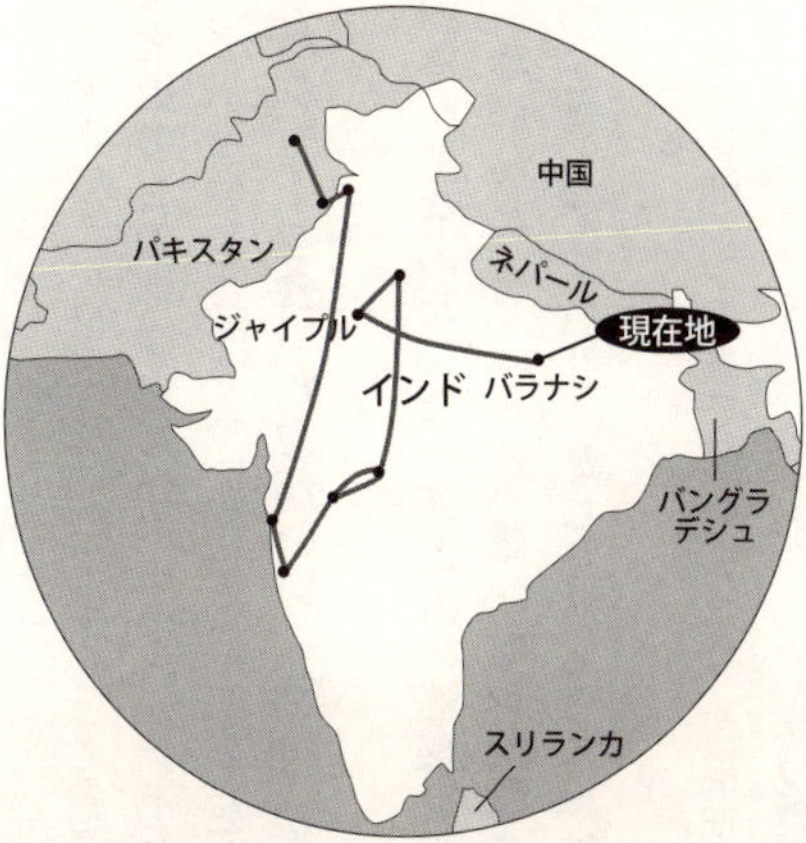

今日はこれからジャイプルを出て鉄道で一気に東を目指すのだが、国境のカルカッタ（コルカタともいう）まで休まず行ってしまうと35時間くらいかかり、オレの大嫌いな夜行電車で2泊もすることになってしまう。

オレが旅先で嫌いなものといえば、夜行の移動と蚊とパクチーと汚いトイレと安宿と体調不良と人との触れ合いと**まあ旅で経験する大抵のものは嫌いだが、**中でも夜行の移動は特別だ。はっきり言って、ひと晩を電車やバスの中で過ごすくらいだったら、**まだ汚いトイレの中で熱を出して蚊に刺されながらパクチーを食った方がいい。わけねーだろっっっ!!!!**

どれもこれも、**ひとつだってイヤなものはイヤなんだ。たとえ他人に迷惑をかけようとも、自分だけはイヤな思いをしたくないんだ。**……ああ、**誰かオレを殴ってくれ!!　おまえには旅をする資格なんて無いと言ってくれ!!　そしたらもう日本に帰るからっ（泣）!!!**

まあともかく、35時間も電車に乗っていたらオレはイヤ過ぎて死んでしまう可能性があるので（ウサギが寂しいと死んでしまうように、オレはイヤ過ぎると死んでしまう体質なのだ）、救命措置として途中下車を挟むことにした。

で、途中どこで降りるかというと、**バラナシ**である。

…………。

オエ〰〰〰〰〰〰ッ（シャーーッビチャビチャッ）。

ああ、バラナシのことを想像しただけでなんかドラスティックな悪心が（どういう意味だそりゃ）（涙）。

バラナシか……。あそこにも本当にろくな思い出が無いんだよな……。ってオレは**移動する度に毎回「この町にはろくな思い出が無い」って言ってる気がするけど、**じゃあ逆に、インドで楽しかった場所ってどこかあるのだろうか？　この際ちょっと思い出してみよう。インドで楽しかった場所……。むむむ。そうだ！　思い出したぞ。前回、空港が楽しかった。帰国する日の、デリーの空港。あと少しでインドから出られると思うと、もう嬉しくて嬉しくてしょうがなかったんだ。**……ああよかった。インドにも楽しい思い出があって。**

まあとりあえず楽しい思い出話は置いておいて、なんつってもバラナシといえば聖なる川・ガンジスが流れるヒンズー教の聖地であり、外国人旅行者はもちろんインド人の旅行者や巡礼者も全国から集結する一大名勝地だ。そして、当然のごとく**観光客の多さとそこに**

出没する悪徳インド人の数は比例する。デリーもジャイプルも散々だったが、バラナシの悪党の多さはおそらくそれ以上ではないだろうか。かつて女子プロレス界を震撼《しんかん》させたダンプ松本率いる極悪同盟ですら、バラナシに連れて行ったら**「こんな悪い奴が多いところもうイヤだよ〜(涙)」と泣き出してすぐに帰国してしまうのではないだろうか。**

……とバラナシについて熱く語ってしまったはいいが、そういえばまだオレはジャイプルの駅にいるのだった。これから電車に乗るのである。相変わらずテンポが鈍いなあこの旅行記は。

さて、ここのところ、日中の気温の高さがかなり大変なことになっている。デリーまではまだかろうじて耐えられるレベルだったが、南のジャイプルに来てからはもうダメだ。そんな日中の気温は**40℃**を越そうというこの時期、空席の都合によりバラナシ行きの電車でのオレの席は、**エアコンなし**の2等寝台であった。

これはもう、走るサウナどころか走るすき焼き、いや、**走るプロミネンス**である。しかもオレの席は上中下3段の一番上、最も暑い席だ。どうして上の席が一番暑いかというと、どうだろう、例えば今までこういう経験は無かったかい？　お風呂に入る時に、あらかじめ湯加減を確かめて丁度良いと思って入ったのに、**下の方はまだ冷たくてびっくりした、**

なんていうことが。あるかなそんな経験？　**オレはないけど。**だって焚くタイプの風呂なんて今時滅多に見かけないからね……。じゃあまあ**たとえ話は置いといても、**水も空気も、温度が高い部分は一様に他の部分より上昇するものなのだ。それが答えだ。だから上の席は暑いのだ。風呂の話は忘れてください。

ハシゴを伝って最上段の席に潜り込むと、ひと呼吸ついた頃にはオレの全身は汗でずぶ濡れになり、着ていたのが白いTシャツだったものだからブラがはっきりと透けて見える状態になってしまった。ワコールしか付けないのよ私。いや……**見ないで……。**

灼熱の午後2時にようやく発車したのだが、窓から入ってくるのは完全なる熱風。なんつー暑さだ……。これは暑い。とうてい日本の比ではない。まるで、扇風機すら無い真夏のアパートの4畳半で、**ルー大柴と松岡修造と松木安太郎を招いて日本代表の試合を見ながら鍋を囲んでいるような熱さである。**

オレはそのまま**12時間ほど**汗のプールで泳ぎつつ意識を失っていたが、夜中になると今度はいきなり気温が下がり**冷風**が吹き荒れるようになった。この辺りは砂漠地帯のため、昼と夜の温度差が凄いのだ。日没を境に、走るプロミネンスから一気に**走る永久凍土ツンドラ地帯**への転身である。「ツンデレなら知ってるけどツンドラなんてわかんなーい」という人もいるようなので説明しておくと、ツンドラというのは普段は「な、なによあんたなんか！」とツンツンしているくせに、たまに「ドラえもん大好き〜」などと子供心を見せて**ドラドラし出す**という萌え系の性格のことだ。

体も洗えず昼には熱波を、夜には寒波を続けて浴びると、暑い寒いに加えてもうひとつ新たなる地獄が加わることになる。人呼んで、それを**ベトベト地獄**と呼ぶ。

オレはわざわざハシゴを伝って下まで降り、バックパックから毛布を引っ張り出してまたハシゴを上り（ああ面倒くさい）、汗の引き潮の後の体にかけてみるとあら不思議。特に首筋近くの肌に触れた毛布が、固形化した汗と汚れによりそのまま糊でも塗っているかのようにベタ〜ンと、**ベタタタ〜〜ンと**貼り付いてしまうのである。毛布を引き剝がすと、軽くベリベリと音がするほどだ。

いやー、**今日びなかなか先進国民がここまで気持ち悪い目に遭うことも珍しいですよ。**だって普段僕たちは何不自由ない快適な都会生活をエンジョイしているじゃあありませんか。**都会の利便性を享受しているじゃあありませんか。**だから、こういう気持ち悪さというのは、**我慢できんっっ!!!　きもちわるうーーーっ（号泣）!!!　キモい!!　毛布なんてかけてられるかっ!!　でも取ったらさむーーーっ（涙）!!!　かけたら気持ちわるうーーーっっ（号泣）!!!**

気持ち悪かったり寒かったり、時には**気持ち悪い上に寒かったり**しながら、そのまま太陽が出るまで5時間ほど凍えそして眠れずに過ごすこの不憫な私なのでありました。

そして、朝方やっと太陽が出た。と思ったら、

あつ―――っ（涙）!!!!　暑い!!

……………。なんでも極端過ぎるんだよインドはっ。ばかっ。

その後通りがかりのインド人のオカマに札束で顔を殴られたりしながら（小銭を恵めという要求に応じなかったため）、汗の波に呑まれ気を失いながら、ちょうど正午前になんとかバラナシの駅に到着した。

……………。

ああ、到着してしまったかそんなところに……。暑いのもイヤだけどバラナシもイヤだ……。「暑いバラナシ」なんて更に最悪中の最悪、肥溜《こえだ》めで長湯をするよりイヤだ……。

さて……。

たしかここ、駅を出る瞬間から客引きが殺到して来るんだよな……。出たくないなあ。少しは静かになってればいいけど、多分変わってないよなあ。期待は持てるかなあ。変わってるかなあ。ひょっとしたら。よし、出てみるか。


「ヘーイ！　どこ行くんだ‼」

「リキシャーか？」

「こっちだ！　乗せてってやるよ！」

「ハロー！　日本人！　ガンガー？」

「荷物持ってやるよ！　こっちこいよ！」

「何言ってるんだ！　オレのリキシャに乗れよ！」


変わってないなあ……（涙）。


「オホン。ガンジス川沿いの旧市街まで20ルピーで行ってくれる方はいませんか〜」

「オレが行ってやるよ！　さあ、こっちだ。乗れ乗れ！」

「おっ。名乗りが早い！　ではあなたに頼みましょう！」

立候補した一人のオジサマは、例によって走る振り込め詐欺・オートリキシャの運転手であった。リキシャ置き場まで行きバックパックごとオレが後部座席に乗り込むと、しかしなぜか運転手は運転手のくせに運転席に座ろうとせず、運転手のくせに遠くにいる**誰かを呼んでいる。**

……あのー、**間違いなくあなたが呼んでいるのは災いですよね。絶対なにか悪いことを企んでますよね。**

そして登場したのは、宿のビジネスカードを持った**安宿斡旋オヤジ**であった。お勧めというかオヤジと提携している宿のカードをオレに見せながら、強引なトークが始まる。

「ハロー、ようこそバラナシへ！　では前置きはさておいて、この『オームビシュナワートロッジ』という宿は安心、快適、気持ちいい、とても素晴らしいところだぞ。今からここに行くように運転手に話すけど、問題ないな？」

「**問題あるよ。**その宿、昔も無理やり連れて行かれていろいろ嫌な思いをした記憶があるっ!!　あそこは旅行者が集まる旧市街から遠いから行かん!!」

「いや、そんなに遠くないいんだ。それに前よりも益々快適になったから、ここに行くように運転手に話すけど、いいな？」

「いやだっつーの!!!　『そんなに遠くないんだ』、って**明らかに遠いじゃねえかよっっ!!　オレが以前実際に泊まってオレの感覚で遠かったんだよ!!　なに基準で遠くないと言えるんだよおめーはっっっ!!!**」

「いや、そんなに遠くないんだって。とにかくここはベリーコンフォータブル(とても心地よい)で……」

「おーい運転手!!　あんた、そもそも旧市街まで20ルピーで行くって名乗り出たんじゃないのかよっ!!　余計なオヤジを挟ませずにとっとと発車しろよ!!!」

「まああいいじゃないか。そのオームビシュナワートロッジはとってもいい宿なんだぞ」

「このやろ～。いいよ、あんたが行く気がないんなら他のリキシャを探すよ。あんた以外にもリキシャはいくらでもいるからなっ!!　ほら、そこにもあそこにも!!　あんたより1・5倍は信用できそうな人々が(2倍までは信用できない)!!」

「**ウェイトウェイト!!**　待ちなさい、まあ座りなさい。**まあ座りなさいって!　シットダウン!!　シッダウン!!**」

リキシャを降り立ち去ろうとすると運転手は慌ててオレを押し止め、まあ座れとにかく座れと促してくる。自分はさっきから一度も座ってないくせに。

「落ち着け!　まず座れって。座って話を聞こうじゃないか」

「座って欲しいんなら、**おまえが先に座れっ‼　これから出発しようという時にリキシャの運転手がなんで立ってるんだよ‼**」

「まあいいから、とりあえずもう一度座りなさい」

「おまえが先に座れって言ってるだろうが」

「座るから。まず客を座らせてから運転席につこうとしているだけだ」

「さっきまでオレは座ってたのにあんたずっと立ってたじゃねえかよっ‼　とにかくあんたが先に座れ‼」

「座るけど、その前におまえが座れって」

「座らんぞっ‼　あんたが先だっっ‼　あんたが運転席にちゃんと収まったら、オレも乗ってやるよ‼」

「わかったわかった。座ればいいんだろう」

するとオジサマは意外にもあっさり運転席についたので、オレも後部座席に戻った。そしてオレが座るのを見届けると、運転手は「よし、座ったな。じゃあオレは立つから」と**再び運転席から外に出て行った。**

……………。

オレ、今ここで何やってるんだっけ……。なんか状況がよくわからんくなってきた。**「座**

らせたもん勝ちゲーム」でもやってたんだっけ。

違うぞ。オレは座らせたもん勝ちゲームをやっているんじゃない。ここからバラナシの旧市街に行きたいと、そう殊勝に願っているだけだ。なんでまだ駅にいるのにこんな**立ったり座ったり必然性の無い争い**をインド人と繰り広げてるんだオレは。

まずドライバーを運転席に座らせることがこれだけ大変では、実際に目的地に着くまでには季節が変わりそうな気がする。もうちょっと有意義なことに時間と気力を使いたいぞオレは。東京ディズニーランドでＡＫＢ48のまゆゆとデートする妄想とかそういう有意義なことに。

ということでオレは座席から出て、バックパックを担ぎ直し、おっさん2人を罵った。

「このスケベ野郎!!　誰がおまえらなんかに頼むかっ!!!　いいかおまえらっ、おまえら二人はなあ、オレの妄想の中で服を全部脱がせて愛し合わせてやるからなっ!!!　大変なことになるからなっっ!!!」

「ヘイヘイ!　ウェイト!　待て待てっ!!!」

その後別のリキシャを捕まえて、やっとバラナシ旧市街の中心、「ゴードウリヤー交差点」までやって来た紳士の私。リキシャを降り、そのまま荷物を背負って歩き出すとものすごい数のインド人が寄って来る。全員、コミッション狙いの宿の斡旋である。

これがまた次から次へしつこいのなんの……。もう泊まる所は決めてるよと断るのだが、脅してもすかしても怒鳴ってもわめいても致死量の毒を飲ませても、一人振り払うとまたすぐに一人現れる。道端でダラーンと座っている奴らが、オレという**歩く財布**を見た途端バッと立ち上がり、「なあ〜プージャーゲストハウスに泊まれよ〜」などと呪いの言葉を囁《ささや》きまとわりついて来るのだ。

また来た。今度は子供だ。こんな中学にも上がらないような児童にも客引きをやらせてるのか……。

「ハロー、ラクシュミゲストハウスに行かない？　ヤスイヨー」

「うるせえなあ……」

いちいち英語で相手をするのに疲れたオレは、子供に構わず日本語でうるせえなあ……と呟いた。すると、それを聞いた子供もなぜか**日本語**で返して来る。

「うるさいとはナンダヨッ‼」

「なんで日本語がわかってるんだよおまえはっっ‼!　すごいなっ‼　でもちょっと不気味っ‼」

「どうですかラクシュミゲストハウス。ここから歩いてすぐダヨー」

「もういいから。行かないったら行かないんだ」

「バーカ」

「おまえちょっとこっち来いやコラっっ!!!」

「ワヒョー―♪」

日本語がわかる客引きの子供は、ひと言日本語で「バーカ」と言い放つとスタコラと逃げて行った。……なあ、インドって、**どういう国？**　なんであんな学校も行ってない子供が日本語喋れるの？　そして**なんでその覚えたての言葉で初対面の外国人を罵れるの？　大人のバイリンガルでもなかなか出来ないよそんな思い切ったこと。**

く～～、また来たよ。今度は英語で喋るおっさん客引きだ。

「ハロージャパニー。ガンガーフジゲストハウス、ユーライク？　ベリーグッドな宿だぜ。来い来い」

「いーからっ!!　オレはもう泊まるとこは決めてるのっ!!」

「ガンガーフジゲストハウス、ベリーグー。カモン。こっちだ！」

「行かないっつってんだろうがオイ!!　怒るぞオレはっ!!!　もう怒ってるけど!!!」

「来ればいいんだよ。いい宿なんだから。ほら、荷物を寄こせよ。持ってやるから」

「カチーン。**オレに触るんじゃねえこのジジイっ!!! 向こうに行けっ!!!**」

20時間サウナ風電車の中で寝れず、疲労困憊《こんぱい》の状態のところにしつこくされてなおかつ荷物を強引に引っ張られたもんだから、オレは思わず「触るな！　向こうに行け！」とおっさんの肩を強く押してしまった。すると……

「ナニすんだよコラっ!!!」　ドンッ！

若造にナメられちゃたまったもんじゃないと、すかさずおっさんもオレの肩を突き返してきた。あっという間に非常に険悪な空気である。…………………。

「けっ！」

オレはしばらくおっさんとにらみ合った後、**別におっさんとにらみ合ってもオレの人生が先に進むわけじゃない**ということに気付き、怒りを抑えてさっさと立ち去ることにした。もうしつこい人に構ってないで早く宿に落ち着こう。寝かせてくれ。

ところが、若者にナメられた苛立ちが収まらないのだろうか、おっさんがオレの後を追って来る。やっかいだなこりゃ……。やる気なのか？　言っとくけどなあ、口喧嘩はするけど本当の喧嘩は嫌いだよオレは。**だって弱いから。威勢はいいけど肉体は恥ずかしいくらい貧弱なの（涙）**。

少々のトラブルの予感とともに止めに入ってくれそうな通行人を探していると、おっさんはオレに追いつき言った。

「なあ、ガンガーフジゲストハウスに行かないか？　いいだろう？　安くて快適なところなんだから」

「そっちの話かよっ!!!　ケンカじゃなくて!!　まだ生きてたのその営業の件!!　どんだけ気持ちの切り替えが早いんだよあんたはっ!!!」

なんなんだこいつは……。

普通さあ、これだけ険悪な感じになったらもうそこで話は終わるだろ？　**もう宿の斡旋なんて気分じゃなくなるだろ？**　前向きな性格の人だとしても、「ちょっと今回は険悪になっちゃったけど、いつまでも引きずってちゃダメだ。よし、気分を切り替えて**次の人には笑顔で接するぞ！」と通常は次の相手からやる気を取り戻すじゃないか。険悪を全く無かったことにしていきなり話を戻せるか普通？**　オレは戻せんぞ。たとえあんたが戻そうとも。

オレはおっさんをとことん無視して歩き、ガイドブックの地図を頼りにやっとのことで目指す宿へ辿り着いた。シングルルームに無事チェックインすると、すぐにシャワーを浴びてベッドにダイビング。

ああ～。洗ったばかりの体でベッドに横になれるというのは、なんという幸せなこ

となんだ〜（涙）。

はっ（サラッ）。ふはっ（サラッ）。おおお、動く度にサラサラと音がするっ。つい2時間前までは呼吸をするだけでも**べった〜んべった〜〜ん**と粘液と垢《あか》と泥塩水がうねるベタベタ音しか発しなかったのに……。はいさっ（サラッ）、はいさっ（サラッ）、**はいはいはいはいはいはいはいはいはい（サラサラサラサラサラサラサラサラッッ）!!**　↑ベッドの上で平泳ぎ

おお〜〜最高だ〜〜〜。ああ、オレはやっとバラナシに着いたんだな……念願のバラナシに……。**よし、とりあえず寝るぞっ！　バラナシのことなんか忘れて!!　グガ——（爆睡）。**

おはようございます。

ひと眠りし、オレは夕方前に目覚めた。よし、じゃあ早速行ってみるか。ガンガーに……。

バラナシではガンジス川は「ガンガー」と呼ばれている。ヒンズー教徒は体を清めるためにこの聖なる川で沐浴《もくよく》をし、旅行者は沐浴をする人々やガンガーの景色を見物するためにここに集まって来るので、ガンガー沿いはこの町で最も人が多い場所と言ってよい。

宿を出て未舗装の道を進み、水の気配を頼りに歩くと発見した。3年ぶりに見るガンジス

川、ガンガーだ。

　なんか、水量も人の数も妙に少ないような気がするな……。

　つーか、なんだこの暑さは。ちょっと、**猟奇的に暑いぞこれ。**これが川辺の気温か？　いや、ここは地面が石畳だから、熱を反射して余計暑いような気がする。

　インドは5月が一年のうちで最も暑いそうなのだが、今は4月半ば。ピークの前夜祭のようなものだ。できればオレもインド人のように暑さ凌《しの》ぎのため川に入りたいが、ガンガーの水は先進国民が飲んだら**死亡フラグが立つ**ようになっている。何しろ地元民はこの川を**風呂やトイレ代わり**に使っているし、**動物や人間の死体もよく流れている。**外国人は、ガンジス川の水で洗ったコップで売店のチャイを飲んだだけで、腹を壊してしまうらしい。

これがまだ長澤まさみちゃんが泳いだ直後だったら、**「も、もしかしたらこの水が、この水がまさみちゃんのむね、むねにあたった水かもしれない！　ウハハあ〜っ!!」**と叫んで**手当たり次第飲み干す**かもしれないが、残念ながらまさみちゃんがテレビドラマ『ガンジス河でバタフライ』のロケでガンガーを泳ぐのは、まだずっと先のことなのであった。……ああなんというか、**暑過ぎて変なことばかり考えてしまう。普段のオレはそんなえっちなこと絶対に考えないのに。**

「ハロー。アーユージャパニーズ？」

「ハロー。この暑いのに積極的に握手を求めてくる暑苦しいあなたは誰ですか？　握手好きな人ですか？」

首からタオルを下げた、風呂上がりのようなリラックスした服装の角刈りじいさんが握手を求めてきたので、国際人として快く応じると、そのままオレは手をマッサージされた。どうやら、**路上マッサージ師**に捕まったらしい。

ガンガー沿いにはこのような路上マッサージ師がたくさんいて、彼らは通りすがりに素性を隠して握手を求めてくるのだが、こちらが油断して手を握り返してしまうとそのまま強制的にマッサージを受けるハメになるのだ。当然、**その後でマッサージ代を請求される。**

求められる握手すらも警戒しなければいけない町、それがバラナシ。信じれば裏切られるそれがオレの人生。

「じゃあ続きはあそこのゴザの上でやってやるから。疲れてるんだろう？ オレにはわかるんだ。さあ来な！」

「ほえ〜〜〜」

オレは暑さに負けて抵抗する力を失っていたため、そのままマッサージじいさんに拉致《らち》されて近くのゴザまで連行された。しかしふと見ると、なんだかゴザの上には**ノラ犬のフン**が落ちているではないか。しかしおっさんは裸足でそのフンをスコーン！と蹴り、「さあ、これで大丈夫だ！」とオレをその上に寝かせようとした。

「ちょっと待ってくださいっ!! 今、フンありましたよね!? あったじゃないですかっ!! 寝れないってこんなところに！ 寝れるかっ!!!」

「細かいことを言うなって。ほら、うつ伏せになって。よいしょ！」

「ぎよえええええええええ〜〜〜〜〜〜」 ゴローン。

きたね〜よおおお（涙）。

マッサージじいさんのこの道40年の熟練の技で腕を極められ、オレはフンが立ち退いた後のゴザに、フンの次の居住者として転がされた。すると、マッサージじいさんは**つい今しがた**

フンを蹴飛ばしたその素足で、そのままオレの背中に乗ってきた。

ギャ——汚い!!!　フンを蹴った足が背中に!!　ウオ～キモい!!　腹が!!　腹がフンの跡地に強く押し付けられているっっ!!!　腹がっ！　背中がっっ!!　前から後ろからっ!!　前後からフンに挟まれているっ!!!　あづ———っっ!!!　めっちゃめちゃ腹が熱いっ!!!　石畳が熱過ぎるっっ!!　ゴザ１枚じゃ全く熱を吸収できてねー!!!　ぐえ——っ!!　あづぎだないっ（涙）!!　石焼きオレになるっ（号泣）!!!

…………………。

マッサージを受けている気持ち良さは一切無く、オレはひたすらじいさんの下で熱さと汚さに耐えていた。くそ……宿で大人しく寝てりゃよかった……。**ついさっきまであんなにサラサラだったのに（泣）!!　今は前後からフン挟みの石焼きだなんてっ（涙）!!!**

そんな時にも、湯気を上げたちんちんのヤカンを持って通りかかったチャイ売りが、めざとく商談を持ちかけてくる。

「**チャイ～チャイチャイチャイ～～（低音で）**。おっ、ジャパニーズ。チャイ飲むか？　１杯５ルピーだよ」

「飲むわけねーだろっっっ!!!　なんでこの暑いのにアッツアツのチャイを飲んで内から外から温めなきゃいけねえんだよ!!　だいたいこの体勢でどうやって飲むんだっ!!　オレがチャイを飲めそうな体位かどうか一目瞭然だろうがっっ!!!　見りゃわかるだろうがてめーーっ!!!」

「チャイ〜チャイチャイチャイ〜（特に気にせず去って行く）」

ぬ〜〜〜〜っ。人の都合を考えない国民め〜〜。

そのまま、オレは30分ほどマッサージを受けた。川沿いにも当然ノラ犬やノラヤギやノラ牛がいるため、特に牛が近づいて来た時には**マッサージじいさんに大声で知らせて追い払ってもらいながら**の30分。ヤギならまだいいが、牛は危ない。踏まれたらオレはつぶれるし、真上からドバドバとフンでもされようものならオレは**埋もれる**。

そしてまったくくつろげずに汗とその他いろいろまみれになったオレは、最終的に200ルピーを請求してきたマッサージじいさんと定例の**怒鳴り合い**を繰り広げることとなった。

オレは決めた。この町では、**宿から出ないぞ。**

14.　デルリを過ぎてゲルリ

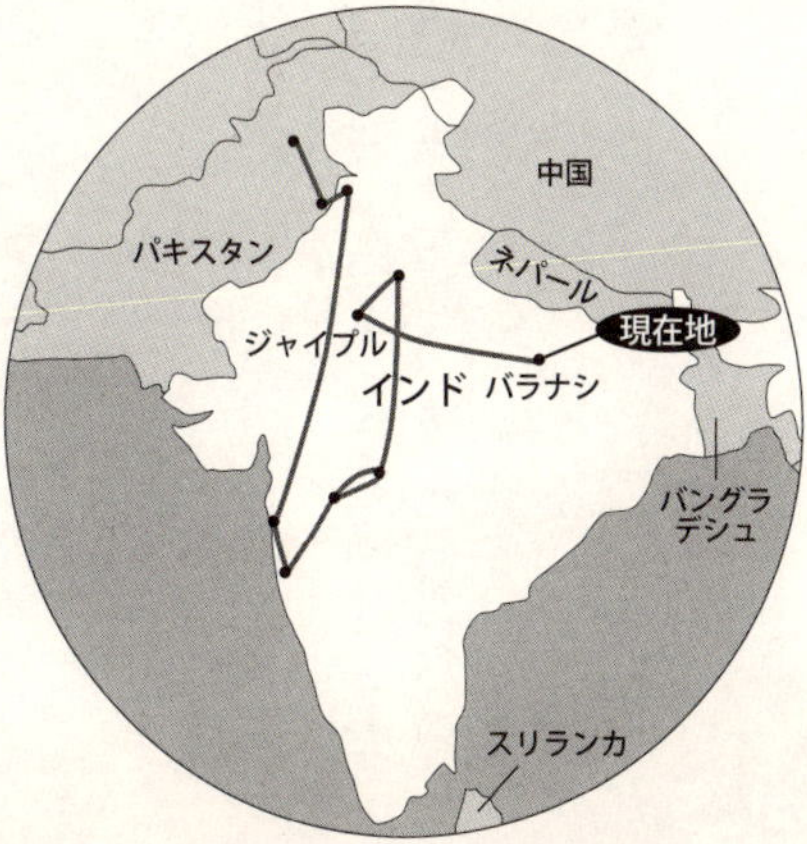

今日の夕食は、バラナシでも有名な日本料理を出す**安食堂**で、キムチそばに、ナスの生姜醤油《しょうがじょうゆ》漬けだでよ。

イヤッホーーー!!!
和食!!　和食サイコーー!　エル・オー・ブイ・イー・ダブリュー・エー・エス・以下略ハート(LOVE・WASHOKU♡)

生まれ育った祖国日本を後にして、アジア横断の旅に出てからはや15年。僕が、どんなに和食に会いたかったかわかるかい？　**どんなにむしゃぶりつきたかったかわかるかい？**

ああ……今むしゃぶりつくべきは生娘の尻より日本そばじゃ……。出来れば生娘の尻を隣にスタンバイさせて、ご飯↓主菜↓副菜↓汁物↓**尻**とマナー通り順番にむしゃぶりつければそれが一番いいが、ここに生娘はいないので今はマナーは二の次じゃ。キムスメよりキムチじゃっ！　さあ食うぞ!!

えっ？　なんだい？　「どうせインドなんかで出る日本食が、まともな味がするわけないだろう」って？

おまえ……、**インドさんを馬鹿にするなよっ!!!**

「どうせインドなんかで」ってなんだよ。**なんだそのアジアの仲間に対しての失礼な言い草はっ!!**　いいか、ひと言でもインドの悪口を言ってみろ。オレが許さないからな。もしインドの悪口を言っている奴をオレが見つけたらなあ、**そのひと言に対して1往復の**

ビンタを食らわしてやるからなっっ!!!　パンパンパンパンパンパンパンパンパンパンパンパンパンパンパンパンパンパンッッ（自分に対して1万往復ビンタ）!!

そりゃあね、デリーのメインバザールなんかで「ニホンリョウリあるヨー！」と呼び込みされて入った食堂の和食は、あまりの味狂いお粗末和食ぶりに最初のひと口で**「こんなもん食えるかテメーッ!!!」**と叫んでテーブルをひっくり返し店主と殴り合いに発展し、結局1発でのされて泣きながら店を出たこともあったさ。

でも、ここバラナシはインドでも最も多くの日本人旅行者が集う町。そこで日本料理を出しているのだから味も磨かれているだろうし、**後々のとある事情のため店名こそ出せないが、**壁の貼り紙には「この店ではキッコーマンを使い他店とは違う本格的な日本料理で勝負しています」との日本語の説明もあるんだ。店員はみなさんインド人なのに。

今時、日本だってキッコーマンを使った料理なんて滅多に食べられないぜ？　全盛期の小室プロデューサーでもキッコーマンはせいぜい1ヶ月に1本しか飲めなかったんだぜ？

では食べます。パクッ

マズーー（涙）!!!

なんていういつもの展開だと思ったあなた。**甘いっ‼**　そんな、オレがバカの一つ覚えみたいに盛り上げて落として盛り上げて落としての書き方を繰り返す人間だと思ってるのか⁉　**たしかにそういう人間だけど、**今日は違うのだ。

うめ————っっ（号泣）‼!

ホントに美味いっっ‼!　和食だっ‼　これが和食だっっっ‼!　わ～ショック（爆笑ギャグ）‼

日本人の体っていうのは、和食が一番あってるんだよやっぱり。そうだよ。オレは日本人なんだ。だからオレは、**インドカレーを毎日食って育つようには出来てねえんだっ‼　辛いもんばっか食ってるからおまえらインド人は怒りっぽくなるんだっつーの‼　見てみろ日本食で育った日本人のこのオレをっ‼　どんな理不尽なことをされても全然怒らないだろうがっっ‼!**

とにかくちゃんと醬油の味がするというのが良いですね。ナス好きなんです。本当にナスが好きなんです。**ナスてわだすはこんなにナスが好きなんじゃろうか。**ナスは美味くてもなんとなくこのキムチは油ぎってるというか、まあ新鮮な感じではないというかむしろ腐ってるような味がするけれど、でも、**味がどうこうというのは、今言うべきじゃない。それは違う。それはＴＰＯをわきまえてない。**今はキムチが食べられるという、和食が食べられるというそのこと自体の幸せを噛み締めようじゃないか。キムチは和食じゃないじゃないかなどということも、今は言うな。

ごちそうさま――――！　めちゃめちゃ平らげた‼　珍しく残さずに食べた！　皿洗いの人に優しい食べ方をした‼

「美味しかったですおじさん！　はい、代金そしてチップ！　これは私《わたくし》からの、あなたの腕前に対する尊敬の意味を込めたチップです」

「ありがとなー」

「なんなら明日も来ます。明後日もその次もその前も‼」

ああ、最高だった。

ああ美味しかった。

まさかバラナシで、しかもたった１００円でキムチソバが食べられるとは……。

最高です。本当にここは最高なリストランテです。もし僕がミシュランの編集スタッフだったら、この食堂を最新のミシュランガイドには**特に掲載しません。まあ、それほどのものじゃないってのは僕もわかってます。**

そんなわけで、オレは弾む心に足取りも軽く、ルンルン言いながらリストランテを後にした。

美味しい物を食べると、人は自然に笑顔になるものなんですね。今なら、リキシャの運転手にふっかけられても**全額払っちゃう。**宝石屋に連行されたら**店ごと買い占めちゃう。**なんだか今夜、**自分のことを初めて好きになれそうです……。**

宿に帰ったオレは水シャワーで1日分の汗を流し、誰もがうらやむ魅惑のボディを自分で独り占めにしてベッドに倒れこんだ。まだこの体は、**誰の物でもないの。オレのキャッチフレーズは、「さくら剛29歳、まだ誰のものでもありません」**なの。

さあ寝よーっと。

ということで、オレは寝た。3時間くらい寝た。そして、**発症したのは夜中の2時頃であった。**

……………。

気持ち悪い……。

胃が……胃が腸が……。うう、**気持ち悪い〜〜っっ。**

ぬお〜、経験上、非常にまずい種類の気持ち悪さだなこれ。これは……、く、来るぞ。始まる。これから、とっても苦しい時間が始まる。「苦しい時間イズ　カ〜ミ〜ング　トゥ〜ナ〜イト♪」と腹痛マスターの直感が歌っている。ねぇ聞こえ〜て、来るで〜しょ♪　苦しみの音が〜すぐそこに♪

5なんだ……

何が原因だこのヤロウっっ!!!

……………。

キムチだ。　キムチに完全にやられた。

4今思えばあのキムチ、キムチにしては**尋常じゃなくマズかった。**冷静に分析すればあのマズさは「白菜も大根も腐りきりカビまみれだけど、まあ唐辛子をぬりたくるからバレないだろ。**使っちゃえ使っちゃえ！　ノープロブレム**」と、店員が**牛でも下痢になる**

レベルの腐った野菜の使用を強行したというのが容易に想像できるものであった。だがとにかくキッコーマンを使うような本格料亭でキムチなんてものを食べられるという興奮に、オレの意識は全ての疑念を強制的に封印していたのである。

というか、

3　**↑なんじゃこのさっきからちょこちょこ出てくる数字はっ!!　邪魔なんだよっ！　なんだっ、カウントダウンか？　腹痛のカウントダウンだとでも言うのかっ!!　何を小細工してやがる!!　そんなくだらねー小ネタは必要ないんだよテメー!!　来るならさっさと来ればいいだろうが!!　今すぐ来ればいいだろうがっ!!　オレがカウントダウンを早送りしてやらあっ!!!　3、2、1、0!!!**

いってええ〜〜〜〜〜〜っ（涙）!!!　いだいっ！　腹がっ!!　腹が痛い〜〜〜〜〜〜っ（号泣）!!!

ゴロゴロロゴリョリョロロ……ゴロゴロロゴリョリョロロ……

はうっ!!!

キタ━━━━ノ(A)。(A。)人(A。)人(A。)、(A。)━━━━━━━━━!!!

来ましたよ！　やっぱり来ましたよいつものあいつが!!

オレは幸いトイレつき（インド式だけど）のシングルルームに泊まっていたため、ベッドの上で衣服を全て脱ぎ去ると全裸でトイレに駆け込んだ。

ぐううううう～～っっっっ!!!

※ご注意ください

…………。

ビチャビチャッ！

シャ～～～

まさしく**尻がビクトリアの滝状態。**（撮影：さくら剛）

い〜や〜だ〜〜〜（号泣）。

旅下痢では毎度のことであるが、本来の姿を見失った**謎の液体**が尻からとめどなく流れ、便器へ向かう激しい水流（奔流）を巻き起こしている。この勢いでは、尻から噴射されていったものが**便器に当たってそのまま跳ね返って戻って来そうである。**

洋式トイレでもたまに溜まっている水が跳ねてお尻に帰ってくる「お釣り」があるが、和式とほぼ同じ形のインド式便器の場合帰ってくるのは水ではなくアレそのものなので、言うなればお釣りではなく**返品**である。ここは、出来るだけ尻を持ち上げて、更に尻筋の力で激流の勢いを弱める努力をせねばならない。

一旦大腸から今ある全て、**ボヤ程度なら消せる量の液体**を放出したオレは、右手で手桶をうまく操り水をかけながら、**左手で尻を拭いた。**知らない人もいると思うので説明しておくが、インドはじめアジア諸国では用を足した後、トイレットペーパーではなく**左手を使って処理する**のである。

なあに大丈夫。最初は汚く感じるかもしれないが、だんだん「ムニュッ」というスライム風の感触が**快感になってくるから。**なおかつオレのようなベテランになると、強い妄想力により**「今オレの尻を拭いているのは、自分ではなく○○ちゃんの手なんだ！（『○○ちゃん』には自分の好きな女の子の名前を当てはめます）」**と思い込むことが出来るので、**さ**

らに快感は増すのだ。どうだい？　キミもチャレンジしてみたくなっただろう？

それにしても、尻を洗ってからすぐ全裸でベッドに横になると、シーツがめっちゃ濡れるんだよな……。問題はこれがキレイな水だけで濡れているのか、それとも**何かが混ざっているのか**ということだが……。まあ自分のだしいいか。

ゴロゴロロゴリョリョロロ……ゴロゴロロゴリョリョロロ……

はあううっ(涙)!!!

そこから、オレは何十回と繰り返しトイレに通うことになった。あの「三国志」の天才軍師・諸葛孔明ですら劉備にたった3回訪問されただけで出仕を決めたのだから、**もしこのトイレに軍師が住んでいたら、どんな天才軍師でもオレの繰り返しの訪問に心を動かされ、配下になってくれただろう。**

ベッド↑↓便器を往復するシャトル人間となり、朝まで、いや昼まで、夜中に目覚めてから腹痛のまま**10時間ほど**が過ぎた頃、第二波として発熱と全身の痛みがやって来た。肩が……腰が……手足の関節が……。痛い（号泣）。頭が、頭が熱い……苦しい……喉が……。

あああああああ～～～～～～～～（涙）。

間違いない。オレは毒を食った。かんっぜんに食中毒である。

やっぱりキムチだ。１００パーセントあのキムチだ。**だって明らかに味おかしかったもん。絶対に腐ってる味だったもん（なんで食ったんだ）**。

オレはバックパックの秘密のポケットから、奥の手である**粉末スポーツドリンク**を取り出した。こんな時のために、下痢の時に最も効率よく水分を吸収できる日本製スポーツドリンクの粉を持参していたのである。計算された浸透圧だ！　最速吸収だっ!!

よし……この粉を1リットルの水に混ぜてアラヨと飲めば、たちどころに体調不良は……。

水がねえよー（涙）。そうだ、ミネラルウォーターはちょうど使い切ったばっかりだった……。どうしよう。トイレの蛇口の水は飲めるかなあ。尻を洗う用の蛇口の水。**いやじゃっ!!!**

オレは薄れ行く意識のまま服を着ると、宿を出てバザールまで這い進んだ。…………。

あああ暑い。暑い。どんな鬱陶《うっとう》しい太陽なんだよ……。**せめて天体だけはインドでも常識をわきまえてると思ったのに太陽おまえもかよ……（涙）**。

「ジャパニーズー‼　ボートどうだ⁉　ガンガーでボート！　ボート乗れよ！」

「ヘーイジャパニーズ‼　どこへ行くんだ！　駅か？　ドゥルガー寺院か？　リキシャで行ってやるからよ、来いよ‼」

「ガバメントショップに来ないか？　カーペットに興味ない？　見るだけタダだよ！」

「バウワウッ！　バウワウウッ！」

「モォ〜〜〜〜〜〜〜ッ‼」

……………（体調不良のためコメント出ず）。

オレはリヤカーに山ほど果物を積んでいるフルーツパーラーのおやっさんから、リンゴとマンゴーを1キロずつ買った。今食えるのは、果物だけだ。**火照る体を持て余す人妻がウエルカムな体勢でやって来ても、今だけは食えん。**

帰り際にミネラルウォーター数本とジュースを買い、部屋に這い戻るやいなやリンゴを食い、スポーツドリンクで最速吸収飲料を作成して一気に飲んだ。

どうだ……、これで、これで回復するだろっ‼　スポーツドリンクだぞ‼　リンゴまで食ったんだぞ‼　さらば下痢‼　**バイバイありがとうさようなら‼　いとしい下痢よ！**

あんたちょっといい下痢だったよその分ズルい下痢だね！

ゴロゴロロゴリョリョロロ……ゴロゴロロゴリョリョロロ……

はぁうっ!!!

その30分後、スポーツドリンクとリンゴは、**色の濃い液体となってシャビシャビとインドの便器から下水に流れて行った。**

ぐうう〜〜、ぐうう〜〜〜。

旅に出るたびあらゆる国で激しい下痢を経験し、もはやオレが「腹痛マスター」という称号を得ていることは既に皆の知るところとなっているが、しかしマスターなのに相変わらずこんなに苦しいとはどういうことだ（涙）？　普通、マスターだったら場末の食中毒くらい軽くあしらうことが出来るはずじゃないか。**マスターだったら旅行中に激しい下痢になっても気にせずパラグライダーで空中散歩くらい出来るはずじゃないか。**腹痛の波が来たら、空中でパンツを脱いで**シュビョーン!!**と下痢を放出、10秒後には衣服を整え元の空中散歩に戻っているはずじゃないか。それなのに、**なんでオレはこんなに苦しまなきゃ**

いけないいんだっっ!!

……………。

でも、実はわかってるんだ。腹痛マスターの称号は、そんなに簡単なものじゃないってことは。そう、たしかにオレがマスターになれたのは、どんなにベテランになってもこうして初心を忘れずに苦しめる点が評価されてのこと。他のマスターと違い、**どんなに偉くなっても一般の下痢のみなさんと同じ土俵で苦しんでいる**ということを、ＷＧＫつまり世界下痢協会が認めてくれたからだ。だから、オレがこうして苦しむのは当然のこと。でも……、オレだってたまには弱音を吐きたくなるんだ。**「オレはみんなが思うほど強い人間じゃない！」って、たまには叫びたくなるんだ。**

と、止まらん……下痢が止まらん……。そして、体が痛い。頭が痛い。地獄、地獄だ〜〜(号泣)。

ゴロゴロロゴリョリョロロ……ゴロゴロロゴリョリョロロ……

はぁうっ!!!

のそのそ……（這いつくばってトイレに向かう音）

ジョビジョバッ！　シャ〜〜〜〜〜〜〜〜〜〜〜〜〜〜〜〜〜〜〜〜〜〜（説明不要の音）

ビチャンビチャン　ビチャンビチャン（尻に水をかける音）

シャカシャカ　シャカシャカ（左手で尻を拭く音）

いででっ（涙）!!!　尻が痛い〜（号泣）!!　粘膜が剥《む》けたっ!!!

ううう……。そういえばもうかれこれ何十回と尻を拭き、何百往復と左手が尻を擦ってるんだよな……。さすがにオレの未開発な尻では、それだけの摩擦に耐えるのは無理なようだ。もはや、擦るたびにヒリヒリが止まらない。あの俳優さんやあのタレントさんの尻だったら、どんな摩擦でも破れないほど鍛えられているだろうに。やっぱりゲイは身を助けるんだな。

ど、どうしよう。尻の保護のために、2回トイレに来たら1回は尻を拭かないようにしようか……。いや、ダメだ。普段だったら問題ないが、尻が剥けた状態で2回に1回放置したら、傷口に汚物が染み込んでしまうじゃないか。**白血球もこんな汚いのと戦うのはイヤ**

なはずだ!!!

……………。

でもちょっと待てよ。汚物汚物と言うが、下痢水というのは、そもそも汚いものなんだろうか? **ここで少し発想を逆転させてみる必要があるのではないだろうか?**

この液体は元々は何だったかというと、つい先ほどオレが飲んだり食べたりしたスポーツドリンクやリンゴじゃないか。それがただ、体の中で魔法をかけられて別の物体に変化しているだけである。例えば、水素が燃焼し酸素と化合すると水になるが、化学反応式は$2H_2+O_2 \rightarrow 2H_2O$であり、外見は変わっても**原子レベルで考えれば何も変わっていない**のである。

つまり下痢だって、元々食べられるほど清潔な物が、少し組み合わせが変わって外見上違う物になったように見えているだけだ。ということは、この、今オレの尻から出ている水というのは、**実は全く汚くない物なのではないだろうか?　むしろ食べたり飲んだり出来るものなのではないだろうか?**

……おお、なんだか、**今オレはトイレについての思考の新しいステージに立ったような気がする。**今まで海外のトイレで散々汚い汚いとわめいてきたが、トイレの床や便器を汚していたあれらの物は、結局は**「食べ物がそこに落ちている」**というのと全く変わ**らない清潔な状態**だったのである。ああ、自分の才能が恐ろしい。**あのアインシュタイ**

ンですら気付けなかった新しい発想にこの年齢で辿り着いてしまうなんて。

それでは改めまして。

ああ、このトイレ、**とってもキレイだ!!**　今オレが見ている便器も、ただ食べ物がついただけの新鮮で爽やかな便器なのです!!　**こんな清潔なところには、平気で寝転んだり床を舐めたりできるよ!!　駅のトイレだって電車のトイレだってそうだよ!!　ペロリといけるよっ!!**

………………（リアルに想像）。

オエ〰〰〰っっっ（当然だ）。

ちょっと……もう寝ないと……。痛みと苦しみで確実に頭がおかしくなってきた。このまじゃ、手が滑って旅行記に変態みたいな文章を書いてしまいかねんぞ。くく、膝が、腰が、関節が痛くて動けん……。でもとりあえず尻に、擦り剥けた尻にマキロンをつけないと……バイ菌が入らないように消毒をしておかないと……。

頭がおかしくても消毒をする理性は残っていたので、オレはベッドに這い上がると日本より持参したマキロンを取り出し、土下座のポーズで尻にピュピュッと振りかけた。

ぎょえ〜〜〜〜〜〜〜〜〜〜〜〜〜〜〜っっっっっ!!!　しみるっ(涙)!!!

焼けるっ!!　尻が焼けるようにしみる〜〜〜〜〜っっっ(号泣)!!!

うほっ!!　うほおっ!!!(仰向けになり尻を縮め硬直)

プ————————————ン

……………。

虫だ。いつもトイレで見かける、不潔なトイレ羽虫が部屋の中を飛んでいる。くそ、キンチョールで撃滅してやりたいが、関節が痛いし頭が重いし特に今は尻の痛みで硬直しているため動けない。

ああくそ、虫がオレの頭にとまっている……。さっきトイレの床にとまっていた虫が……(泣)。こいつ今までずっとトイレの中でしか見かけなかったのに、なんで出てきてるんだ……。もしかして、オレがあまりにもトイレに通い過ぎているものだから、**オレの**

ことをトイレの一部だと勘違いしているのだろうか。オレの存在が、トイレと部屋を長く隔てていた厚い壁を取り払ったのではないだろうか。おそらくこれは、この宿においてベルリンの壁崩壊に匹敵する歴史的な出来事に違いない。

昼から夕方、夜にかけて水を飲んではトイレに行き、リンゴを食っては尻から噴射、もうそろそろ、合計すれば**バスタブに入れて浸かれるくらいの量**の液体が腸から出て行ったと思われる。**もはや、流れ出た水量は確実にオレ自身の体積を上回っている。**質量保存の法則に反して。

うううううもしかして、オレの大腸は次元の壁を越えてしまったのではないだろうか。**もしや他の部屋の旅行者の物まで代わりにオレの尻から出て行っているのではないだろうか(テレポーテーション的に)。**そうだ、そうに違いない。同宿の旅行者たちは、オレのおかげでトイレに行かずにすっきりしているに違いない。

いかん、もう夜だ。発症から20時間も経ってしまった。とりあえずなんか食わねえと……。もはや今のオレの体はやせ細ってペラペラである。このまま何も食べなかったら、今度トイレに行った時には手袋を脱いだ時のように**体が全部ツルンと裏返りながら尻から出て行

くに違いない。そしてそのままオレはバラナシの下水に流れて行くに違いない。**捨てられたボディスーツのようになって。**

よし……、最後の食料だ。既に「1日1個で医者いらず」なリンゴを全て食い、スポーツドリンクを最速吸収最速放出してしまい、オレに残されたのは東国原元宮崎県知事お勧めのマンゴーだけ。

オレは1キロ分買ってあるマンゴーを、ほぼ意識不明のまま剥いては食い剥いては食った。**左手は尻の拭きすぎで腱鞘炎《けんしょうえん》になっている**上に、頭がおかしい状態でナイフを使っているので、何本かは指の皮もキレイにクルクルと剥いてしまったほどだ。指が裸になって肉が見えてしまったので慌てて巻き直したところ、間違ってマンゴーの皮を巻いてしまい女子高生に好まれそうなフルーティでかわいい指になった。そもそも何十回と繰り返し尻を拭いている左手でマンゴーを直に摑んで食べていたのだが、幸いなことに頭がボーッとしておりその不潔さには全く気付いていなかった。ああよかった気付かなくて。浮気と一緒で、**気付かなければしていないことと全く同じだもんね。**

オレはあまりマンゴーが好きではないのだが、なぜかこの時の40℃ほどに熱せられたホットマンゴーは、甘味が引き立ちホッペタが落ちそうなほどに美味しく感じられた。そしてマンゴーを食いきったところでオレは、パッタリと倒れ眠りに落ちたのである。

……そして数時間後。オレは再び夜中に目が覚めた。ふと気付くと、オレは**枕元のナイフに僅かに手をかけ全裸でベッドにうつ伏せになっていた。**もしこのままの体勢で体調が悪化し息を引き取っていたら、日本のニュースでは「インドのバラナシで日本人旅行者の**変死体が発見されました**」と報道され、**事件・事故両面から捜査が進められていたことだろう。**

しかし、どうやら最後の最後、マンゴーはオレに力をくれたようだ。**オレの体調は、復活の兆しを見せていた。**オレは「あら、若干マンゴーを食べたら体調が回復したんじゃないの？　若干マンゴーのおかげで楽になったんじゃないの？」と繰り返し思っていたところ、なぜか突然頭の中に譜面と歌詞が閃《ひらめ》き、**『じゃっかんマンゴちゃんの歌』**という歌を作り上げてしまった。

オレはそれから夜中じゅう、復調の嬉しさに舞い上がり一人で『じゃっかんマンゴちゃんの歌』をフリつきで歌っていた。そして歌えば歌うほど、少しずつオレの体は息を吹き返して行くのであった。

15. 口の上手い男インド代表再び

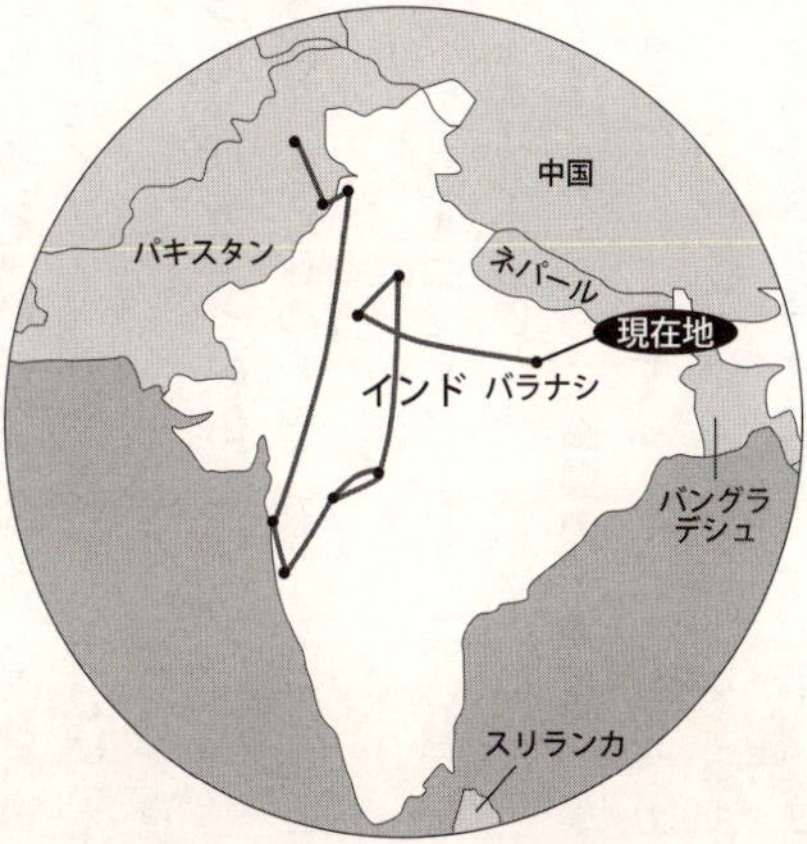

そしてまた翌朝……。もう熱は下がったし、下痢もかなり治まってきている。トイレに行っても、昨日のように「シャ――」という流れる岩清水のような澄んだ効果音ではなく、「ブリブリッ」という**少なからず粘度の感じられるショパンの調べ**が辺りを覆う。

ふと思ったけど、「ブリブリッと」ってなんか**ハイブリッドみたいでかっこいいよね。**

ここまで回復したからにはもう普通に外に出て、歩き回って食べて飲んで体調不良を忘れた方がいい。さーて、出かけるか！　**おおっ!!!　バターン（転倒）**。

くぬぬ……。いかん。脱水症状で意識が朦朧《もうろう》だ。もう体の中の水分が１２０％以上流れ出て行ってしまっているからな……。

これだけ水分が無くなると、さすがに体重はもう10キロを割りひと桁に突入していると思われる。ふと比べてみると、キンチョールの缶がオレの胴回りより太いではないか。これはまずいぞ……。ドラえもんの道具に、水をかけると大きくなる**幽霊の干物**みたいなのがあったが、まさにオレの今の状態がそのひものゆうれいだ。おそらく手近なところでガンガー（ガンジス川）に浸かれば水を吸収して元のサイズに戻れるだろうが、しかしそうすると体の水分が全部**死体と体液と排泄物とゴミのミックスジュース**になってしまう。主成分がガンガーの水である人間になるくらいなら、オレはひものゆうれいとして生きて行く人生を選びたい。

それならばとオレはもうひものゆうれいになりきることにし、額に三角巾をつけ「うらめしや〜」と宙を浮きながら、ヨレヨレと宿の外に出た。

…………。

あぢ〜〜〜〜〜〜(号泣)。オレは、すぐさまUターンして部屋に戻った。

うう……。**干物が活動できる温度じゃないんです外は……**。干物は太陽が大嫌いなんです。どうして、バラナシはこんなに太陽が近くにあるの？ **もしかして、インドは日本と太陽を直線で結んだちょうど真ん中くらいにあるんじゃないの？**

ちょっと気温を測ってみようと思い、オレは温度計つき目覚まし時計を持って再び「うらめしや〜」とバラナシの路地に出て、キャーキャー怖がられながら水だけ買ってまたすぐさま宿に戻って来た。

すると部屋の前まで階段を上がったところで、宿のオーナーのおじいさんに見つかった。

「あっ！　干物が浮いてる！」

「おじいさんこんにちは。僕は干物ではありませんよ。宿泊客です」

「そうか。でもおまえそんな幽霊みたいだったっけ？　3日前はもっと関ジャニ∞のメンバーみたいな若々しい感じだったような」

「これにはディープリーズン、つまり深いわけがあるのです」

「どんなわけ？」

「食中毒で下痢で水分が全部なくなりました。それで水を買ってきたんです」

「なんだ。わざわざ出かけないでも水ならうちで売ってるのに」

「えっ！　売ってるの！」

「小銭を稼ぐために商売の一環として売ってるんだよ。うちなら冷蔵庫に入って冷え冷えガンガンよ」

「ガーン‼　わざわざしぼんだ体にムチ打って、何度も血反吐《へど》を吐きながらよく温《ぬく》まった温水《みず》を買いに行っていたのに……」

「シャワーでも浴びて、早く元のサイズに戻った方がいいぞ」

そうだった！　よく考えたら、別にガンガーの汚物水に浸《つ》からなくても、部屋でシャワーを浴びればいいんだ。ということでオレは早く幽霊から卒業すべく部屋に戻った。

まず外で晒していた温度計をチェックしてみると、**摂氏46度**であった。……そりゃ暑いわ(涙)。だいたい日本だと、35℃を超えると**何人か人が死ぬよな。**バラナシに住む人々は、摂氏46度でも問題なく毎日普通に生活してるんだろうか。だとしたら、なんか**地球温暖化**

がたいした問題に思えなくなってきたぞ。

よく考えてみれば、オレはほんの1ヶ月ちょっと前にはパキスタンで**室温ですら摂氏2・5度のところ**にいたのだ。2・5度から46度まで、変動は1ヶ月で40℃以上。それでもオレの体温はたいして変わらないというのがすごい。どうやら、オレは恒温動物だったらしい。普段はなかなかこうやって検証する機会が無いので、変温動物の可能性も**捨て切れなかった**のだが、パキスタンとインドに来たおかげでようやくハッキリした。それにしても、オレは別に体温を調節する技術を師匠について学んだわけじゃないのに、体や内臓が勝手に仕事をして温度を保っているというのが凄いなあ。実はこんなに凄い能力を持つ人間だったのかオレは。テレビ東京の『衝撃超スゴ技連発スペシャル』に、**勝手に肉体が体温を保つスゴ技**の持ち主として出演出来ないかなあ。

とりあえず2日ぶりにシャワーを浴びると、もう水を吸って体が**膨らむ膨らむ**。ということでようやくオレは2日前までのノーマルサイズに復活した。ついでに、酷使した尻とタマタマも洗っておこうっと。たまには石鹸《せっけん》くらいつけるか……。

オレは2日ぶりに総額1000万円の高級衣類を身に着けると、宿を出てバラナシの裏路地迷路へ繰り出した。さて、今日はどこに行こうか。マンガ喫茶とか満員の女性専用車両とか無いかなあ。

「スリー！　ツー！　ワン！　**ハッスルハッスル‼**」

「…………」

　いきなりガキどもが来やがった。**バラナシ名物『日本のギャグをよく知るガキ』**である。なぜかこのバラナシには、日本語のギャグを出会いしなに投げつけて日本人旅行者の気を引こうというガキが数多く出没するのだ。おまえらよー、**46℃あるんだぞ？　ハッスルしてる場合じゃねーだろうよ。**

「グーグー！　そんなのカンケーねー！　ラーメンちゅけめんボクイケメン！」

「おまえらホントよく知ってるなそんなのっっ!!!」

「ねえねえ、うちシルクショップなんだけど、ちょっと見ていかない？」

「見ていかない。でもキミたちも大変だなあ。ギャグの移り変わりは激しいから、毎年どんどん新しいの覚えなきゃいけないよな」

「だっちゅーの！」

「それはもはや明治維新レベルの古さだぞっ‼　キミたちそのギャグの全盛期には生まれてないからっ‼」

「ねえうちのショップに来てよ。見るだけでいいからさあ」

「見るだけなら行く意味ないだろっ。他の客を当たれっ！　最新のギャグを駆使して‼」

「待ってよ！　ねえっ！」

しかし大変だよなあ。こんな幼子が昼間から家の商売のために客引きをしなきゃならないなんて。お金持ちの子供が学校で勉強し役立つ知識の数々を身につけている間に、客引きの子供たちが身につけているのは**日本のギャグの数々**である。かわいそうだが、既に双方の間には**天をつかんばかりの高い壁が出来ている（涙）**。

さて、気分を切り替えて旧市街の方にでも行ってみるか……。

路地を出て旧市街の中心、ゴードウリヤー交差点近くの広い道を歩いていると、茶屋の前でたむろっていた黒い人から（みんな黒いけど）**流暢な日本語で**声をかけられた。

「おにいさんこんにちは。どこへ行きますか？」

「え？　い、いやまあちょっと散歩をしているだけですが。日本語上手ですねえ」

「ありがとうございます。あなた今日バラナシへ来たんですか？」

「いえ、何日か前です。ジャイプルから電車で」

「そうなんですか」

ぐわ〜〜〜っ、懐かしいこの丁寧な口調。そして懐かしいお前!!　出たなシワっ!!

この変態！　淫乱!!!

その日本語使いは、紛れも無い、前回の旅でバラナシに初めて来たウブなオレをニセ占い師の元に連れて行き、見事なチームワークで金を巻き上げた、シワと名乗る筋肉インド人であった。

思い起こせば3年前。到着初日の右も左もわからなかったオレに優しく日本語で声をかけ、バラナシの町を案内してくれたのがこのシワだ。背は高くないが、筋骨隆々のガッシリ体形でインド人にしては珍しくヒゲを生やしていない。オタフク顔をそのまま黒くしたような、作り笑顔だけは得意なシワ。

当時、シワを信用しきっていたオレに彼が紹介したのが、「ライババ」という有名な（と言い張る）予言者、占い師だった。

おそらく、ライババではなく「サイババ」なら、これを読んでいるみなさんもご存知だと思う。手から突然砂や時計を出してしまう、インドで聖者と崇《あが》められているアフロヘアーのじいさんのことだ。

シワ曰《いわ》く、その**サイババの一番弟子**がライババなる人物であり、ライババは普段は全国の信者のところを回っているが、たまたま**たった2日前にバラナシにやって来て、**地元の人々のために予言や占いをしているということであった。なんでも、大抵の占い師は多くても50パーセントのことを当てるのがやっとだが、そのサイババの一番弟子であるライババは、相談者の**過去も未来も9割以上的中させる**という触れ込みであった。

オレは結局、「ライババさんは2日前にバラナシに来て、**もう明日には他の町に行ってしまうんです！　このチャンスを逃したら二度と会えませんよ!!**」とシワに激しく焚《た》きつけられ、結果ライババの館を訪れ占いを頼むことになったのだ。

しかし、実際に対面したライババはどこにでもいそうなごく普通の特徴も無いおっさんであり、占いの内容も「キミは95歳で死ぬ」だの「将来キミは金持ちになる」だの「将来キミは**禿《は》げる**」だの、または**「学生時代にニキビが出来たことがあるね？」**だの**「キミは残尿感を味わったことがあるね？」**だの、あまりにも舌先三寸でなおかつ**笑えるもの**であった。挙句の果てに、「おまえは37歳で目の病気になり、41歳で車の事故に遭い大怪我する！　**それを回避したければこのお守りを買え!!**」などと言い出し、占い料とあわせて**法外な金額**をオレから奪い取ったのである。

証拠は無いが、サイババの一番弟子だという話も「明日にはバラナシを出て行ってしまう」という話もおそらく作り話だろう。そしてその数日後にオレは同じように騙されかけていた日本人女性を助けようとし、最後にはシワと激しく口論しケンカ別れすることになったのだ。

とはいえ、こちらは憎たらしいマッチョな変態としてシワを覚えているが、向こうからすればオレは毎日何十人と見かける日本人変態旅行者の一人。どうやら、奴はオレのことは全く覚えていないようだ。

よかった。覚えられてなくて。**よかった。前作のインド旅行記でオレが散々シワの悪口を書いているのを知られてなくて。**

「おにいさんこれからどこへ行くんですか?」

相変わらずシワは敬語を使いこなし流れるように日本語を喋る。その顔には日本人旅行者を誘い込むための**満面の作り笑い**。オレの持つ億単位のマネーを狙っていやがるなこいつ……。

「特に、どこへ行こうとしているわけじゃないんです。目的の無い散歩そして人生というか」

「ちょうど良かったです。おにいさん一緒にエロ映画見に行きませんか?」

「なんじゃそりゃっ‼　出会って10秒しか経ってないのになんの話をしてるんですかあんたっ‼」

「インドのエロ映画もなかなかいいですよ。ガイドブックには載ってないですけどね。どうですか、私が連れて行ってあげますから、料金は出してくれませんか?」

「ただあなたがエロ映画をタダ観したいだけじゃないですか……。残念ながら僕、エロには一切興味が無いんです。なにしろエロとつく物は『燃エロ！プロ野球』にも江口洋介にも眉をしかめる堅物な僕なのです。真面目なんですもの」

「そうですか、では仕方が無いですね。おにいさん、日本ではなんのお仕事をしているんですか？」

「仕事ですか？　家事手伝いです」

「なるほど。インドには初めて来たんですか」

「そうなんですよ〜。生まれて初めてのインドで、なんだかみんな僕を騙そうとするものだから、困ってしまいます」

「わっはっは。そうですね〜、インド人は、特に観光地のインド人、悪い人がいっぱいです」

おまえもなあっ!!!　と心の中で、オレは叫んだ。なにしろオレがインドの旅で最も大きな金額をボッタくられたのは、紛れもない、この今オレの目の前にいる筋肉日本語使いによるものなのである。

よおよお。**テメーここで会ったが百年目!!　いや、3年目!!　今こそあの時の決着つけてくれるわ!!!**　と言いたいところではあるが、シワは身長こそオレの半分だがボディビルダーなみの体格を誇っているため（ジムに通っているそうだ）、むしろ決着はつけたくない。現地では仲良くやり、**帰国してから本でこっそり悪口を書くのが一番いいの（卑怯者）。**

オレは今回バラナシに来たのは初めて、もちろんシワとも初対面という設定にすることにした。でもこやつは頭がいいから、ボロを出さないようにしないとな……。

「そうそう、多くのインド人は僕を騙そうとして困ってしまうんですけれど、**でもあなたは珍しくいい人そうなので、安心しました！**」

「そうですか、ありがとうございます」

「ところでお名前はなんと仰るんですか？」

「ワタシの名前は、**ムンナといいます。**日本人専門のガイドの仕事をしているんです」

「へえ〜。ムンナさんていうんですね。なるほど〜。ほほ〜。そんな名前なんですか〜」

以前こいつはシワだったが、今回はムンナなどと名乗っていやがる。まあおそらくどちらも本当の名ではないのだろう。結局、**人に対して本名を名乗れないような人間は、つまりそいつは悪人だということである。**ムンナの他にも例えば怪盗としての名を持つアルセーヌ・ルパンしかり。日本で大事件を起こした某カルト教団の教祖しかり。ペンネームで活動するさくら剛しかり。**オレもかっ!!!**

「どうかしましたか」

「いえそんなどうかしただなんてたいしたことじゃあありませんのですよ……。それにしてもムンナさん日本語お上手ですね〜」

「はい、NHKの通訳の仕事もやっているんですよ」

「へー、すごいですねえ！」

「あと、電波少年のロケで室井滋さんが来ましたが、その時もワタシが案内したんですよ」

「ほほー！　すばらしいですねえ!!」

そうかー、室井滋さんの案内もしたのかー。なんか、これと全く同じ会話が3年前になされたような気がするな……。と、いうことはもしかしてこの会話の着地点も同じなのでは。既にシワ改めムンナさんの誘導が始まっているのでは。

その直後、ムンナさんの口から出たのはこのひと言であった。

「おにいさん、サイババは知ってますか？」

「え？　サイババですか？　知ってますよ。まあ**たしなむ程度**にですが」

キタ―――――――――!!!!!

遂に出たか。出やがったかサイババの名が。……わかる。これからキミが言わんとしていることは大体わかる。サイババに関連する**ある人物**の話題が出てくるんだろうこの後？　いや、違うかな。出ないのかな。**今回はただサイババに関する世間話をしたいだけなのかな。**まあ聞いてみよう。その先を聞いてみよう。話を進めたまえ。

「サイババがどうかしたんですかムンナさん？」

「そうです、**実はちょうど2日前に、サイババの一番弟子がバラナシに来たんですよ**」

「へえ〜〜〜っ!!!　ちょうど2日前に!!　まさに2日前にこのバラナシに!!　すごいタイミングだなあ!!　そうですか!　サイババの一番弟子が2日前にバラナシにっっ!!　きゃー!」

「そうなんですよ。その人は有名な占い師でね、日本の芸能人もよく彼に運勢を見てもらっているんです」

「ほほう。占いって当たるんですかね。僕はあんまりそういうの信じない方なんですが」

「普通の占い師はだいたい2割3割しか当てることが出来ません。**でも、彼は過去のことも未来のことも9割以上の確率で当ててしまうんです**」

「ああ、3年の時を感じさせない物凄く聞き覚えのあるセリフ……（心の中で）。……オホン。**ええっ!!　そんなにも当たるんですかっっ!?**」

「はい。彼は本当に凄い人です。おにいさん、いい時にバラナシに来ましたね。実はサイババの信者やインド人だけでなく、あなたのような旅行者も占ってもらうことが出来るんですよ」

「あのー、つかぬことをお聞きしますが、そのサイババのお弟子さんはなんというお名前なんでしょうか？　もしかしてサイババと似ている名前だったりしてなんて……」

「その人の名前ですか？　彼の名前は……」

「名前は……？」

「彼の名前は、**アガスティアさんといいます。**人間の運命が書かれているというアガスティアの葉の名をいただいている大変偉い人なんです」

「アガスティアさんですか……？？？」

「はいそうです」

違う。

ライババじゃない。

おかしいなあ……。ここまでの会話の流れは、完全にライババに誘導する方向だったじゃないか。というか、**サイババの一番弟子は、アガスティアじゃなくてライババじゃないかよ。**オレはそう聞いたぞ。別に噂で聞いたとか、本屋で見かけたくだらない旅行記『インドなんて二度と行くか！ボケ‼…でもまた行きたいかも。』で読んだとかじゃなくて、**あんた自身の口からそう聞いたんだぞオレは。**

どうしたんだろう。もしかして、ライババが今はアガスティアに改名して活動しているんだろうか。

「おにいさん、どうですか。アガスティアさんの占いを受けに行きますか？　この時間ならすぐに見てもらえますよ」

「そうだなー……。行きたいけど、今日はまだ病み上がりで残り体力があと僅かなんだよねー。明日とかどう？」

「でもアガスティアさんは2日前にバラナシに来て、**とても忙しい人ですから明日はもういないかもしれないです。**話を聞くだけはタダですから、行きましょう」

なんかまたいい加減なこと言ってるなこいつ。「話を聞くだけはタダです」って、そんなわけねーだろ。でもまあ、気になるといえば気になるんだよな。とりあえず顔を見るだけ見に行ってみようかなアガスティア……。

「わかったよ。話すだけなら本当にタダだね？　すぐ帰ってもいいんだね？」

「もちろんです。あなたが、彼のことを信用できないと思ったら帰ってもいいです。でもアガスティアさんはサイババの一番弟子ですし、占いものすごく当たるんですよ」

うさんくさいなあもう。よくそんな次々にサイババだなんだと口からでまかせが出るよねあんた……。まあいいや。行きましょう。

さて、ムンナの後をついてしばらく商店街を進むと、ほんの3分ほどでアガスティアの家についた。ここは……、違うな。これはライババの家じゃない。

中に入ると、そこはおそらく日中はシルクでも並べて売っているのではないかと思われる商店風の長細い部屋であり、正面に低い引き出しつきの机、そのへんに適当に数人のおっさん&若者がいた。しかし、その中にはアガスティアなる人物はいないらしい。

ムンナと並んでしばらく待っていると、入り口に白いクルターパジャマを着た中年の**ごく一般的な商人タイプ、口ひげインド人のおっさん**が姿を現した。その瞬間、ムンナが**「あっ、来ました！　立ってください！」**と大げさに促してきたので、オレは礼儀正しく起立し、ムンナの動きを真似て手を合わせ「ナマステ～」と言いながらアガスティアを迎えた。

商人タイプおっさんは我々の前を威厳の無い猛スピードで通り過ぎると、偉そうな態度で机の向こうにどっかと腰を下ろした。

「彼がアガスティアさんです。まずは会ってくれたことにお礼を言いましょう。ダンニャワード」

「ダンニャワード……」

いやいやいやいやいや‼　誰がアガスティアだっ‼　どっから見ても裏路地で石を投げたら当たりそうな通行人の量産型インド人だろうがっっ‼　というか、昼間はこの商店の主人のシルク屋じゃないのかこいつはっ‼

見た目40歳くらい。ライババとは全くの別人であり、動きが素早く説得力の無さは筋金入りである。オレが言うのもなんだが、こういう場合騙そうとする方は若々しく登場してはダメだ。白髪のカツラでもかぶって、杖をついてヨレヨレと出てきた方が絶対雰囲気が出ると思う。むしろ**間寛平くらいのヨタヨタさで杖を振り回しながら**出て来たら、少なくともオレは**その先のコントが見たくなって金を払うだろう。**

しかし3年前にサイババの一番弟子としてバラナシに君臨していたライババはどうしたんだろう。死んだんだろうか。なんだかバラナシの詐欺業界の栄枯盛衰を感じさせますな……。

というふうにオレが尊敬の眼差《まなざ》しでアガスティア様のご尊顔を拝謁していると、尊師はついに**お口をお開きにおなりになった。**

「ナマステ。まあ座りなさい。キミは旅行者だね？」

「はは──（平伏）」

「占いを望んでいるということだが、まず言っておかねばならん。私はサイババの弟子であ

り、サイババとともにインド各地にホスピタルやスクールを建てておる」↑大ウソ
「ははー（平伏）」

「だからキミにもインドの病人や子供のために協力をしてもらいたい。全て困っている人のためだ。すなわち、外国人の場合は、占いの料金として**4500ルピーを貰っている**」

「ははー（平伏）」

「この料金でよいな？　問題ないな？」

「ははー（平伏）。しばしお待ちを。…………おい、ムンナ！　こらムンナてめえ！　さっき話すだけならタダって言ってたんじゃねえのかおいっ‼」

「お金はアガスティアさんのものになるのではなく、病院や学校のために使われるものです。たくさんの人が助かるのなら、あなたにとってそんなに高いお金ではないと思います」

「そうか。日本円に直すと、1万5000円くらいかな。たしかに、それで多くのインド人が救われるんだもんね……**今まで僕にこんなに親切にしてくれたインドの人々が**」

「では4500ルピーでいいな？　払えるな？」

「ははー（平伏）。……さて。じゃ、**そろそろ帰ります**」

オレが腰を浮かすと、アガスティア様は聖人らしくなく慌てた様子で**お口をお開きにおなりにおなさった。**

「ウェイトウェイト！　この料金じゃあ払えないのか」

「はい！　払えません！」

「ではこうしよう。キミは今はお金が無いかもしれない。それなら、日本に帰ってから病院に寄付をしなさい。帰国して、お金が出来てから近くの病院にお金を持って行けばよい」

「おおっ‼　なんたる意表をつく提案‼　本当にそれでいいのですか⁉」

「もちろんだ。だから、**それはそれとして今この場ではいくらまでなら払えるか言いなさい**」

「そうですね〜、なんといいましょうか、強いて言うのであれば、**ガンガーを泳いで渡ろうとして河イルカに足を引っ張られて溺れろっ‼　ノラ犬に噛まれて血が出ろっっ!!!**」

「なにっ、ウェイト！　待ちなさい！　ホスピタル！　困っている人を！　お〜〜い‼」

オレはアホの発する叫びを背中に聞きながら、しごくあっさりアガスティア宅を出た。

だって……、まあ最初からいきなり金の亡者なのは他のインド人と同じだとしても、**面白そうじゃないんですもの……。オーラが無いんですもの……量産型の通行人なんですもの……。**

後から出てきたムンナさんは、見越していた利益が上がらず非常にご機嫌斜めな様子である。

ええい、サイババの一番弟子は、アガスティアなんかじゃないんだい！　**ライババさんなんだいっ!!**

そんなわけで、とりあえず本日はふてくされるムンナを置いて一旦撤退することにした。一応、明日夕方6時に再び会う約束をして。安心したまえ。まだキミは金づるを失ってはいないよムンナ。

部屋に戻ると、オレは明日に向けての作戦を練ることにした。宿には代々日本人宿泊者が情報を書き留めている情報ノートというものがあるのだが、そのノートを見てみると僅かながらオレと同じように「アガスティア」そして「ライババ」という占い師に会ったという記述があった。どれも日付は、ほんの数ヶ月前のものだ。ほほう。ライババは死んではいなかったようだな。

それならば、出来ることならライババにもう一度占ってもらい、**3年前と同じことを言うかどうか**をチェックしてやりたいな。オレの過去と未来を占ってもらい、もしあの時と寸分違わぬ結果が出たとしたら、ライババの力は本物であるという証になるじゃないか。逆に、以前と全然違うことを言われたとしたら、それは彼が毎回**思いつきで喋っているだけだ**ということになる。

しかし、どうやって引っ張り出せばいいんだろう。ムンナは今回「**2日前にたまたまバラナシに来たサイババの一番弟子の占い師**」というキャラクターとして、オレにもうアガスティアを紹介してしまっているのだ。つまり、設定が全く同じ人物であるライババは、**今さらもう紹介できない存在**になってしまっているのである。同じ設定の人物が2人いたらおかしいからな……。

オレはその夜、明日のムンナとのやり取りを脳内で何度もシミュレートしていて、ほとんど眠ることが出来なかった。ああ、ベッドの中で思い浮かべるのがムンナとライババのことなんてイヤだ。まぶたの裏に、2人の顔が交互に………。もしかして、**これが恋なの？**

そして翌日夕方。アホのシワ改めムンナとの約束の時間。オレは派手にボッタくられないように財布から一定額を残し金とカードを抜き、最小の装備にしてから待ち合わせ場所に向かった。

無防備に待っていると、やや遅れてシワの登場だ。

「おにいさんどうも。では今日はどこに行きましょうか」

「どうもアホのシワ改めムンナさん。そうですね、今日は、旧市街の裏道を散歩してみたいです。一緒に行ってくれますか？」

「そんなところ歩いても、お店ばっかりで面白くありませんよ」

「それじゃあ、寺院の見学に行きたいです。ドゥルガー寺院とかあるじゃないですか。案内してくれないでしょうか」

「寺院はもうやってないですよ。５時半で閉まるんです」

「ふ〜ん。じゃあもう行くとこ無いね……」

「それなら、エロ映画館に行きませんか？　あなたがお金払うかわりに、私が連れて行ってあげますから。ね、そうしましょう！」

言うが早いか、アホのシワ改めエロのムンナは既にエロエロしく歩き出している。**なんやねんこいつは！　頭の中はエロ一色かよっ!!　オレなんかいつだって「世の中から貧困と争いを無くすにはどうすればいいか」ということしか考えてないのに!!　だいたいその「エロ映画館」という日本語は誰から教わったんだコラっ!!　露骨なんだよっ!!!**

そんなに親しくも無いのに会う度にエロ映画館に誘って来るとは、本当に紛れも無いエロだなムンナは。

「待って待てムンナさん！　エロ映画はいいです！　暗闇でマッチョなあなたと並んでエロ映画を見るのはイヤよっ(涙)!!」

「エロ映画行かないんですか」

「はい」

エロの欠片《カケラ》も無い清純派旅人として名の通っているオレがエロ映画への誘いを頑《かたく》なに拒むと、しばらくの沈黙の後、ムンナはやはり例の話題を持ち出した。

「じゃあどうします、アガスティアさんのところには行きませんか？　アガスティアさんは、お金が無ければ日本に帰ってから寄付をすればいいと言っていました。だから別に今は持っているだけお金を払えば……」

「**キタッ！**　そうそう。その話なんですけどね。昨日宿に置いてある情報ノートを見ていたら……」

言いながら、オレは用意していたメモ帳を取り出した。

「あの、情報ノートにはね、アガスティアさんの占いはやっぱり料金が高いって書いてあったんです。でも、実は他の占い師さんのことも書いてあったんですよ。えーと、たしか……」

オレは、たどたどしい雰囲気を出しながらメモ帳を読むフリをした。いや、一応仕込みとして「ライババ↓安い」などと書いておいたので、本当に読んでいるのだ。

「そうそう、**『ライババさん』とかいう占い師のことが書いてあったんです。知ってますかムンナさん?**」

「ライババですか……」

「でもね、**アガスティアさんと違って、ライババのことは何人もの旅行者が定期的に書いてたから、多分ライババさんはずっとバラナシにいる人だと思うんですよ。アガスティアさんと違って、特にサイババとは関係ないけどよく当たる占い師だってことだと思うんですよ(誘導)**」

「まあ、そうですねえ。ライババのことも知ってますよ」

「えっ、知ってるんだ! でね、ほら、僕の書いたメモを見てください。このように、情報によると、**ライババさんはそんなにお金を取らなくて、安いけどよく当たるそうなんです。そうですよねえ(誘導)?**」

「…………(ちょっと考えをまとめている)。はい、たしかにそうです。ライババは、アガスティアさんとは違って、**職業で占い師をやっている人です。だから、別に病院とか学校を助けていない分料金も少し安いんです**」

「ああ、やっぱりそうでしたか。ノートの情報の通りだ!」

…………。

上手くいったぞ。昨夜からシミュレーションしていたおかげで、見事に狙い通りの会話になった。アガスティアとのサイババ一番弟子バッティング（競合）も、うまく矛盾《むじゅん》が出ないように設定してやったぞ。ついでに料金交渉へ向けた布石も打っておいた。見事に自分で安いと言ってしまったねムンナ。

というか、あの〜〜。

3年前ライババはほんの数日だけバラナシに滞在してたんじゃないんかいっっ!!!

いや〜、わかりきっていたとはいえ、あの時は特に確かめたわけじゃないから、まだ「オレは3年前数日しかバラナシにいないライババさんに**超グッドタイミングで会えた説**」が完全否定されたわけではなかったのに。でも、**今された。完全否定が。やっぱりオレは騙されていたんだなあ（しみじみ）**。

「じゃあ、おにいさんライババに会いたいのなら、今からライババのところに行きましょうか（かなりご機嫌な様子）」

「おおっ！　なんと！　いきなり訪問出来るくらいまだ現役バリバリの病気もせず用事もなくウェルカムな状態なんですか!!」

「はい。昼間は混雑しているんですけど、夕方から夜は外国人のための時間なんです。だから、今行けば大丈夫です」

「そうですか、それはよかったです。**………では、行きましょうか。そのライババさんとやらのところに**」

そして、オレはムンナとともに旧市街の張り巡らされた網目のような路地を、ライババの家を目指して進んだのである。

バラナシにはヴィシュナワート寺院というヒンズー教の寺がある。エロムンナの後をついて歩くと、その寺院前の路地で兵士による身体検査を受けることになった。3年前は検査などは無かったはずだが、今回は武装したインド兵の厳密なボディチェックがあり、オレはデジカメをいったん没収される羽目になった。この先は宗教上重要な施設があるため、カメラは持ち込み厳禁なのだ。今回はライババさんとの記念写真は撮れないな……。

検問を過ぎるとそこからほんの100メートル足らずの道沿いに、懐かしのライババ宅があった。う〜ん……、たしかにこれだ。これこそが、3年前にライババ様が**ほんの数日間**

バラナシに滞在された際、使用していらっしゃったみすぼらしい家である。そんな彼が今もバラナシにいるなんて**不思議だなあ。**

以前と同じく手前の小部屋には何人かのにいさんおっさんインド人たちが暇そうにたむろしており（いつも思うが、インド人の大人は昼間から何やってんだ）、ナマステナマステ言いながら一段上がって奥の部屋に入ると、しかしそこには誰もいなかった。だが、壁に貼られたサイババの写真（今回はサイババ関係ないはずなのに）、部屋の角に設けられた小さな祭壇（今回は宗教的な設定じゃないのに）。完全に見覚えのある光景だ。

「今そこの人にライババさんを呼んで来てくれるように頼んでおきましたから、少し待ちましょう」

「はい。ライババが、来るまで待とうホトトギス」

「よかったですねえライババさんに占ってもらえることになって。ライババさんとアガスティアさんが、9割の的中率を誇るバラナシの占い師のツートップなんです」

「**わーすごーい（うらはらな言葉）。**あのー、ところで、ムンナさんはどうしてライババさんのことを知っているんですか？」

「ワタシは、**2年前にここでライババさんに手相を見てもらって知り合ったんです。**秘密にしていることをたくさんズバズバ当てられてしまって、とてもビックリしました！」

そうだったのか。ムンナさんがライババに初めて会ったのは2年前なのか。**3年前にオレたち3人ここで会っているというのに。**どういうことだろうこれは。聖地バラナシだからこそ起こり得るタイムパラドックスだろうか。バカだろうか。

「あっ、来ました！　立ってください！」

「はいっ！」

オレは礼儀正しく起立し、ムンナの動きを真似て手を合わせ「ナマステ〜」と言いながら、狭い部屋でその懐かしい口ひげをたたえた人物を迎えた。

お、おお〜〜。ライババさん、お久しぶりでございます。

紛れも無い。彼こそが、初めてインドを訪問したオレというチョイエロニートをたった1日で熱心な信者にしてしまった、今ではアガスティアと並ぶバラナシの占い師ツートップ、**設定は当時サイババの一番弟子、今は普通の良く当たる占い師、**とあるモテない日本人・さくら剛の旅行記『インドなんて二度と行くか！ボケ!!…でもまた行きたいかも。』に**「私はこうしてダマされました。この顔見たら110番」**などと写真つきでひどいことを書かれているかわいそうな、カリスマ予言者のライババさんだ。

ライババさんはメガネをかけており、額にはインドおなじみの赤い香料がちょんと塗られている。心なしか以前より顔の皺《しわ》が目立っているような気がするな……。もう少し若い印象があったのだが、ムンナによると実はもう60歳を越えているそうだ。

しかしその年齢のせいでライババが腰を下ろす動作は非常にゆったりとしていて、アガスティアと違ってそれなりの威厳は感じられた。いやー、やっぱり本家は違うなあ。

「ナマステ。キミは日本人か？　インドは初めてか？」

「はい。インドに来たのは初めてです。**ライババさんやムンナさんにお会いしたのも初めてです。**ナイストゥーミーチュー」

「ほほう。インドはどうだね？」

「はい！　毎日たくさんのインド人の方々に騙されボられ傷つけられ、平均して1日3人のインド人は殴りたい日々ですが、ライババさんにお会い出来たのでそれもよしとします！」

「それはよかった。ところで今日は、私の占いを受けに来たということでよいのだな？」

「**ははー（平伏）**。たしかにライババさまに占って欲しく参上たてまつった次第であります」

……よしよし。ムンナと同じく、ライババもオレのことは完全に忘れているようだ。**たしかに、美男美女の顔というのは印象に残りにくいと言うからなあ。**その理論でいくと、オレはムンナとライババの顔を覚えているけど逆に彼らはオレを覚えていないというのは実にもっともな話だ。**なーっはっは（高笑い）!!**

「それではまず料金なのだが、外国人は45ドルとなっておる」

「ええっ!!　そんなに高いんですかっ!!!」

「私はインドのホスピタルやスクールに毎年寄付をしているのだ。だから、これは困っている人のためのお金なのである」

「えっ、病院に寄付しているんですか？　それは、なんだかムンナさんの話していたことと違うなあ」

オレは無垢《むく》な表情で、「あれっ？　おかしいなあ？」とムンナの方を見た。さっきあなた、**ライババさんは特に寄付とかしていないから安いと言っていましたよね。**でも本人はホスピタルやスクールになんとやらと仰せになっていますよ？　どういうことなのでしょう？　この場面をどう切り抜けるのでありましょうあなたさまは？

するとムンナは、心の動揺隠蔽《いんぺい》工作を図りながら言った。

「あの、**ライババさんはアガスティアさんと友達なんです。**ライババさん自身は特に病院に寄付していないですけど、彼はアガスティアさんの活動を助けるために、アガスティアさんに対して寄付をしているんです。**今はそういう意味で言ったんですよ**」

「フーン……」

そうか〜、そういう意味で言っていたのか〜〜。ウソつけ。

まあしかし今は和気あいあいと場を進めることが大事であり、結局料金交渉はそれなりの高額で落ち着いた。これはオレがライババさんと出来るだけ長く話をしたいという気持ちの表明の妥協である。やっぱり、高名な占い師の方には目一杯相談に乗っていただきたいものなのです。**決して旅行記を面白くしたいからとか、そんな下賤《げせん》なことを考えているわけではないのです。**

というこでいよいよライババさんによる占いのスタートだ。遂に始まる。果たしてライババさんの手によって、オレの過去未来そして運命が丸裸に、**ヌーディスト運命に**なってしまうのか！

次章へ続く‼

16. 続・口の上手い男インド代表再び

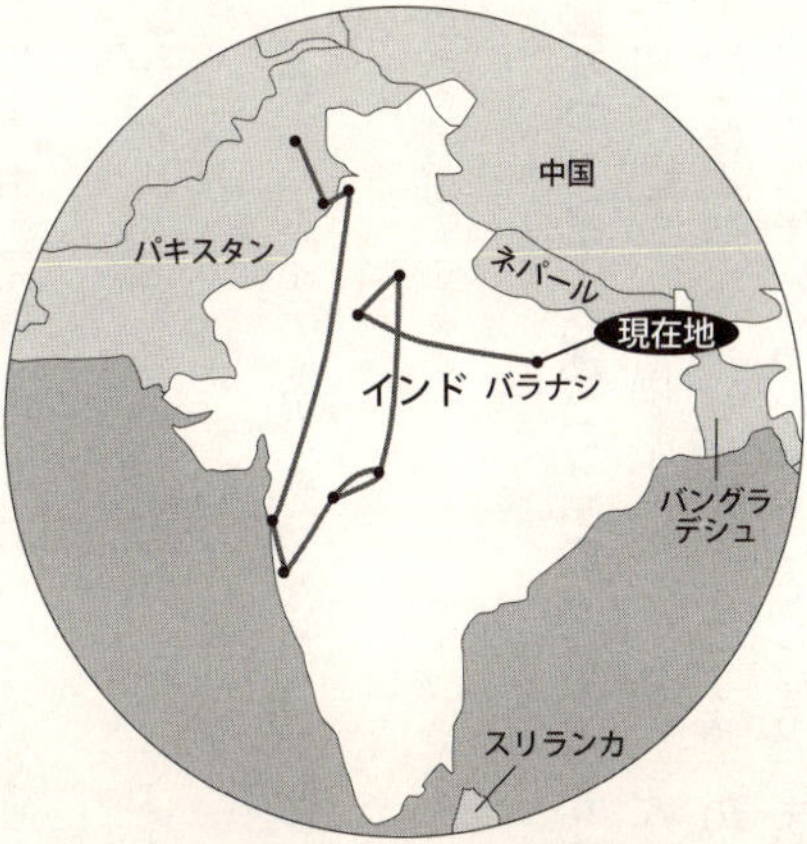

ライババさんとのトークは基本的には英会話であるが、難しいところは例によって秀才ムンナが日本語で説明してくれる。まずは取り出した白い紙にオレの名前、出身地、性別を書き、そこになにやら図表を描き加えさらにオレの手相を見ながらライババはゆっくりと話し始めた。

「キミは……、とても頭のいい人間だ。そして、周りの人を惹きつける力を持っている」

「…………」

「少し頑固で、心配性ではあるが、常に正直で新しいアイディアと野望を持っている」

「…………」

「内面にはとても強いエネルギーがあり、また、健康でもある」

「…………」

おお〜〜、なるほど〜〜。**ありがちな無難なコメント3連コンボありがとうございます**。なんか、いつどこでどんな占い師に話を聞いてもみんな同じようなこと言いますよね。そういう抽象的なことを！　でもきっとこのヘンは単なる前フリ、アントニオ猪木のマイクパフォーマンスで言えば「元気ですか〜〜っ‼」的な単なるつかみなのでしょう。まだ何も意見はいたしません。続いてどうぞ。

「キミは……、教育がある頭の良い人間だが、しかし時々集中力が無くなる傾向があるな。

ひとつのことを終わらせてから次のことをした方がいい」

「なるほど。ひとつのことを終わらせてからですね。なんていう気の利いたアドバイスなんでしょう。**ライババさん以外のどんな優れた人物もそこまで的確な助言は出来やしません**」

「ふむふむ。おまえは……、セッ○スが好きだな？　そして、その最中にはよく体位を変えるようだな。それに、口を使って……」

「待て待てて っっ!!　ちょっと待ってください!!!　まだ下ネタ出るタイミングじゃないでしょうっっ!!　始まったばっかりなんですから!!!　起承転結ってものがあるでしょうよっっ!!!」

「わっはっは。すまないなあ」

ちょっと、ライババさん……。せっかくの聖なる雰囲気が盛り下がっちゃうでしょうそういうの。やめてくださいよほんとに……。

思えば今回ムンナも再会して3回目くらいには既にエロ映画の話をしていたが、この3年の間にインドではなんらかのエロ規制緩和でもあったんだろうか？　冗談じゃないぞ。この調子ではオレの旅行記がエロの話ばっかりになってしまうではないか。**おまえらのエロ話のせいでこの本が来年のノーベル文学賞の選考から漏れたら責任取ってくれるのか**

っ!! 笑って済まされるような問題じゃないんだぞっ!!!

まあいいや。どうせオレは権威みたいなものになにかと反発して見せるナウいワルなので、元々ノーベル賞の受賞も辞退する気でいたからな。それはいいだろう。それはともかく、ありふれた占いコメント集はこれくらいにして、そろそろ具体的な未来過去占いに入ってくださいよライババさん。なんといっても、あなたは3年前僕の**過去の出来事を全て的中させた**というすさまじい実績があるんですから。「残尿感を感じたことがある」とか「ニキビが出来たことがある」という**スケールの小さ過ぎる占い**でしたけど、それでも見事に的中はしていたんですから。

まあそもそも3年前に未来も過去も全て占われ済みということであれば、もう今日は来る必要なかったんじゃないのという意見もあるかもしれないが、**ここで素性を隠してもう一度占いを受け、そして全く同じことを言われてこそ本当にライババさんの凄さがわかるのだ。**ふっふっふ……、我ながらなんてイヤらしい奴。こんなことをしていると、**日本占い師協会から抗議のFAXが来そうである。**よかった、うちにFAX無くて。それでは、まず僕の将来について具体的にお占いくださいライババさん。

「では望み通り、これからキミのフューチャーについて占ってしんぜよう」

「やった! 僕はこれからどんな人生を過ごすんだろう。気になるなあ。でもちょっと怖いなあ。でもワクワク」

「……ほほう、見えて来たぞ。なるほどなあ。キミはどうやらかなりのロングライフ、健康で長い人生を送るようだ。うん、**キミは、86歳まで生きることが出来るぞ**」

「うわあっ、そんなに長くですかあ！」

「ああ。そうだ」

そうか〜、86歳までか〜〜。そんなに生きられるのか〜。

…………………。

あなた、たしか前回は「95歳まで生きられる」って言ってましたよね？

いきなり違ってるやんけっ!!!　9年も！　9年も寿命が縮んでいる!!　元が長いからそんなにピンとこないけど、9年寿命が縮むってものすごいことだぞっ!!!

一応さあ、前回も今回も名前と生年月日と手相を元に占ってるんだよ？　オレ別に名前も生年月日も変わってないし。それなのになんで占い結果が変わっているんだ!?

いや〜、そうなるんじゃないかと思ってはいたけれど、**一発目でいきなりインチキ認定されましたねあなた。別にオレが何か悪さをしたわけじゃなくて、自分の力で認定しましたよね。ああ、悲しいぞっっっ（号泣）!!!**

…………。いやいや、待ちなさい。そんなにライババさんを責めちゃかわいそうです。まだ話は序盤の序盤。もう少し静かに話を聞いてあげましょうよ。

「うむうむ、**キミは将来ベリーリッチになるな。**金持ちになり、身の回りに物が溢れる裕福な生活を送ることが出来るだろう」

「わーいやったー」

ほらほらほらっ！　同じこと言ってるじゃん前と‼

ね、前も「キミは将来マハラジャのようにリッチになるだろう」て言われたし、これはもう証明じゃん。本物の証明じゃん。だって、並の占い師だったらここでは「キミは貧乏になるだろう」って言っちゃうよ？……いや、**それは言わないか普通。**でも貧乏までは言わないとしても、並の占い師だったら「キミは将来中流家庭の人間として生きていくだろう」くらいは、きっと多分、**わざわざ海外から来た客に言わないか……。**

しかしまだまだ占いは始まったばかりだ。続きを聞こう。

「今後キミは、引越しをすることがあるようだ。うん、必ず将来引越しをするな。これは確実だ」

「ええっ、そうなんですかっ！　**まさか引越しだなんてそんなビックリ‼**」

いや〜〜、やっぱりプロは違いますなあ。**当たりそうな気がしますもんその予言。全**

然外れる予感がしませんもん。

オレは早くも興奮し、この気持ちを伝えるために声を大にしてライババさんを讃《たた》えた。

「すごいですライババさん。僕は感動しました。どうしてあなたはそんなに色々なことがわかるのですか?」

「それは、**サイババがあなたを見ているからです。**どんなに遠くにいても、**全てのことをサイババは見通しているのです**」

「えっ。サイババですか?」

……あの、サイババって言っちゃってますけどこの人。

そ、そうだ、今日はサイババの弟子ではなくてただの職業占い師だという複雑な設定を、ライババさん自身はまだ把握してないんだった。ということは、本人はいつも通り**サイババの弟子の気まんまん**なのか。純粋な占い師として話していると思っていたけど、まだ全然偽りの衣をまとっていたんですね(泣)。

オレは無垢な表情で、「あれっ? おかしいなあ?」とムンナの方を見た。**さっきあなた、ライババさんはアガスティアさんと違って特にサイババとは関係無いって言ってましたよね(オレが言わせたんだけど)。**でも本人はサイババがなんとやらと仰せになっていますよ? どういうことでしょう。この矛盾に対してどう説明をつけるのでしょうかあなたさまは？

するとムンナは、心の焦りを努めて隠匿しながら、あえて笑顔で言った。

「サイババは、**みんなの神なんです！　だからインドにいる人は、みんなサイババを拝むんです(汗)！**」

「フーン……」

なるほどね～、サイババはみんなの神、だからただの占い師のライババさんも、つい名前を出しちゃったのか～。**ウソつけ。**

ムンナはもうオレに無垢な目で見つめられるのに懲りたのか、いきなりライババに向かってオレにわからないヒンディー語でベラベラと喋り出した。なるほど……、今彼らは、**設定の擦り合わせ中**です。**「今日はこないな段取りになってますさかい、サイババとは関係ないってことで頼みまっせ」**とムンナからライババへ伝言中です。うーん、言葉自体は全然理解できないのに、なんてバレバレな会話なんだろう。

オレは何もわかっていないフリをするため一旦頭を使うのをやめ、ぼけーっと2人の話が終わるのを待った。

しばらくして、悪党の悪党による悪党のための悪党話し合い（話し合い**オブザ悪党バイザ悪党フォーザ悪党**）が終わると、ライババはこちらへ向き直りオレを諭すように優しく言った。

「イエス、そうなんだ。私は長いこと占いを行っているが、**いつもサイババへの尊敬の気持ちを持っているんだ。サイババの生徒でない者であっても、インド人は全員がサイババへのリスペクトを忘れないのである**」

「ははー、そうでありましたか（平伏）」

ライババさん、**フォローご苦労様です。**インド人は全員がサイババを尊敬しているんだと述べることによって、さりげなく「自分が特段にサイババと関わりがあるというわけではないよ」とアピールしましたね？　ようやく今回の設定を把握したみたいですね……。そうです。今のあなたは、サイババの一番弟子ではありません。ただの占い師なのです。

でもさ〜、なんかよく考えてみたらさ〜〜、サイババと関係無いんだったら、**「ライババ」っていう名前が根本的におかしいだろうがっっ!!!　どう考えてもサイババありきの名前じゃねーかそれはっっ!!!　ライババという名を名乗っておきながら「私はサイババとは関係ありません」って説得力無さ過ぎなんだよっっ!!!**

ま、言ってるとキリが無いから次に行くか……。

「あのー、ムンナさん。どうも将来のことってイマイチ実感が湧かないんで、そろそろ過去のことについて的中させてくれませんでしょうか？　どうかお伝えくださいライババさんに」

「わかりました」

エロ通訳のムンナが要望をライババに伝え、話題は未来から過去へと切り替わることになった。やはり先のことは正解かどうか見極めるのは難しいからして、ここは思う存分今までのオレの人生を暴いて、バラナシのツートップの凄さを見せ付けてほしい。

でも自分からお願いしておいてなんだけど、オレの過去をリアルに覗いちゃうと**あまりの惨めさにあなたにとってもトラウマになるかもしれないけど大丈夫？**　だって本人ですら過去を振り返ると吐き気がするくらいだからさ（号泣）。

「いいだろう。では今度はキミの過去について占ってみよう」

「ぜひともお願いいたしマッスル」

「キミは……、学校を卒業してから今までに、仕事を変えたことがあるな？」

「変えました！　たしかに仕事を変えました!!」

「フォッフォッフォ。そうか。では、キミは過去に法律を破ったことがあるだろう？　以前、交通違反で警察に捕まったな？」

「あなゃ〜〜っ‼　当たってる‼　凄いっっ（泣）‼　捕まりました！　確実に捕まりましたっ（号泣）!!!」

「フォッフォッフォ。やはりな。これからもよく気をつけないと、いらぬトラブルに巻き込まれることになるぞ」

なんだなんだ。いきなり2つ続けて的中しているじゃないか。凄い！　一人旅をしている30手前の男で転職したことも交通違反で捕まったことも無い人間なんて1人もいないと思うけど、**でも凄い‼　そんな当たり前のことをいかにも占いの結果みたいに言い切れるその神経の図太さが凄い!!!**

「では次は恋愛についてだが、16歳から20歳までの間に、彼女とか、好きな人がいたな？」

「はあ……」

彼女とか、好きな人か……。

「彼女とか」の後、**ずいぶん弱気ですねライババさん。**３年前にも同じこと聞いたような気がするけどさあ、「好きな人」はダメでしょう。**思春期の5年間なんて、チベット密教の修行僧でも好きな人くらい出来るぞ？**　この占いが外れる時というのは、**実はオレがまだ15歳以下だったた**という時だけじゃないだろか。たしかにオレの精神年齢は15歳から一切成長していないが、肉体年齢は無駄に重ねているので現実にはもうすぐ30歳だよ。**っ**

て無駄に重ねてるってどういうことだよ‼　なめてんのかテメーこらっ‼!

オレがなかなか返事をしなかったので、横からムンナが促すように聞いてきた。

「どうですか？　当たっていますか？」

「いや、当たってるっていうか、普通10代後半なんて誰だって好きな人くらいいたと思うんだけど」

「どうなんですか？　イエス？　ノー？」

「だから、どっちかって言えばそりゃ当たってるけど……」

「(ライババに向かって自信満々で)イエス‼」

「フォーフォッフォ。そうか。当たってたか」

出たなオイっ‼　この寸劇上手のライババ劇団っ‼!　息の合ったナイスチームワーク‼!

ほんと無理やり当たってることにしますよねあなたたち……。そうやって強制的に当たりにしてもこっちは「凄いなあ」とは全然思わないんだから、あんまり意味無いと思うんだけどなあ……。

「それでは20歳から25歳までの間に、ガールフレンドがいたね？」

「今度はガールフレンドですか。はい、いました。**本当だぞ‼　オレの名誉のために‼**

オレだって彼女の一人や二人くらいいたことがあるんだよっ(各方面に向けて)!!!」

「フォッフォッフォ。やっぱりな。そのガールフレンドは、さっきの16歳から20歳までの好きだった女性とは違う人物だな?」

「違いますよ。そりゃ違うでしょう。だって10代後半と20代前半じゃあ誰だって生活環境が変わるし住む場所だって、」

「(ライババに向かって自信満々で)イエス!!」

「フォーフォッフォ。そうか。当たってたか」

だからなんでムンナが自信満々で正解を宣言するんだよっっ!! おまえがオレの過去の何を知ってると言うんだっっ!! このドアホっ! デブ!! 筋肉バカ!!!

「では26歳から29歳までの間、この期間、結婚を考えた彼女がいたな?」

「残念ながら結婚なんてさっぱり考えたことありませんねこりゃこりゃ」

「なんだと! その時期がおまえにとってのチャンスだったのに! どうやら結婚する絶好の好機を逃してしまったようだな」

「えー―っ!! そんな!! せっかくのチャンスを逃してしまっただなんてああ、なんということでありましょうか!!」

　あんた、**相変わらず凄い誤魔化し方ねっ‼　「結婚を考えた彼女がいた」というあんたの占いが外れてるのはチャンスを逃したオレのせいかよっ‼　悪いのはいつだってオレかっ‼!**

「キミは時々、ガールフレンドとか、もしくは**お母さん**に、お金を貰ったことがあるね？」

「だからさあ、ガールフレンドだけならいいけど『お母さん』っておかしくない？　お母さんだよ？　お母さんからお金貰ったことは何度もあるけどさ、そんなのはオレじゃなくても誰だって……」

「（ライババに向かって自信満々で）イエス‼」

「フォーフォッフォ。そうか。当たってたか」

「またかよっ（涙）‼!」

「では過去には2年、いや、長くて3年くらい付き合ったガールフレンドがいるね？」

「**それはいません〜‼**　だいたいオレと付き合う女性は1ヶ月もするとオレの人間性にあきれて去って行くから、そんなに長く続いたガールフレンドはいません〜〜（号泣）」

「ほお、いないのか」

「はい」

「では短い期間のガールフレンド**でもいいが、キミはその時に浮気をしたことが……**」

「お〜いっ!!! 『では』 じゃねーだろっ!! ちょっと待てオイっっ!!!」

……なあ、外れた占いに関しては**無視か？** 3年付き合った彼女がいるねっていうの100パーセント外れてるんですけど、「では短い期間のガールフレンドでもいいが」って、さっきのは占いじゃなくて**前フリだったみたいな扱いにしようとしてますよね？** ムンナもイエスだけじゃなくて、外した時も「ノー！」と自信を持って言えよ!! 正真正銘のイエスマンかおまえはっ!!!

「ガールフレンドがいる時に、浮気をしたことがあるだろう!!」

「無いです。いつもする気はまんまんですが、少なくとも今までは浮気はしたことがありません」

また外れだぞ!! 浮気なんてしたこと無いぞオレは!!

だいたい、一人の女性に気に入られることすら奇跡なのに、その奇跡の女性と付き合っている最中にもう一人の女の人といい仲になるなんてそんなもの凄いことが起こり得ると思うか？ よく考えてみろよあんた。オレのモテなさ具合で浮気なんて出来るわけが無いんだよ。する気があるとか無いとか言う前に、**物理的に無理なんだよ。ってうるせえんだよっっ!!! おまえのせいだっ!! オレがモテないのはインドに来たせせ**

いだっっ!!! おまえらと絡んだせいでモテないオーラがうつったんだよ!!!

「無いのか？　浮気じゃなくても、デートをしている時に彼女以外のかわいい子を見てしまったりしたことがあるだろう」

「いやそれはありますけどっ、別に見るだけだったらそんなの誰だって当たり前に……」

「（ライババに向かって自信満々で）イエス!!」

「フォーフォッフォ。そうか。当たってたか」

「あの～～（涙）」

「キミは、時々お腹が痛くなったり、もしくは頭が痛くなったり、または腰が痛くなったりしたことがあるね？」

「は、はい……たしかにあります。たまにですけど、腹も頭も腰も痛くなります」

「フォーッフォッフォ。やはりな。これはなあ、将来も気をつけなければいかんぞ」

「はい、気をつけます」

だからさ～～。命ある者として、一度も腹も頭も腰も痛くなったことが無い奴なんているわけないだろ？　産婦人科で新生児室にいる赤ん坊に「おまえは過去に腹か頭か腰が痛くなったことがあるな？」と聞いたって、絶対**「バブバブ（あります）」**って言うぞ？　裏路地の土産物屋で売られてるガネーシャ像でも頭痛や腰痛の一度くらい経験したことがあるはずだっちゅーの（胸の谷間を強調）。

「キミは時々、残尿感を感じることがあるね？」

「残尿感キタ――――!!!」　あなた好きですよね残尿感……」

「あとな、これはまた未来のことなんだが、**どうやらおまえは54歳になった時に、髪が薄くなるようだ**」

「いえええええええっっ（涙）!!!!」

ご、ごじゅうよんさいで髪が薄くなるだって……!?

そんな……。3年前の占いでは、**「おまえは65歳で髪が抜け落ちる」**って言われたんだぞ？　**11歳も早くなってるじゃねえかよっ!!　寿命は9年、ハゲは11年も縮んでるのかオレはっ!!!　どういうことやねん!!!**

「そんな悲しむことはないぞ。将来おまえには女友達がたくさん出来るから」

「別にいらないかな女友達なんて……。『1000人の女友達より1人の彼女』それがわたしの望みです」

「そういうことを言っている限りガールフレンドを作るのは難しいだろう」

「ぎゃふん！」

「トラベル、旅はキミにとってラッキーアイテムだ。１００パーセントのパワーでラッキーな国は、スリランカ、チベット、ドイツ、イギリス、あとはインドだ。特にデリーはおまえのラッキーシティだぞ」

「へえそうですか」

そうか〜、インド、特にデリーがラッキーな場所だったのか〜、**ってそんなわけねーだろボケがッ!!! デリーのどこがラッキーなんだっ!! 一般的な地球人にとってデリーは２００億％アンラッキーシティなんだよ!!! アンラッキーというか、ヘルだ!! デスだ!!! エクソシストだ!! デスシティ!! サイコシティ!! シティデストロイヤー!!!**

「キミの体にとってラッキーなのは、ヨガ、そしてスポーツジムに通うこと、あと水泳もいいぞ」

「…………………」

「辛過ぎるものや、油っこいものは良くないから控え目にした方がいい。朝起きた時は、たくさん水を飲むと健康になるぞ」

「はい……」

これは、**占いか？**

前回に引き続き、またもライババ占いはいつの間にやら占いから**健康アドバイス**に趣旨が切り替わっている。朝起きたら水を飲むのは体にいいかもしれないが、それはオレだけじゃなく、**ノラ牛やツチノコでも朝の一杯の水は健康にいいと思うぞ。**新生児やガネーシャ像だってそうだ。水を飲んで体を壊すのなんて、せいぜい紙粘土人形の粘太郎くんくらいだろう（誰だそれ）。

「それでは、まあとりあえずこんなもんでひと通りなのだが……」

「ええっ!!　終わりですかっっっ!!!」

「まあ慌てるな。今度はおまえの方で何かあれば質問していいぞ。何でも聞きなさい。へのつっぱりはいらんですよ」

おおっ、言葉の意味はよくわからんが、とにかくすごい自信だ。

どうやら今回ライババさんは、オレのために質疑応答タイムを取ってくれるようである。最近ライババにはアガスティアという商売敵が出来たために、多少は彼も**顧客満足度**を気にするようになったのかもしれないな。もしかして、オレのことを**ミステリーショッパー**じゃないかと疑っているのだろうか？　実際はミステリーショッパーより**もうちょっとタチの悪い者ですけど。**

ともあれ聞きたいことはある。実は昨日の晩、先を見越して**占ってもらいたいことリスト**も作っておいたのである。このあたりの用意周到さは、いかにオレが将来素敵な旦那さんになるかということを良く表していると思う。

それではせっかくのチャンスだ、聞いてみようではないか。やっぱりお年頃のアタシが気になることは、これだわ！

「ライバさん、ではいくつかお伺いさせてください。あの、僕の**未来の結婚相手**について教えて欲しいんですけれど」

「結婚な。よーし、では占ってしんぜよう。……そうだな、キミは未来のワイフとは、**今年の7月に出会うだろう**」

「おおおおおっっ!!! なんとっ!! あとたったの3ヶ月じゃないですかっ!! ど、どこでっ!! どどこでどこでででであうんですかっっ(号泣)!!!!」

「まあ落ち着きなさい。そのワイフとは、**東京で出会うだろう**」

「東京ですか～～～～～。いや～～～～～。誰だろう。あはぁ、楽しみだ……ぎょをを～っっ(期待の雄叫び)。で、どのようにして出会うんでしょうか？」

「東京で、**道を歩いていて出会うだろう**」

「道を歩いてですか〜〜〜〜そうか〜道を歩いている時にか〜〜〜〜」

……あのなぁっ。道を歩いてるだけで嫁が見つかったらオレたち苦労しねーんだよっ!!! その出会い方はあんたたちインドの感覚だろうが!! 日本では通りすがりの見知らぬ異性といきなり知り合いになる習慣なんて無いわっ!!!

なんだよそれ……。せめて「職場で」とか「世界中の女性の上位3パーセントの美女しか入れない美女牧場で」とか、それなりに現実味のある予言にして欲しかったなあ。

「じゃ、じゃあその奥さんはどういう人ですか? 『ハチミツとクローバー』の美和子さんみたいな清楚で美しい人ですかっっっっっ」

「彼女の職業は、グラフィックデザイナー、もしくはコンピュータを使う仕事である。とても優しくて美人でその上セッ〇〇好きである。年齢は、おまえより4歳下だ」

「きゃ〜〜〜〜〜〜〜〜〜〜〜っっ!!! きゃ〜〜〜〜〜〜〜〜〜〜〜〜〜〜〜〜〜〜〜〜〜〜〜〜っっっっ!!! いつですかっ!!! いつ結婚できるんですかっっっっ!!!」

「実際に結婚するのは、30歳から31歳の間である」

「ああ、待てません。早く、早く31歳になりたい。うう嬉しい……。こんな僕でも結婚が出来るなんて……おおお（涙）……しかも**4つ年下の美人……しかも……あひょ**

うひょおひゃひゃひゃ」

ありがとうライババさん。なんだか僕、**生きる気力が湧いてきました**。もう少し、もう少しだけがんばって生きていこうと思います。30歳から31歳の間か……。ああ～、本当に楽しみだなあ。**はやく、早く来てくれ31歳!!!!**

※実際に31歳になった時、この期待が**全て裏切られるということを彼はまだ知らないのであった。**

「他に何か聞きたいことはあるかね？」

「はいまだ高名な占い師でありスピリチュアルカウンセラーでもあるライババさんにお聞きしたいことがいくばくかあります。ではズバリ、僕の前世はどのような生物だったのでしょうか」

「前世だな。では見てしんぜよう」

ライババはオレの手を取り、フムフムなるほどと唸りながら前世占いを始めた。前世というのは、手相からわかるものなのだろうか。まあライババさんはもう占いの種類とかを**超越した存在**だからな。きっともうなんでもかんでもわかっちゃうんだろう。

「よし、わかったぞ」

「なんですかっ僕の前世はっ!? このかわいさからしてレッサーパンダでしょうか？ それともこの美しさからして佐々木希《ささきのぞみ》ちゃんでしょうか？」

「私が占った結果、おまえの前世は、**タイの赤ちゃんである**」

「た、タイ？ タイの赤ちゃんって何ですか？ 稚魚《ちぎょ》??」

「タイはＴｈａｉｌａｎｄ、タイランドのことだ。おまえの直前の生は、タイで産まれた赤ちゃんである」

なんと！ オレの前世はタイ人だとっっ!!! パクチーも食べられないのに!!

まあ別にいいんだけどタイ人でも。ただ、タイ人はいいとしてもタイ人の「赤ちゃん」というのはどういうことだろう？ あえて「赤ちゃん」とつけるには、きっと特別な理由があるに違いない。

「ライババさん、じゃあ僕が前世でタイ人だった時は、早死にしてしまったんですか？」

「そうだ。前世では、おまえは20歳で死んだんだ」

「へえ～……」

なんかおかしくないかそれ～？ 20歳で死んだ人間を「赤ちゃん」って言うか～～？

ライババさん、もうちょっと発言の辻褄《つじつま》を合わせる努力をしましょうよ～。赤ちゃんじゃないじゃん。それはタイ人の赤ちゃんじゃないじゃん。**普通のタイ人じゃん。**

「じゃあ、20歳で死んでしまったのはどうしてなんですか？」

「おまえが20歳の時に両親が離婚してな、それで母親が自殺してしまったんだ。そしておまえもそれを追って首を吊ったんだ」

「なんていう最悪な前世ですかそれはっっ!!! 聞かなきゃよかったっ（涙）!!! くそっ、オレは前世でも結婚出来ていなかったのか!!!!」

「その通り」

「くそ～～、じゃあ、前世で不幸な死に方をして現世でも侘《わび》しく生きている僕ですが、来世では確実に幸せになれるんでしょうねっ！　次こそは過去の分まで幸福溢れる人生が!!」

「では、来世を見てしんぜよう。…………。よし。わかったぞ。おまえの来世は………、
マレーシアの牛である」

「人間ですらなくなってるじゃねえかっっ!!! 牛かよっっ!!! しかもマレーシアの牛っっ!!! 日本より飼育環境が悪そうっ（涙）!!!」

「では、他に何か質問はあるかね？」

なんだよマレーシアの牛って……。こういう時はさあ、円満な空気になるように「前世はヨーロッパの貴婦人だ。来世は世界的に有名な科学者だ」くらい適当に言っておけばいいじゃないかよっ！　**どうせインチキなんだから!!　インチキのくせにわざわざ相手をイ**

ヤな気分にさせることを言うなっ!!!

それじゃ、他に質問はと聞いてくれていることだし、お言葉に甘えて考えておいた**上級問題**をぶつけてみるとするか。

「ライババさん、実は最近、**日中関係があんまりうまくいってないんですよ。**大都市では反日デモも盛んになっているし、これから中国も旅しようとしている僕としては**日中両国がどのようにすれば溝を埋め友好を深めることが出来るのか、そのあたりをご指導いただきたいのですが**」

「……そうだな。えーと、それはだな……、**日本が中国の病気の人とか、貧しい人を助ければいいんだ。**中国が何か文句を言って来ても、無視をするようにしなさい」

「なるほど、それで日中関係が改善されるんですね?」

「されるされる(適当)」

「そうですか。ありがとうございます。では、**日本経済の今後の展望について**ライババさまのご高察を賜りたいんですが如何《いかが》でしょうか。今後、日本経済はどのように動いて行きますか?」

「…………。に、日本の経済は、2011年までは、波がある。そして、2012年からは、**うまく行く**」

「へー（冷めた表情）」

うーむ……苦しい。**なんとも苦しさが伝わってくる占いだ。**

まあ遠く離れた異国の経済事情なんて知らないのが当たり前だが、そこは全てを見通すライババさんなので少し期待してみたのだ。いやもとい、**期待してなかったけどなんかちょっと困らせてみたくなったんだ。**ごめんなさい……。

「どうもすいません。難しいこと聞いて」

「そんなことより、おまえもっと大変なことがあるぞ。占いの結果、おまえは**39歳の時に車の事故に遭う。そして頭と足を怪我して、病院にずっと通わなければいけなくなるだろう**」

「なんですって〜‼」

「それだけではない。45歳になると、腹の具合が悪くなり腸の手術を受けなければならなくなるだろう」

「ええっ！　腸の手術‼　**腸ショック‼**」

「しかし案ずることはない。それを防ぐ手立てがあるぞ」

「なんですかそれは。もしかして高いお守りですか」

「いいか、これはヒマラヤに住む僧侶が、隕石《いんせき》を加工して作ったありがたいお守りである。

もしおまえがこれを持っていれば、将来襲い来る不幸を避けることが出来るだろう。しかしこれにはお布施として、**40ドルの料金が必要だ。**どうだ、払えるか?」

結局ライババの占いは、最終的に霊感商法新興宗教インチキ占いにありがちな、**霊感グッズ売りつけ商法**となった。しかしこの不幸予言だって、3年前は37歳で目の手術をし、41歳で交通事故と言われているのである。全然前と違ってるやんけ……。

……というところで、最終的にお守りに金を払う払わないでごたごたしながら**アホのアホによるアホのための宴**(うたげ**オブザアホバイザアホフォーザアホ**)、3年ぶりのライババ占いは、遂にこれにてお開きとあいなったのである。

振り返ると非常に懐かしく、そして3年前となんら変わらない無茶苦茶な占いであった。まあいい大人とじいさんが結託してこれだけ真剣にバカをやっているというところは、ある意味尊敬すべきことではあるかもしれない。

だがやはりオレは久しぶりに再会した彼らのおかげで、改めてバラナシそしてインドは**本当にバカバカしい所である**ということを、心から感じさせられたのであった。

17. 仏教の聖地でとても汚い話

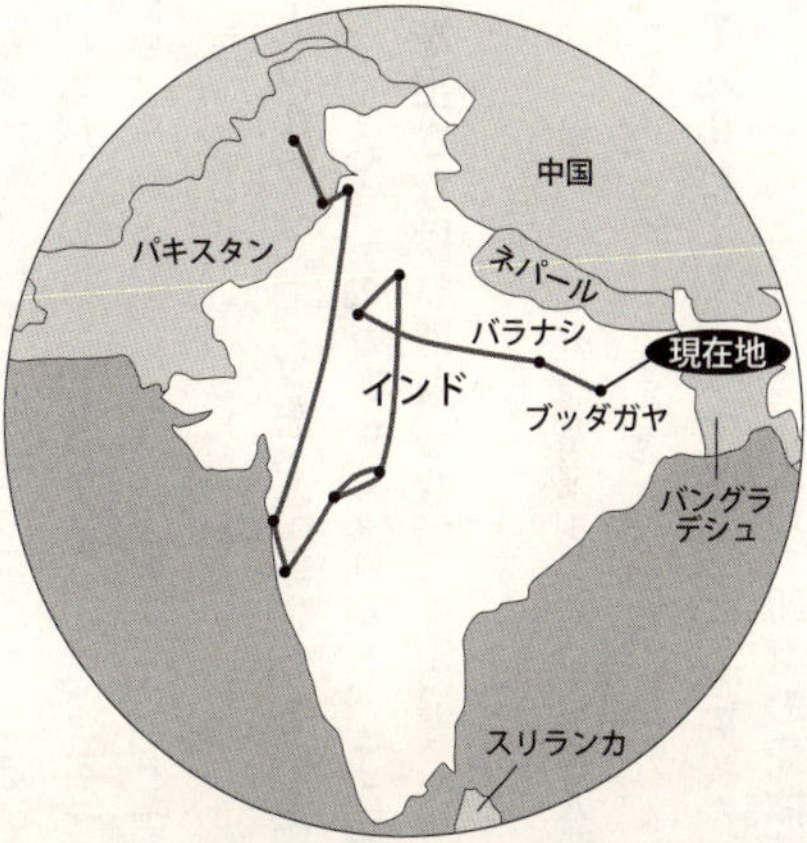

バラナシ旧市街の路地を歩くとすれ違う生物の割合は、インド人が10に対して外国人旅行者と牛がそれぞれ2、**ノラ犬は5程度**である。とにかくノラ犬の数が多い。

犬が多い町というのは、犬オレ安全保障条約を結んでいてなおかつ「顔が犬っぽい」とまで言われるオレには理想の町のように感じられるが、しかし油断していると痛い目を見ることになる。なにしろここはインドだけに、あっノラ犬だっ、かわいいなあちょっと頭をなでさせておくれ、くちばしを握らせておくれ、ちょっと待ってどこ行くの！　ねえちょっと‼　と追いかけていると、いつの間にか**まんまとシルクショップまで誘導されていた**なんてことも多々あるのだ。このバラナシはノラ犬ですら自分のかわいさを利用し、**土産物屋からコミッションを得るために客引きに精を出さなければならない**という悲しい町なのである。

やることが無いのでサウナ状態のガンガー川辺に行ってみると、川の真ん中に**人間の死体**がプカプカと浮いていた。そして死体が近くまで流れて来るとどこからともなくボートの客引きが登場し、**「あの死体のところまで20ルピーで行ってやるぞ」**と商売を持ちかけてくる。そして川辺からは外国人を乗せたボートが何艘《そう》も漕ぎ出し、**即席の死体遊覧ツアー**が開催されるのであった。そのまま川辺で見ていると、白人を乗せたあるボートなどは、近づき過ぎて死体を**船首でガンガン撥ね飛ばしていた。**あんたら、やり過ぎだって……。

さて、約10日間を過ごしたバラナシともそろそろお別れだ。またオレはここから、国境を目指して東へ進まねばならない。

翌日の午後、宿を出てサイクルリキシャで駅へ。到着後に「途中で工事中の道を迂回《うかい》したから」という理由で割増料金を請求され**怒鳴り合い発生。終わり悪ければすべて悪し**ということで、2度目のバラナシの印象もこれで極悪となった。

まあこの10日間のことを考えると、今さらどんな良い終わり方をしても結局バラナシの印象は極悪なんだけど。**たとえ最後に駅で10億円を拾ったとしても、まだバラナシのトータルの印象はマイナスだから。**その後に駅のホームで新垣結衣《あらがきゆい》ちゃんに結婚を申し込まれたら、ようやくちょっとだけプラスに転じるかな。

そもそも工事中で遠回りした分の割増料金とか、それは工事会社に請求しろよっ。

ジリジリと日光に焼かれながら駅のホームで遅れた電車を1時間45分(フザけんなテメー!!)待ち、脱水症状で白目を剝き始めた頃になんとか列車が滑り込んで来て一命を取り留める。乗車後たった5時間という近距離のガヤ駅で下車、乗り合いジープに乗って着いたのは初訪問の**ブッダガヤ**の町である。

「ブッダガヤ」とその名前に**ニコちゃん大王で有名な名古屋弁**が使われていることからもわかるように、この町は我々日本人にとても関連の深い場所なのだがや。今から2000年以上前、紀元前5世紀に剛玉、いやゴータマ・シッダルタすなわち釈迦《しゃか》が悟りを開いた**仏教発祥の地**が、ここブッダガヤなのだがや。

ちなみにオレは大学時代4年間名古屋に住んでいたのだが、若者はともかくある程度の年齢の人は本当にニコちゃん大王のような喋り方をしていてとても驚いたものだ。ある夜アパートの外でひっきりなしにノラネコがミャーミャー鳴いていたので、どうしたんだろう？と思って窓を開けてみたら、ネコじゃなくて**「うみゃーうみゃー」と言いながらエビフライを食べているおじさんだった**ということもある。本当だよ。**本当にウソだよ。**

それはともかくここが名古屋そして仏教と繋がりの深い町というのならば、オレもここでは一仏教徒として自分の信心を見つめ、宗教色の強い文章を書こうと思っている次第だ。今日から数日間は決して怒鳴ったり号泣したり下痢でお漏らししたりせず、本屋さんでたまたまこの章だけ立ち読みした人が「あれ？　なんだろうこの仏教のルーツを探る宗教的で味わい深い文章は。**もしかして五木寛之の紀行文？**」と勘違いするような、いつものインド旅行とは全く違う**精神ステージの高い旅**を心がけようと思う。

さて、到着日はすぐにホテルにチェックインして休養し、翌日、オレは朝のおつとめのために超絶早起きとなる**午前4：30**に起床した。

普段だったらたとえ枕元でピナツボ火山が噴火して溶岩に呑み込まれても9時までは絶対に起きないオレだが、やはり信心の芽生えた**信心旅行者**となった今は違う。オレはいつものクリケットバットを握りしめ部屋を出ると、ロビーの床に寝ている従業員を『元気が出るテレビ』の「早朝バズーカ」「早朝マフィア」に続く**早朝クリケット**で叩き起こし、鍵《かぎ》を開けてもらうと真っ暗闇の中を200メートル先の**日本寺**へ向かった。

こんな時間に寺に何をしに来たのかというと、何を隠そう本当に朝のおつとめをしにやって来たのだ。ここでは本堂で日本から派遣された日本人のお坊さんがお経をあげ、そして旅行者もそれに自由に参加して座禅を組めるようになっているのである。……どうだ。見直しただろう。**本当にいつものオレと違うだろう。**

情報によると毎朝5時からお坊さんが登場しお経の時間だということなので、ちゃんと4時50分には本堂の大広間の畳の上で正座をし、オレは待った。そもそも「いつものオレと違う」と言っても、このような真面目な旅行スタイルや文章というのは普段見せていないだけであって、基本はオレはこういう人間なのだ。例えば、ピカソの絵を思い出して欲しい。キュビズムと呼ばれるあの独特の画法、一見下手クソに感じてしまういくつもの作品も、ベースには優れたデッサン力があり、元となるデッサンを緻密な計算で崩して行くことであのような芸術が生まれるのである。同じように、このオレもベースには真面目で誠実な人間性と文章があり、**それを緻密に崩して行くことによって変態に生まれ変わっているのである。**ピカソが絵が下手だなんてとんでもない話であるように、オレのことも決してただのエロ変態だと思わないでもらいたいものだ。**あくまでベースは真人間であり、真面目で硬派なオレがあってこその進化した貧弱な変態なのである。**

ということで本来の姿に戻った真面目で硬派なオレは、正座をしながらじっと和尚さんを待った。日本のお経を聞いて心の洗濯をし、日本でのような穏やかな自分になるために住職の登場を待った。**30分ほど待った。**しかしいつまでも和尚さんは現れず、オレは広い本堂にずっとポツンと1人であった。

…………。

なんで？　ちょっと、わざわざ朝の5時前に暗闇の中をこうしてやって来ているんですよ？　**こんな信心深い仏教徒がおつとめを待っているんですよ？**　どうしてほったらかすのですか。ねえ、もしかして和尚さん寝坊？　もしくは、下痢で苦しんだりしてるんでしょうか。それとも、**お坊さんもインドに住んでいると1時間や2時間の遅れは当たり前になってくるのでしょうか。**電車じゃないんだから……。

プ〜〜〜〜〜〜〜〜〜〜〜〜〜〜〜〜〜〜〜〜〜〜〜〜〜〜〜〜ン……

うごが〜〜〜っっ!!!　なんじゃこの蚊の大群は〜〜〜〜っっ!!!

本堂に入った時からかなりの数の蚊が飛んでいるのは感じていたが、空が白み始めると同時に虫たちはものすごい増殖を見せている。ふと気付けば、オレの周りだけで100匹ほど、本堂全体では**5万匹はいるのではないか**というくらいの大発生である。今まで旅した土地で最も蚊がひどかったのはアフリカのマラウィだが、このブッダガヤが遂に長年TOPの座に君臨していた**蚊チャンピオンマラウィ**を引き摺り下ろした。

あの時は「見回せば視界の中に必ず2、3匹は蚊が飛んでいる」という状況であったが、ここは更に上を行くレベルだ。どっちを向いても視界に入る蚊だけで常に10匹以上いる。本堂の真ん中に甘く美しい血を持つ、**先日発売された最新版の蚊ミシュランで三ツ星がつけられているオレというご馳走**が1人鎮座しているため、もはや日本寺だけでなく周りのチベット寺やブータン寺からも噂を聞きつけて大量にグルメ蚊が集まってきているようだ。

よく情報番組で「蚊に刺されやすい血液型」などを調べるために何百匹という蚊が入っている透明な箱に腕を入れる実験があるが、まさに今オレは**全身を使って蚊に関する研究の実験台になっているようだ。**もしかして、蚊に襲われるオレの様子を**和尚さんがどこ**

かでモニターで見ていて、研究結果をまとめているのではないだろうか。ひどいっ！　信徒虐待だっっ!!!

もちろんオレはただ座して死を待つような男ではない。正座しながら前後左右に激しく揺れ、そして片っ端から手を叩き蚊の退治を試みる。これがまた気持ち悪いことに、1匹を狙うまでもなく、適当に手を叩くだけで同時に何匹も平気で潰れるのである。

オレはご住職を待つ間、最初は正座で揺れるだけだったが次第に耐えられなくなって立ち上がり、ひたすらパンパンと手を叩き**1人スタンディングオベーション**のスタイルになり殺生をしまくった。このような、虫の命を軽んずる行いは仏教徒としては戒められるべきものかもしれないが、お坊さんに見つかってしまっても「あれ？　手を叩くのって仏教じゃなくて神道でしたっけ？　**まちがえちゃった！**　ごめんなさい！」とトボければ問題ないだろう。

しばらくそうして殺生行為を繰り返していると、お寺で働く良いインド人（少数派）スタッフさんがオレを見つけ、座布団と蚊取り線香を持って来てくれた。おお、ちょうどいい。この人に聞いてみよう。

「すみません気を使っていただいて。ありがとうございます」

「いいよこれくらい。**ノープロブレム（珍しく良い意味で）**」

「あの、ところで、朝のおつとめが5時からだって聞いたんですけど、お坊さんはいつおいでになるのでしょうか?」

「住職は今、免許の更新で日本に帰ってるよ。明後日また戻って来るんだ」

「なななななな……」

和尚さん帰国中でしたかっっ(涙)!!!

そんな、なんのためにオレは朝も5時前から寺で1人じっと待っていたんだ……。

免許の更新ってなによ一体。「お坊さん」の免許ですか? でもそれならそうと、**オレが寺に来る前に言って欲しかった……**。わざわざ早朝クリケットまでして強引に宿を抜け出て来たのに。あのクリケットで犠牲になった従業員の魂にいったいなんと詫びればいいんだろう。

「残念だったな。でも住職がいなくても本堂を使うのは自由だから、心行くまで座禅をして行くといいぞ」

「いえ、せっかくですが今日は帰ります。だってここで1人でゆったり座禅なんかしてたら蚊に吸われてまた干物バージョンの僕になってしまいます」

「そうか。じゃあまた後日来ればどうだい」

「そうします。座布団どうもありがとうございました」

「ユーアーウェルカム」

家の決まりによるとどうやらオレは仏教徒らしいが、しかし普段それを意識することなど全く無く、和尚さんがいなけりゃオレに1人で出来ることなんて何も無い。仕方なくオレはただ「朝5時前に寺に来て蚊をたくさん殺して帰って行った人」という**わけのわからない存在**になって、とぼとぼとホテルに帰り爆睡した。

さて、ここブッダガヤでの一番の見所といえば、日本寺の数キロ先にある**マハーボーディ寺院**である。この寺院裏にある大きな菩提樹の下で、今から2500年ほど前に、苦行を終えた釈迦が悟りを開いたらしい。

観光地ではあるが、よく考えてみればここは仏教徒のオレにとって聖地ではないか。イスラム教はメッカ、ヒンズー教はバラナシ、それぞれの聖地を巡礼に訪れることを夢見ている信徒も多いのだから、オレもこの仏教発祥の地に立ったなら、仏教徒として感動の涙にむせばなければいけないのではないか。

でも、**全然涙出ないな。**むしろ、いつにも増してドライアイの症状がひどくてコンタクトがガビガビだ。目薬注《さ》そ〜っと。

下の写真が、聖なる菩提樹である。ここで釈迦は悟りを開いたということだが、まあオレだったら、どちらかというと出来ることなら悟りよりサトエリを開きたい。サトエリの**どの部分を開くか**については敬虔な仏教徒として**言及出来ませぬけども。**……なに？　聖なる場所で不謹慎なことを言うなって？　何を言っているんだ。オレを責めるのはお門違いってもんだぜ。オレはなんにも悪くない。悪いのはオレではなく、エロだ!!　**エロを憎んで人を憎まずの精神が大切なんだ!!**

しかし、ともかくオレは暑さで意識が朦朧であった。バラナシは日中の気温が46℃だったが、ここはもっと暑く感じる。なんか太陽がもう凶器なのだ。噂ではこの時期、ブッダガヤの農家では鶏が**いきなりゆで卵を産む**という現象が

頻発しているという。そして親鶏の方も、油断していると勝手にフライドチキンになるらしい。それほどの凶器で狂気な太陽光線であり、しかもオレは4：30起床という命がけの無茶をしているため、いつものように**腹の具合が悪くなり**もはや悟りやサトエリどころではなく、寺も菩提樹もどうでもよくなりリキシャをけしかけてホテルへ戻った。

宿の部屋にはもちろんエアコンなど無いが、しかしなぜかこのホテルは風通しが良いためか室温はそれほどでもない。オレは部屋のベッドで健康的に1時間半の昼寝をし、体力を回復させた。

さて、ひと休みしたら、また出かけねばならない。オレはブッダガヤでは汚れの無い清らかな精神で活動することを決めているので、少々の体調不良くらいでだらだらしているわけにはいかないのだ。オレは部屋に鍵をかけて階段を降り、ホテルを出るとまた猛烈な日光にすぐさま吐き気を催した。

い〜やしかし、ここは多少の陽射しには目をつぶって（目をつぶらず太陽を直視すると目を傷めることがあります）、大人として太陽の悪さは黙認しつつ頑張ろうぜ。てなことをちょうどホテルの門から出たところで考えていたのだが、動き出すにあたってなんとなくオレは**腸にガスがたまっている気配**を感じた。若干腹が張ってるかな。

まあここは誰も見ていないことだし、この腸の感触なら音も出なさそうだし、**1回だけスカッとやるか**ということでオレはクールな表情で意識を尻に集中し、「スカし大作戦」と題して**スカッとミサイルの発射準備を整えた。**

よ〜し、ちょっとだけ尻の筋肉に力をこめて、誰にも気取られないように「スカッ」と行くぞ。スリー！　ツー！　ワン！

せ〜〜〜の、**はいっ‼**

チュリユッ

…………………。

おや???

なに今のヘンな音。「スカッ」じゃなかったよね今。**おかしいなあ、スカし大作戦の効果音がスカッじゃなくて「チュリュッ」だなんて。**

それに、なんかいつものと違って妙な手ごたえが、いや**尻ごたえがあったような気がするぞ。**う〜ん、どうしたんだろう。これはなんというか、**とても嫌な予感がするなあ。**

オレは確認のために、穿いていたジーンズの上からちょっと尻を押さえてみた。

のひょ〜〜〜っっっ!!! 冷たいっっっ(涙)!!!

冷たい……。ズボンを押さえると尻に**謎の粘着質の液体**が触れてとても冷たい……。

こ、これは……。

漏らしちゃった(号泣)。

どうやら、スカし大作戦は**失敗に終わった模様です。**

ジワ〜ンダラ〜ンジワ〜ンダラ〜〜〜ン……

ぎょえっ!!!　垂れてる!!!　粘着性の液体がどんどん下に向かって垂れているっっ!!!

いったい何が尻から出たのかは**まだわからない**が、それは1滴や2滴ではなく**なかなかの量**に達しているらしく、液体そのものの粘り気だけでは自分の重さを支えられないそれは、オレの尻の表面をゆっくりとしかし確実にジワジワと滑り降りている。ジャッキー・チェンは映画『プロジェクトA』の時計台からの落下シーンの後に、「ひとつわかったことがある。地球には間違いなく引力があるよ」と発言していたが、**オレも今悟った。たしかに地球には引力がある。**いやあ、まさかオレが聖地ブッダガヤで**こんな形で悟りを開くことになろうとはなあ。**

……い、いかん。こうしている場合ではない。早く部屋に戻らねば。パンツの中に収まっている今ならまだ犠牲は少ないが、謎の液体が**ジーンズに付いてしまったら致命的なダメージである。**なにしろ、パンツは何枚か持っているがズボンには替えが無い。死守だ。**ズボンだけは死守せねば。**

幸いまだオレはホテルの門を出たばかり、ベストコンディションであれば2階の部屋まで徒歩1分の距離だ。オレはすぐにUターンして門からフロント方向へ歩いた。これは時間との戦いである。垂れる液体がパンツの外、太ももに達する前に部屋に戻るのだ‼

しかし‼‼‼

ここでオレはある誤算に気づいた。急いで部屋に戻るため歩みの速度を上げると、**それだけ尻を襲う振動は大きくなり、液体も早く垂れようとしてしまうのである。「人間が歩く速度と、下痢の液体が尻を垂れる速度は正比例する」**という法則、これは近年の潔癖な環境に甘んじている物理学界では盲点となる新しい発見ではないだろうか。オレはこれを「腹痛マスターさくらの法則」と名付け、帰国後はただちに論文の作成に取り掛かりたいと思う。**などと冷静に分析している場合ではない。早くっ‼ 早くしないと垂れるうううっ(涙)‼‼**

ああ、でもオレが急ぐと**タレも急ぐ**、針の筵《むしろ》に座っているようなこの辛い状態。しかも、この安ホテルはなまじっか広くて高級風な造りのために、フロントを通って建物をぐるっと回って階段を上ってと、部屋までの距離が結構長いのである。この状況は、今までの旅史上で30本の指には入るかなりの大ピンチだ。

くそ……、ここが月だったら。引力が地球の6分の1である月だったら、尻の液体が垂れるスピードも6分の1になるのに。……でもここは地球だ。たられぱの話をしてもしょうがない。**垂れらばの話**もしてもしょうがない。ここは、なんとか知恵を絞るんだ。タレのスピードの加速を抑えながら、歩く速さだけを上げる方法をなんとか考えるんだ!!

オレは一瞬の間に瞑想《めいそう》中の釈迦をも超える集中力で頭をフル回転させ、そして悟りの境地に達し、その方法を考え付いた。それは……、名付けて**「ピンクパンサー作戦」**である!!!

説明しよう。ある一定の年齢以上の人ならば、ピンクパンサーのテーマ曲をご存知だろう。『8時だョ！全員集合』で泥棒コントが行われる時に流れていたBGMだ。忍び足でドリフのメンバーがステージに登場する時には、必ずこの曲がかかることになっていた。その、**「抜き足差し足忍び足」の泥棒スタイル**、つまり、腰をかがめたつま先立ちを取ることにより歩く際の縦揺れを防ぎ、**垂れの発達を極力抑えたまま部屋を目指す**、それが「ピンクパンサー作戦」なのである！

オレは早速尻を少し沈ませ、その位置から決して上下にぶれないように注意しながら足だけを交互に前に出し、つま先でショックを吸収し、**昼間っから宿に侵入する泥棒のごとく従業員の注目を浴びながら怪しい素振りでヘコヘコと歩いた。**そのまま忍び足のスピードを上げ、結局最後にはピンクパンサー作戦の効果も空しく尻からガスの代わりに出た液体が腿にまで達して来たため、ズボンをつまんで引っ張って、なんとか液体とズボンの接触だけは避け部屋への到達を果たした。

オレはドアを閉めるなり慎重にジーンズを、尻の部分を外側に突っ張りながら脱ぎ、ついでに上半身も裸になるとシャワー室へ走った。

パンツを脱ぐと、**謎の茶色い液体**は尻とパンツ全体を腐食して、**目も当てられぬ状態**になっていた。そりゃこんなのに目を直に当てたら大変だよな……。全裸の黄色人種だけに、このまま土下座の体勢になり尻だけ上げれば、**見ようによってはプッチンプリンに見えなくもなさそうだ。**つやつやでぷりんぷりんしてるし頂上にはカラメルソースがかかっているし。ちょっとかじってみる?

とりあえず日本から旅を共にして来たパンツはここ仏教発祥の地で**その生涯を終え入滅させることにし、**そのまま捨てては宿の人に迷惑がかかるので不透明ビニール袋に入れ口をきつく縛ってからゴミ箱に投入した。そして、尻を突き出してシャワーでよく洗い、なんとか10分後には**尻の原状復帰**を遂げることが出来た。

ああ、それにしてもなんてことだ……。今さら、30間近のいい歳になって旅先の路上でウン、じゃなくて**謎の茶色の液体**を漏らしてしまうとは。今までどんな地獄の腹痛になっても、**パレスチナ自治区では乗っているバスを止め民家や繁みに駆け込んだりもしたが、**それでもお漏らしだけはしないで頑張ってきたのに（パレスチナ自治区のエピソードについては幻冬舎文庫『アフリカなんて二度と思い出したくないわっ！　アホ‼……でも、やっぱり好き（泣）。』をご覧ください）。私も、今日ここで遂にお漏らし処女を卒業してしまったのね。これでようやく私も大人の仲間入りだわ。

オレはパンツを3枚しか持っておらず、今日貴重な1枚がご臨終を遂げたためとりあえず新たに1枚は購入しなければならなくなった。

シャワーを終えたオレはまた着替えてフロントまで行くと、ホテルのマネージャーのおっさんに下着を売っている店を聞いてみることにした。もちろん下痢でお漏らししたからだなんてこのカリスマイケメンチョイ悪旅行者のプライドにかけて言えるはずがないので、そのへんは**うまくオブラートに包んだ英語表現**を一生懸命考えた。

「あの、マネージャー。ちょっと聞きたいんですけど、実は、**僕のアンダーウェアに、サムプロブレム（諸問題）が発生してしまいまして。**そこで緊急に新しいパンツが入用となったのですが、どこかこのあたりにパンツ屋さんはありませんでしょうか？」

「パンツか。**汚れちゃったのか？**」

「は、**はい……（号泣）**」

「それなら、マハーボーディ寺院の坂を向こう側に少し下りたところにバザールがあるから、そこで買うといい」

「はいっ。ありがとうございます(号泣)！」

そのまま宿を出るとちょうど「ハロージャパニーズ！　マハーボーディ寺院に行くか？　乗ってけよ！」と客引きを仕掛けてきたオートリキシャがいたので、ブッダガヤ随一の観光地マハーボーディ寺院を**通り過ぎてちょっと向こうの下着屋さん**まで行ってもらい、パンツそして薬局で下痢止めを買い、そのまま観光などせずにまた宿まで帰って来た。

……これで、なんとか全て丸く収まったな。

今現在こうしてオレは清潔な尻でありパンツも穿いているのだから、もう漏らしたことなど過去のこと。あとは、**この出来事を旅行記に書くようなバカなことさえしなければ、**漏らしの事実は誰にも知られず闇に葬られることになるのだ。そうまるで、**最初から漏らしてなどいないかのように。**

………………。

あっ!!

書いちゃったっ(号泣)!!!

18. 私と宗教

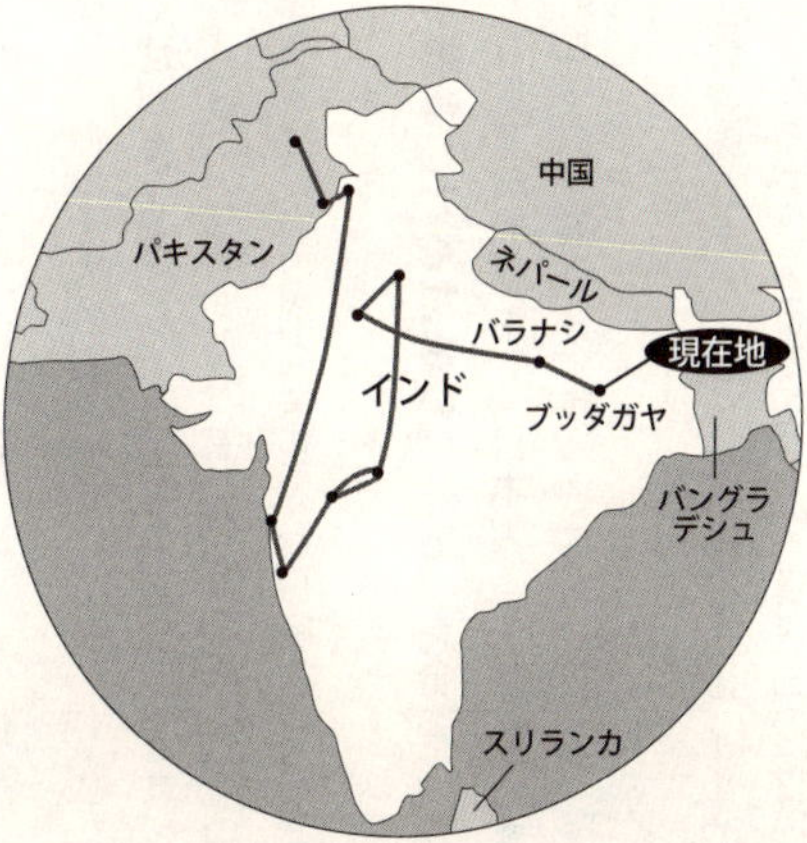

あ、どうもみなさんこんにちは。昨日のお漏らしによって解脱を果たし、**新たなステージへと進化を遂げたさくら剛です。**これから私は教祖・ツヨシとして全国の下痢に悩める人々を救う巡礼の旅に出ようと思います。

今、この本の前で下痢で苦しんでいるあなた。どうぞ入会費を支払って私の作った新興宗教、**御腹蛾痛苦手絶教（おなかがいたくてぜっきょう）**への入信をお勧めします。「漏らし」です。**「漏らし」こそが救いなのです。**「恥」という心の中の悪魔を祓《はら》い、素晴らしい教義である「漏らし」を実行すれば、あなたも全ての下痢の苦しみから解放されることが出来るのです。

ただ、**替えのパンツとズボンは日々必ず携帯してください。**一応、完全に水の状態の下痢になった時のみ、替えのパンツが無くても生理用ナプキン（日本製）でも代用可能です。今時のナプキンって驚くほどよく吸収しますもんね。僕もよく使ってます。

さて、ブッダガヤには色々な国が建てた仏教寺院があり、寺ごとに建築スタイルや仏像、壁に描かれている絵画や模様など様々なところに違いがあるのだが、一番各国の特徴が出ているのがその管理の行き届き方だ。これは心の問題と経済力の問題だと思うが、どこからどう見ても日本寺が間違いなく最も細やかで美しく清潔で力を入れて運営されている。

その国での仏教の広まり具合もあるとは思うが、韓国寺なんて人は誰もおらず**廃屋《はいおく》同然**だったのに対して、日本の場合はお坊さんが（今は帰国中だけど）毎日旅行者と一緒におつとめをし、善良なインド人（少数派）スタッフさんが朝夕ゴイ〜ンと鐘を鳴らし寺院の敷地だけでなく本当に**向こう3軒両隣まで丁寧に掃除をしている**のである。おまけに寺には図書室や、貧しい人のための診療所や学校まで併設されているというのだ。……日本、凄いっ‼　**日本国バンザイ‼!　マジでかっこいいぞ日本‼!**

凶悪な太陽に精力をむしり取られながら日本韓国チベットタイ中国バングラデシュと真摯《しんし》に義務的に寺めぐりをしていると、ある寺の近くの路上で日本語を話すインド人ヒゲオッサンと出会った。アホで変態のムンナほどではないが、ちゃんと日本語で会話のキャッチボールが出来る優れた人だ。

なんでも彼はすぐそこにあるレストランのオーナーらしいが、あまり客が来ないので外国人向けの観光案内も行っているということである。そろそろランチの時間であるので、オレはそれならばと彼の店で昼食を取ることにした。

すぐ近くにそのレストランがあったのだが、店の前には日本びいきをアピールするこんな看板が。古ぼけてはいるが、なんて本格的なんだ！　インドとは思えない‼

おいしい日本食があるGINZA RESTAURANT。

オーナーのヒゲの彼の似顔絵が描かれており、右側には**「ブッダガヤのことならなんでも聞いてください！」**という吹き出しが。そして左側には**「オーナーの〝七ナ〟は日本語バンナリ！」**って**「日本語バッチリ」という言葉が既に書けてないやんけっっ!!!　バッチリじゃないだろうが全然っっ!!!　説得力無いなオイっ!!!**

だいたい、オーナーの彼は**なんて名前なんだろう。**そのままだと「七ナ」だから**なななさん**だよな。多分これは間違いだろう。さすがにそんな言い辛い名前は親もつけないだろうし。

とりあえずレストランに入って落ち着くと、オレは本人に直接聞いてみることにした。

「すみません日本語バンナリのオーナー、オーナーのお名前はなんとおっしゃるんでしょうか？」

「私はセナといいます」

「なるほど。表の看板なんかヘンですよ。日本語バッチリじゃないしあれ」

「アッハッハ。日本食は、おじやならあるよ。おじや食べる？」

「はい、それしかないならじゃあそれで」

うーん。**不味《まず》い。**

表の「日本食あります」という広告について通報したら確実にJAROの指導が入ると思われる、どう考えても日本食ではないおじやもどき。これを息を止めながら気合で半分ほどなんとか流し込むと、オレはセナさんの人の良さそうな笑顔に免じて、郊外の見所前正覚山とスジャータ村へのツアーを組んでもらうことにした。いや、ツアーというか、セナさんのバイクで乗せて行ってもらうだけだが……。

それにしても、看板の七ナさんに対して本人はセナさんであったか。「セナ」と「七ナ」。はっきり言って、**同じである。**むしろセナと七ナくらい形状が一致していて**違う読み方をする方が無理があると思う。**日本語って細か過ぎるな。そりゃ日本人も繊細な性格になるわ。

というわけで……

まず最初に向かうのは、釈迦が苦行を行った山である前正覚山だ。レストランからミニバ

イクに二人乗りし、ブッダガヤの町を抜けて荒地の中の道をひた走る。

　ところどころ村に差し掛かると、進路にはノラ犬やアヒルが多数うろちょろし出して進み辛い。しかし何がおかしいって前方に犬やアヒルがいるとセナさんは普通にクラクションを鳴らし、さらにクラクションを鳴らされると犬もアヒルもちゃんと慌てて道路脇にどくのである。

　あんたら（セナさん&犬&アヒル）、**人と獣と鳥の違いとか特に気にせずか？**　バイクにブーブー鳴らされて面倒くさそうにペタペタと脇に避《よ》けるアヒルの姿というのは、人間と動物の垣根が無いにもほどがある。アヒルならアヒルらしく、ブーブーという音を聞いても「なんかヘンな音鳴ってるけど、オレたちアヒルだからよくわかんない。うるさいなって思うだけで、**特にここから動かない。グヮーグヮー」とアヒルの道を貫けよ。**インドの人間は、全体的にちょっとノラ動物たちに軽く見られ過ぎではないだろうか？

　前正覚山のふもとでバイクを降り、山の上まで歩くとそこに**釈迦が6年間籠もって苦行を行った**という小さな穴があった。そこでは、仏教ではなくヒンズー教のお坊さんが今もまさに穴に籠もって苦行の最中だということである。

　思えば以前訪れたエチオピアでも岩山の穴に入って修行している僧侶がいたし、達磨《だるま》大師も嵩山《すうざん》の洞窟に籠もっていたというし、みんな何かと言うと穴である。基本的に人間というのは穴があったら入りたいと思うものなのだろうか？　もしくは、聖職者や大人物だけが穴に入りたくなるのか。それならば、友人や同僚などで恥ずかしがって「穴があったら入りたいです」と言っている人をもし見つけたら、ためしに洞窟に6年くらい入れてみたらどうだろうか。頼りなかった同僚も、**もしかしたら6年後には教祖になって出てくるかもしれない。**また は、**出て来ないかもしれない。**

ところで、ここの穴に入って6年も断食の苦行を行った我らが教祖釈迦だが、釈迦がその苦行を続けて6年目に達した結論というのは、なんと**「こんな苦行には何の意味も無い」**ということだったというのだ。6年も穴の中で断食修行したのに、最終的に悟ったのが**「今やっていることは無意味だ」**ということだったというのは、かなり泣くに泣けない結果である。そのくらい最初に悟っとけばいいのに……。

はっきり言って、穴の中に入って断食の苦行を何年もすることに意味が無いということは**世の中のほとんどの人が悟っていること**だと思う。なんでせめて穴に入って3日目くらいで気付かなかったのだろうか。

ひとしきり穴に入ったり出たりし苦行中の人の邪魔をして遊んだところで、ここからは苦行後の釈迦の足取りを追い、山を下りて次に向かうのはスジャータ村というところだ。

セナさんの生温かいジメっとした背中にしがみつきながら、ブッダガヤ方面に走ること数十分。到着したのがスジャータ村、そしてスジャータさんを祀《まつ》るスジャータテンプルだ。

「スジャータさん」というのは二千何百年前にこの近くに住んでいたおじょうさんなのだが、その彼女、結婚したのになかなか子供が授からず、「どうしたものかしら。畑が悪いのかしら。それともあの人が種なしスイカなのかしら？　たしかに食べ易かったけど……」と日々悩んでいたそうだ。そこで高名な宗教者であるブラフマンさんという人に相談したところ、**「乳粥を持って東の方角に通いなさい。さすれば子供を授かるであろう」**と教えられたというのである。

そこで彼女はミルクで作ったお粥を持って東に、今は寺になっているこの場所を通りかかると、なんとガジュマロの木の下で一人の骨皮筋衛門《ほねかわすじえもん》が死に掛けているではありませんか！　これは大変ださあお食べと乳粥を与え、それでもまだ全然骨と皮だったので計49回も繰り返し筋衛門にタダ飯を食わせると、彼はようやく皮も厚くなり復活し、しかし料金を払うわけでもなくそのままその男はフラフラッとブッダガヤの菩提樹の下まで行き、勝手に瞑想を始めてしまったということだ。

その瞑想の最中には悪魔やら自費出版を持ちかける悪徳出版プロデューサーやらが邪魔しに来たがそれを退治して、7日間の瞑想の後、釈迦は悟りを開いて仏陀となり、仏教の誕生に至ったということであります。めでたしめでたし。

以上の内容はセナさんの解説によるもので、日本語だったので非常にわかり易かったです。

※悪徳出版プロデューサーはウソです

ただ、結局スジャータさんが子供を授かることが出来たかどうかには触れられていなかった。子供を産みたいがために、「高名な宗教者であるブラフマンさん」という人のお告げを信じて彼女は行動したわけだが、いったいそのブラフマンさんもどれほど信用が出来る人物だったのだろう？　もしかして、「高名な宗教者のブラフマンさんが、**たまたま2日前にこのブッダガヤに来たんです。もう明日には他の町に行ってしまうかもしれませんよ！**」などと焚きつけられて、高額料金を支払い占いをしてもらったのではないだろうな。だとしたら、**インチキだぞそれ。**まあたとえインチキだとしても、**副産物的に**仏教が誕生したんだからそれはそれでよかったのかもしれないけど。

ちなみに乳粥は**「ちちがゆ」**と発音するのであるが、セナさんがチチガユという露骨な日本語を連発する度にオレの頭では「なるほど～じゃ。**そのムスメのパイパイはチチのチチか～**」という**ドラゴンボールでの亀仙人のセリフ（その直後チチのアイスラッガーで亀仙人の額が真っ二つに）**がぐるぐると回っていた。さらに、「その乳粥に使ったミルクは、**スジャータが自分で出したんだろうかウヘ～（笑）**」などという実に罰当たりで下品な思考しか浮かんでこないこのオレの腐った性根はこの際**苦行で叩き直した方がいいのでしょうか（涙）**。

しかし、釈迦は結局僅か7日間だけの瞑想で悟りの境地に至ったというのは、なんとも短く感じられてならない。その前の穴の中での、骨皮筋衛門になりながらの6年もの苦行は「こんなことをしても何も得るものは無い」と釈迦自身が判定を下しているのだし、それだったら**いきなり瞑想を始めていれば家を出てたった1週間で悟りを開けたはずなのだ。**

これはもう、全くの**骨と皮になり損**である。

まあ、お釈迦様といえど結局は人間なわけで、こんなふうにいちいちケチをつけたり完璧な姿を求めたりするのも良くないことかもしれない。別に悟りを開いたと言っても、彼が世の中のあらゆることを知っていたわけではないしな。例えば、**死んだはずのお富さんが実は生きていたこともお釈迦様は知らなかったわけだし。**

……というところで本日の観光は終了で、釈迦の苦行の始まりから悟りに至るまでを辿っても**肝心の仏教の教義を全く理解していないオレだが**、まあそのヘンには興味が無いので今日はもう終わりでいいや。

………………。オレは本当に仏教徒なのだろうか？

レストランに戻り、ジュースを奢《おご》ってもらいセナさんに本日のガイド料をお支払いすると、オレはスイスイと歩いて宿へ帰った。

今日はお漏らしをしていないので、スピードも縦揺れも全く気にせず思う存分に歩くことが出来る。うれしいなあ。病気になって初めて健康の有り難さに気付くように、お漏らしをして初めて満足な二足歩行が出来る喜びを知った私。……でも、なんだかちょっとだけあの尻から腿にかけてのヒンヤリ感が懐かしかったりもするの。まさに漏らしているその時は「もうこんなの最悪！　二度とごめんよ!!」と思うのに、離れてしばらくすると妙に心引かれてしまうんだ。その点では、**インドとお漏らしって似てるよね。**本のタイトルにたとえると、**「お漏らしなんて二度とするかボケ!!……でもまたしたいかも」**って感じかな。

あっそうだ。お漏らしのことは、旅行記に書かないようにしようと決めたんだっけ。無かったことにしなきゃいけないからな。

………………。

書いちゃった（号泣）!!!

それじゃまあ、お釈迦様が悟りに至るまでの経緯を学んだところで、それを踏まえて明日はまた日本寺へおつとめに行ってみるとするか。

下写真：銀座レストランのオーナー、日本語バンナリの七《なな》ナさん

翌朝。

本日はブッダガヤ滞在最終日、朝9：00の電車で発つ予定である。しかし現在時刻はまたも**朝4時半**。早朝というよりむしろ深夜中の深夜、**いくらなんでも仏像や大仏でも寝ているだろうと思われる無茶な時間**であるが、先日の話によると今日こそは和尚さんが復帰して朝のおつとめが再開されるそうなので、オレは命がけで起床し（オレは早起きをすると寿命が縮む体質なのだ）、ペンライトで道を照らしながら闇の中を日本寺へ歩いているのだ。

「ガウワウウッ!!!」
「バウワウバウワウ!!」

「ガルルルル……」

「ガオンガオン！　ガオンガオン!!」

「ウガウウウッ!!　ガオワオワオワオッッ!!!」

「てめえら〜〜っ、あっちへ行けコラッ!!!　おつとめに行けんだろうがっっ!!!」　ブンッ　ブンッ　↑バットを振り回す音

しかし、なんといってもブッダガヤはノラ犬軍団の構成員が非常に数多い上に、どいつもこいつも本格的に凶暴だ。犬オレ安保条約を守ろうとする奴なんていやしない。これだけいかついノラ犬が揃っていたら、もし各寺の僧侶が集まって**世界中のさまよえる霊を供養するイベント**がここブッダガヤで行われても、**オバケのQ太郎は断固参加を拒否するに違いない。**

実際にここでノラ犬のたくみなフォーメーション攻撃から逃れられず、噛み付かれて**狂犬病感染の恐怖**を味わうことになった旅人もいるらしい。狂犬病は発病すると100パーセント死ぬそうだが、噛まれてすぐ感染がわかるのではなく、何ヶ月も経ってからでないと確認が出来ないのだ。そのため感染したかもしれないと思ってから検査結果が出るまでというのは、全く生きた心地がしないということなのである。ああ怖い。

にもかかわらずオレがこうしてクリケットバットで応戦しながら小栗旬を超えるカッコ良さで日本寺への道を切り開いているのは、ひとえに御仏への信心や「敵を前にして逃げることは出来ない」という男のプライド、誇り、そういったものとは一切関係が無く、日本でちゃんと狂犬病の予防接種をして来たという安心感からである。オレは既にワクチンを投入されているので、狂犬になる心配はないのだ。

たしかにオレは常日頃から**狂犬に匹敵する変態行動を取ってはいるが**、それは狂犬病になっているわけではなく**生来の姿**なので勘違いしないで欲しい。だったら、狂犬病になってもならなくても一緒かしら……。

ただ、後ほどわかったところによると、狂犬病というのは**予防接種を打っていても結局感染したらワクチンをすぐに打たないと死ぬ**という恐ろしい事情があったのだが、この時はそれを知らなかったので、オレは強気になって狂犬軍団と戦い無事日本寺へ辿り着くことが出来た。じゃあなんのための予防接種なんだろう。

あ、勘違いされたら困るけど、「ワクチン」って言っても**ワクワクするようなチンチンのことじゃないからね。**そんなものを接種したわけじゃないからね。そういう下品な考え方はやめてよね。あなた何かというとすぐそうやって下ネタに結びつけるよねほんと。

本堂に上がると、朝5時前という**仏像や大仏も寝ている時間**ではあるが、正面の祭壇や壁際に何体も並ぶ仏像たちは意外としっかり立って神妙なポーズを保っていた。ただ、よく観察してみると微妙にふらついていたり、明らかにヨダレの跡がついている像もある。きっとつい今しがたまでは寝ていたのに、**オレが来る気配を感じて飛び起きたに違いない。**

おそらくみなさんの中にも「仏像が居眠りしているところを見てみたい！」と思う人はいると思うが、基本的に彼らはとても敏感なので、現場を押さえるのは難しい。やるとすれば、早朝の座禅が終わった後、「じゃあこれで私は失礼しますので。どうもありがとうございました」と仏像に挨拶をしていったん部屋を出て襖を閉め、3秒後に**「あっ、そうそうちょっと言い忘れたんですけど……」と閉めた襖を突然開けてみれば、油断して横になった仏像が大慌てで立ち上がりポーズを取る瞬間を目撃出来るかもしれない。**

まあそれは仏教徒としてある種の**信義に反する行い**であるから、オレはやらないけどね。実際お寺の人と仏像の間には、「一度本堂から出たらすぐに戻ってはいけない」という**暗黙のルール**があるらしいし。

さて、何百畳というだだっ広い本堂の真ん中に一人鎮座し、朝もやの中で精神を落ち着かせ居眠りをしようとしていると、ここで遂に念願の日本人ご住職がお越しになった。坊主頭で袈裟《けさ》を着た、年のころはまだ30代だと思われるメガネをかけた若々しいご住職だ。おお、やっと来てくださったのですね……免許は無事更新出来たのですね……。

　オレは一人前の社会人として恥ずかしくないよう「おはようございま〜す♡」と気持ちよく挨拶をすると、和尚さんも免許更新の疲れも見せず爽やかに返してくれ、そして5時きっかりジャストオンタイムに読経が始まった。ああ、**インドに来て1ヶ月半、初めて時間をきっちり守る人に出会ったと思ったらやっぱり日本人だった(涙)**。

　それにしても、ぬうう、日本語のお経、懐かしい〜〜っ(泣)。寺の内装や仏壇(?)もお経も日本そのもので、オレはインドにいながら法事にでも出席しているような気分になった。オレは正座をしながら基本的には心地よい読経のリズムに身をゆだね懐かしみ、ほんの時々パチン！　とまとわりつく蚊を叩いて**殺生をしながら**、毎日こんなことやって和尚さんは凄いなあと尊敬の眼差しでおつとめするお姿を見つめていた。

　ご住職は何種類もお経を読み、ポクポクポクポクポクチ———ンと木魚を叩きおりんを弾《はじ》き、オレはそれをじっと気持ちよく正座で聞いていたら、もはや**足が限界になった**。つ、辛い……。足がいてえ〜〜(涙)。このままお焼香の時間になったら、クリケットバットを杖がわりにして立ち上がった瞬間ヨタヨタッッとよろめいて祭壇に突撃し、**弾みでバットを振り回しご本尊を破壊してしまう可能性がある。**そうなったら日本仏教界の敵という烙印を押され、帰国時に日本への入国を拒否されるかもしれない。まあおつとめの場合はお焼香は無いので大丈夫だが、しかしそれは置いておいても足が痛い。ああ、あの少女を救うためにノラ犬軍団から受けた傷が……くそ、**この傷さえ無ければっ‼** 無いけど。

もはや最初に感じていた日本お経への郷愁は消えおつとめが早く終わることだけを祈りながら耐えていると、30分後、ようやく和尚様の読経が終わった。ああ……きつかった。おつとめというのはこんなに辛いものだったのですね……。でも、この正座の苦行に耐えることによって自信がついたような気がします。帰国したら、立派なお座敷コンパニオンになれそうです！　ありがとうございました！

和尚さんは経を読み終えると袈裟をはらって立ち上がり、いち信者のオレにわざわざ声をかけてくれた。

「これで朝のおつとめは終了となります」

「はい、どうもありがとうございました」

「それでは、**続いて朝の座禅を行いたいと思います**」

「ズコ―――――っっっ（涙）!!!」

オレは思わず正座の体勢のまま後ろにひっくり返りそうになった。

い、今のおつとめは座禅も含まれていたんじゃないのか……。まるまる30分もじっと座ってがんばっていたのに、これからあらためて座禅がスタートかよ……。

「そ、そうなんですか……。ぼ、僕、実は9時の電車でカルカッタに行かなくちゃいけないので、**すみませんがこのあたりで早退させていただこうかと……**たしかにあと3時間半もありますけど、ほら、時差とかあるじゃないですか。日本時間だともうすぐ9時だから、急いで行かないとっ」

「ははは。朝の座禅は私はついていませんから、お好きなようにやればいいんですよ。座り方も自由ですし」

「えっ。和尚さんが見張っていて、ピクッと動くと『**修行が足りん！**』とか言われて棍棒《こんぼう》で**バシーンビチーン！**と叩かれて骨折するようなやつじゃないんですか？」

「夕方は参加者みんなで一緒にやるのですが、朝は旅行者の方には各自で行ってもらっています。時間はそうですねえ、だいたいいつも20分くらいみなさんやってらっしゃるでしょうか」

「各自でやればよいのですね。それでしたら、**和尚さんが見張っていないのでしたら、やってみようかと思います（不信心者）**」

「私は事務所の方におりますので、何かありましたら訪ねて来てくださいね」

「はい和尚様。どうもありがとうございます」

ご住職はオレにひと通り座禅の説明をしてくださると、そのまま袈裟をフサフサ言わせながら本堂から退室された。ありがとうございます。住職、今朝の袈裟も素敵ですね（仏教ダジャレ）。

まあそういうことでしたら、少し座禅にトライしてみましょう。せっかくお寺に来ているのだし、20分くらいは瞑想を行って、ある時は頭をカラにし、ある時は旅を振り返り、そしてある時は‼ 自分の宗教について考えてみましょう。

和尚さんに教えられた通りオレはまず座布団に向かって一礼、そして正面に向かって一礼をすると、あぐらをかいて頭の中を一切の空白にするよう集中を始めた。

さて、座禅（オレ流）を始めておよそ**30秒ほど**が経過すると、ここでオレの気配を察してまたもブッダガヤ各地から食欲旺盛な**ノラ蚊のグルメツアーの団体**が押し寄せて来た。体にまとわりつく圧倒的な害虫の大群を気にしないことなど出来るわけがなく、カラにしていた頭の中はすぐに**蚊で埋め尽くされた**。

……なんやねん一体。さっきは凶暴ノラ犬軍団で、次は**殺人ノラ蚊ツアー**か。ブッダガヤは人間が仏教的で控え目だからか、なんとも野生動物が猛威を振るっているな。蚊もそんなに餓えているなら、ノラ犬軍団の血を吸えばいいじゃねえかよ。そうすれば危険な凶悪犬は血も無くなりフィラリアに罹《かか》って数が減るだろうし、蚊は蚊で犬の血を吸って**狂犬病に**

なってどんどん死んで行くことだろう。

やっぱり、蚊としても狂犬病になるのが嫌だから犬のことは襲わないのだろうか？　だからって、**オレの血なんか吸ったら狂人病になるぞっ!!!　いいのかオレみたいになっても!!　現実の異性とコミュニケーションを取る能力が無くなって、これからは2次元のメス蚊しか愛せなくなるんだぞっ!!!**

こんな状態で瞑想なんて出来ないでしょ！　このまま何も考えずにじっとしていたら、20分後には全身の血が無くなって成仏を遂げることになるでしょうが!!　そうなったら住職はちゃんとお経をあげて供養してくれるんでしょうか!!!

とりあえず蚊はたかるし前科3犯の凶悪ノラ犬が本堂の前をちょろちょろ通りかかって気が散るし、オレは20分など到底無理なことだと判断し、大幅に短縮して**1分間だけ**座禅に集中することにした。ちょっと待ってろや蚊ども。**1分だけ待てや。**

オレは改めて座り直し、余計な物に気を取られないように目をつぶって瞑想を始めた。

頭の中であと30秒……あと20秒……と数を数え、本当は頭を空っぽにしなければいけないのに空どころか妄想の中で**年越しのテレビ番組なみの派手なカウントダウン**を行い、なおかつ防衛のため体を**ビクッ！　ビクビクンッ！**　と定期的に痙攣《けいれん》させ結果的に蚊のことだけを考えて1分座禅は終わった。座禅の姿勢のまま**頻繁に痙攣を繰り返す**というオレの動きを見て、**「なんかこいつの血を吸ったらやばい気がする！」**と判断した賢明な蚊が何匹かは去って行ったようである。たしかに傍から見たら不気味な動きだったろうな……。もしご住職がオレの痙攣の動きを見たら、**「いかん、この者の体に悪霊が‼」**と叫んで**すぐに除霊の用意に取り掛かったであろう。**案外、実際に除霊をしてみたら**変態の霊**が苦しみながら出て行ったりして……。

だが、ほとんどの蚊はIQが低いためそこまで深くは考えず、まだまだオレの周囲には膨大な数の蚊がおいしい血を求めて行列を作っている。

それでは……、**待たせたな蚊ども。勝負しようじゃねえか。**

おまえら、オレは仏教徒だから殺生はしないし座禅が終わればつつましく帰ると思ったなら、それは大きな誤算だぜ。

見えるか？　今オレが手に持っている物が。**読めるか？**　この赤い文字が。おまえらはヒンディー語でないとわからないだろうから教えてやるが、日本語で**「キンチョール」って読むんだよこれは。**オレが用意周到な人間だってことを忘れるな。

さて……

例によって、**御仏の前で殺生に精を出すとするか……**。

死ねてめえら〜〜〜〜っっっっ!!!

オレは今までの人生での蚊への恨みを全て晴らすがごとく、蚊の姿を探して**あらゆる方向にキンチョールを噴射しまくった。**

一度蚊の気配が無くなったらまたじっとして獲物を引き寄せ、アホ野郎どもが集まって来たところを日本製殺虫剤で一網打尽である。**日本寺に来る以上は、日本製の高性能蚊取り兵器で攻撃されることは覚悟するんだなこのボケどもっっ!!!　グルメを志す以上はそれ相応のリスクは覚悟しろやっっ!!!**

オレはなんとキンチョールを構えて**1時間以上**、自分が仏教徒であることなど完全に忘れ、ありがたいお寺の本堂でとことん**大量虐殺**を働いた。一応畳を汚しちゃまずいので、ちゃんと死体は集めておきました。

↑集めた蚊たち(氷山の一角)

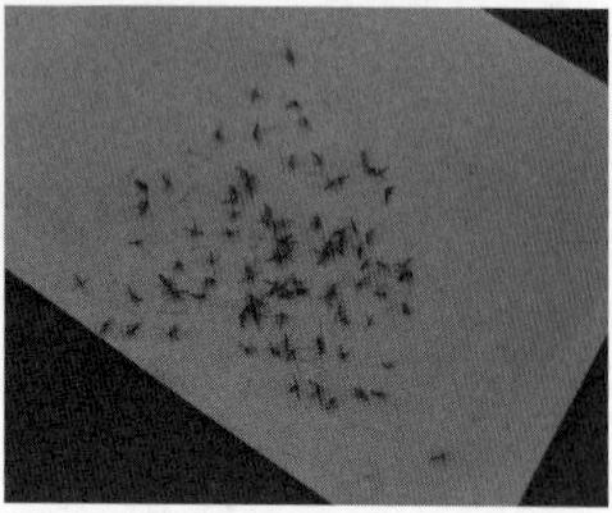

もちろん、集めたとはいえ供養などせずに死体は**草むらに遺棄**した。せめてお寺の植物の養分となりやがれっ。

もう外はすっかり明るくなっていたので、オレは賽銭箱《さいせんばこ》にルピーを投入し、お線香がわりのお香を焚いて本堂を後にした。

電車の時間までしばらく間があったためオレは寺の敷地で不審にウロウロしていると、幸いにもおつとめ後の住職とお話をする機会をいただけた。ご住職は仏教について何もわかっていないオレにも実に快く応対してくださり、インドまで来て住職をしている方の懐の深さというものを見せ付けられたのであった。

ただ、住職の説明を聞いて一番良く理解できたのは、結局**いかに自分が仏教についての知識が無いかということ**であった。

せっかくお話をしていただいたのに失礼かもしれないが、逆にこんな無知なオレが仏教徒だと名乗ることもまた仏教に失礼なのではないかという気がして、この時からオレは誰かに宗教を聞かれても必ずノーレリジョン、無宗教だと言うことにしたのである。

そもそも自分には知識が無いのだから、仏教の教義に自分が納得出来るかどうかすらわからない。そんな状態のオレは、今まで旅先で出会った人々が「イスラム教徒だ」「ヒンズー教徒だ」と名乗る確信と比べたら、全然仏教徒ではないと思うのだ。

ご住職にお礼を言うと、オレはブッダガヤを後にし、またも電車で東へ向かった。いよいよ国境、2度目のインド脱出である。

19. ふたたびさらばインド

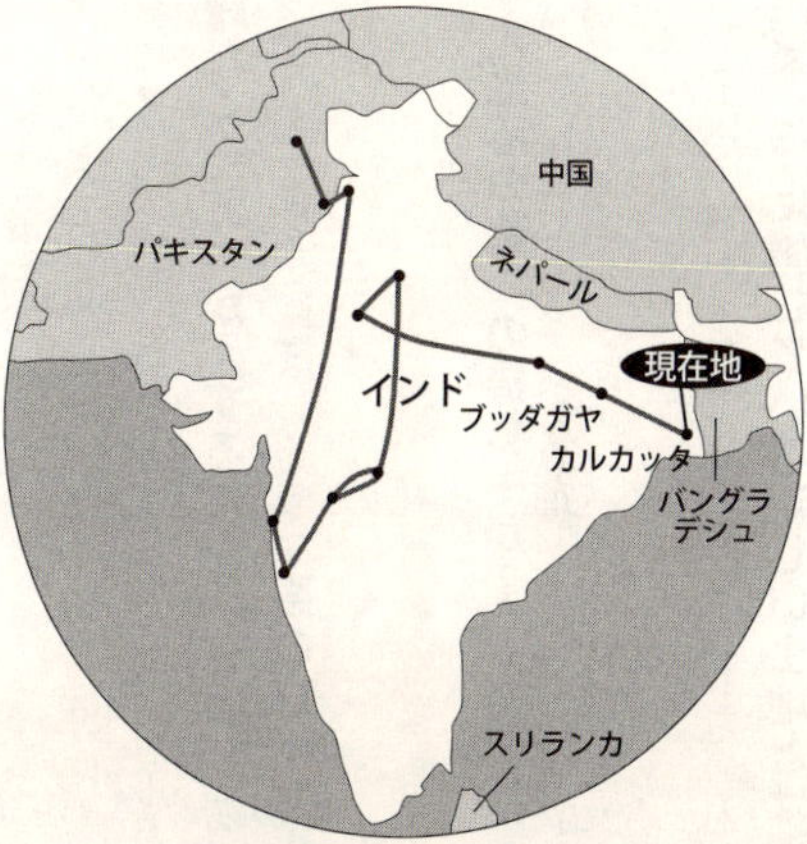

カルカッタで数泊した後、オレは国境へ移動するために駅へ向かった。今回は飛行機ではなく、陸路での出国である。一応まだアジア横断の続きがあるので、インドを出たらバングラデシュへ入るのだ。

今回の旅では、オレは実に数多くの都市を訪れることとなった。北インドだけに限っても、3年前より多い5都市である。デリー、ジャイプル、バラナシ、ブッダガヤ、カルカッタ。もしこの5つがポーカーの手札だったら**躊躇なく全とっかえする**だろうと思われる、心から絡みたくない面々だ。とはいえ、そんな持ち主の身を滅ぼしそうな**悪のロイヤルストレートフラッシュ**とも、今日でおさらばである。

カルカッタの駅構内へ入ると、**実写版『火垂《ほた》るの墓』の撮影中か？**と勘違いしてしまうような、ボロ切れに包まれたスモール女の子姉妹がチケット売り場の床にゴロゴローンと真っ黒く転がっていた。

多分姉の方だと思われる幼き少女が、「私たちは、もし今日ご飯を食べられなければ明日には死ぬでしょう。**その時きっとあなたが楽しげに旅している新しい土地とは遠く離れた、ここカルカッタで。あなたが喉を鳴らしてコーラを貪り飲んでいるその最中に**」と力のない眼で訴えながら、オレに向かって手を伸ばしてくる。

「マネー……、プリーズ……ギブミーマネー……。なんでホタルすぐ死んでしまうん……？」

「てめ～ら……、**絵に描いたような悲惨な光景だなコラッ!!　でもなんかもうそういうズタボロの姿の人間を見ることにもオレは慣れてしまったぞっ!!　そしてそんな自分が怖いぞっっ!!**」

「プリーズ……、プリーズ……（もはや声になるかならないかくらいの小さな声で）」

「**国境に向かう電車のチケット売り場で物乞いをするとはなかなか鋭い作戦だねキミっっ!!　確かにオレはもうインドルピーはいらん!!!　このヤローー！　財布の中の小銭全部持ってけドロボー!!!**」

きっと物乞いに何も与えないポリシーの人たちは、「貧しい姉妹をたった1日救ったところで何も変わらない」と言うかもしれないが、オレは少なくとも1食分誰かに与え、そのことによって1日分「オレ、今日はいいことをしたなあ」と自己満足出来るということに払った金額以上の価値はあると考えるので、どうせいらない小銭を処分するためにも、オレは火垂るの節子もどきの幼子にジャラジャラとルピーを押しつけた。

実際旅人同士で物乞いの話になると「1人救っても何も変わらない」「あげ出したらキリが無い」「もっと根本的に解決しないとしょうがない」と言う人、そう書いてあるガイドブックまであるのだが、なんか冷た過ぎるんだよな。自分の家族やペットが飯が食えずに困っていても、同じことを言えるのだろうか？

物乞いについて「たった1人救っても何も変わらないし。もっと根本的なところから解決しないとダメなんじゃね？」と言って与えるのを拒んでいる旅行者には実際に何人にも出会ったが、その中で本当に根本的な解決のために何か行動している人をオレは見たことが無い。なのでせいぜい目の前の1人に与えるくらいは、その国を旅させてもらっている旅人として行うべきじゃないかなあ。

カルカッタからは3時間足らずで国境の町へ着いた。そのままリキシャでボーダーまで向かい、手続きを済ませて、出国。出国！

オレにとって、今回は2度目のインドであった。2ヶ月近くの滞在で、前にも増して多くの人に出会い、多くの人を見た。腹の立つことは多かったが、しかし返す返すもインド人のエネルギー、自分の意思を貫こうとする力。我々日本人が持つことは少ない、強烈な行動力を彼らは見せてくれたのである。

…………。

何かこういう真面目なことを書いているとさあ、**いかにも「旅行記を書いているなあ」**

そうだよ、旅行記を書くってこういうことだよね。やっぱり海外の紀行文なんだから、**重みのあることを書いてなんぼだよね。**

よし、もし帰国して今回の旅について書いた本を出せることになったら、久米明のナレーションが似合いそうな、ズーンと重い読後感が残る深い旅行記を書くことにしよう。**アホとかボケとか汚い言葉を使うふざけた内容の本なんて、頼まれても絶対に書かないぞ。人生の汚点になるから。**

という気分になるね。

それにしても、インドという国はエネルギーとか行動力とか**いう前に、**とにかく現実離れしていたなあ……。

オレは、しみじみ思う。**日本がインドじゃなくてよかったと。**

例えばコンビニでおにぎり1個買うたびに、

「お買い上げありがとうございます。1500円になります」

「おいちょっと待てっ!! そんな高いわけねーだろっ!!! 冗談じゃないぞ!!!」

「そうですか。じゃあ、いくらなら買いますか?」

「そうだなあ……。200円だ」

「**あ〜〜っはっはっは!!** 冗談言っちゃ困りますよお客さん。そんな値段で商売してたら破産してしまいますよ！　まあ、せいぜい1400円ですね」

「ダメだ。オレはおにぎりの値段を知ってるんだからな‼　他の店で買ったことだってあるんだぞ！　じゃあ、400円だ。400円で売れよ‼」

「ノーノー。最低まで下げて、**ラストプライスで1300円です。**それ以下では到底売れませんね」

「ああそうかよ。じゃあ、**オレのラストプライスは500円だ。**これでダメならもう他の店に行くからな‼」

「どうぞご自由に。どうせ他の店だって同じですよ！　1300円より安く買えるところなんてあるはずが無いんだ‼」

「そうかわかったよ。**もうこの店では買わんからなっ！　じゃあな‼**」

「**ヘイヘイちょと待て‼**　オーケー。仕方ないですね。**ユーアーマイフレンド。**500円でいいです。ギブミー500円」

「ちっ……仕方ねえなあ……ほらよ（本当はいくらなんだよ……）」

「どうも～まいどありがとうございました～（ぐぷぷっ……、**こいつ105円のおにぎりに500円も出しやがった……バカめっ**）」


というやり取りが買い物の度に必要になったらどうだろうか。

そんな社会になってしまったら、はっきり言って**人生のほとんどの時間を値切り交渉に費やすことになるぞ。**そしたら当然日本は、オレのようなダメ人間がちょっと働いたくらいで旅費が稼げる経済大国ではなくなるであろう。

ただ、そうはいってもインドの人々に学ぶこともある。

日本人は、他人の目を気にせずに自分の行動を決めるということはまず無いと言ってよいと思う。それだけに、人付き合いにおいて「空気を読む」ということがとても重要視される。少し変わった行動を取ったり、場の雰囲気にそぐわない発言をすると、「空気が読めていない」とまるで悪いことをしているような扱いを受けてしまうことがある。

それに対して、インド人はまるで正反対だ。彼らは、他人の目は気にしない。自分がやりたいと思ったこと、したいこと、相手にさせたいこと、どんなことでも思う通りにするし、躊躇せずに言葉に出す。それははっきり言って、**いくらなんでも空気読まな過ぎである。**外国人旅行者（オレ）がすぐ目の前を歩いているのに平気で道の上で大便をしながらしかも**話しかけてくる**とか、**さすがに少しは空気読めよっ!!!　他人の目を気にしないにも程があるぞっっ!!!　相手が旅行者だからいいのかっ！「逆・旅の恥は掻《か》き捨て」かっっ!!!**

しかし、人の目を常に気にして、「空気が読めない」と言われることを恐れていては新しいことは出来ないし、自分や常識の殻は破れない。だからといって、空気を全く読まず**路上しかも人前で大便をしてはいけない。**たしかに人に排泄姿を見せることによって自分の常識の殻は破れるかもしれないが、それは別に**破らなくていい殻**である。

要は空気を読まないで突っ走る行動を選択するにも、「今は空気を読まないで突っ走ってしまってもいい場面か」という空気を読む必要はあるということだな。難しいんだよっ‼

つまり、そこでオレが思うのは、日本人とインド人、両方の良い点をうまく合体させたらどうだろう？　ということだ。

インドで多くの人間に出会いボッタくられ騙されたことによりオレは改めて日本人の「正直さ」や「謙虚さ」という長所を身に沁みて感じたし、同時にインド人の猪突猛進の行動力に感心もした。だから、上手に両方の良いところをミックスするのが、一番理想的なことなのではないだろうか。**それが出来ないから日本とインドは違う国なんだろうけどな。**

オレはインドに別れを告げたが、また別の国、また次の国を旅してたくさんの新しいものを見ることによって、遡《さかのぼ》ってインドをもっと理解出来る時が来るのかもしれない。

そんなことを願いながら、まだオレの旅は続くのだった。

※『東南アジアなんて二度と行くかボケッ！……でもまた行きたいかも。』（幻冬舎文庫）に続く

この作品は二〇〇九年十月ＰＨＰ研究所より
刊行されたものに加筆・修正をしたものです。

●最新刊
東海道でしょう！
杉江松恋
藤田香織

出不精で不健康な書評家2人が、なぜか東海道五十三次を歩くことに。暴風雨の吉原宿、雪の鈴鹿峠など。日本橋から三条大橋までの492kmを1年半かけ全17回で踏破した、汗と笑いと涙の道中記。

●最新刊
ジプシーにようこそ！
旅バカOL、会社卒業を決めた旅
たかのてるこ

憧れの旅の民・ジプシー（ロマ民族）と出会うべく、東欧・ルーマニアへ！「今」を大事に生きる彼らと過ごすうち、〝旅人OL〟てるこの心に決意が芽生え――。痛快怒濤の傑作紀行エッセイ。

●最新刊
世界一周 わたしの居場所はどこにある⁉
西井敏恭

エクアドルで偽の赤道を跨がされ、アフリカの山中では交通事故に遭う。アマゾン川の船中では寝場所さえ奪われて……。アジア、アフリカ、南米と、どこまで行っても完全アウェイの旅エッセイ。

●最新刊
世界一周できません。
と思ってたらできちゃった
松崎敦史

「自分を変えたい」と会社を辞め、いざ世界一周へ。刺激的な日々が僕を変えてくれ――はしなかった！　旅に出ても何も変わらない、気づいた瞬間からが本当の旅。新感覚ゆるゆる旅行記。

●最新刊
カミーノ！
女ひとりスペイン巡礼、900キロ徒歩の旅
森　知子

9年連れ添った年下のイギリス夫から突然離婚を迫られ、傷心と勢いで旅立ったスペイン。目指すは聖地・サンティアゴ。国籍も目的も様々な旅人達と歩く44日間。傷心を吹き飛ばす巡礼エッセイ！

インドなんてもう絶対《ぜったい》に行《い》くかボケ!

……なんでまた行《い》っちゃったんだろう。

さくら剛《つよし》

平成25年7月5日　初版発行

発行人――石原正康
編集人――永島賞二
発行所――株式会社幻冬舎
〒151-0051東京都渋谷区千駄ヶ谷4-9-7
電話　03(5411)6222(営業)
　　　03(5411)6211(編集)
振替00120-8-767643
印刷・製本―図書印刷株式会社
装丁者――高橋雅之

幻冬舎文庫

ISBN978-4-344-42046-5　C0195　さ-29-5

幻冬舎ホームページアドレス　http://www.gentosha.co.jp/
この本に関するご意見・ご感想をメールでお寄せいただく場合は、
comment@gentosha.co.jpまで。